LA FUGA DEL NO SER

EL ARGUMENTO ONTOLÓGICO DE LA EXISTENCIA DE DIOS Y
LOS PROBLEMAS DE LA METAFÍSICA

Esta publicación académica ha pasado por el doble peritaje anónimo.

This academic publication has undergone double anonymous peer review.

© Ediciones Universidad San Dámaso
Jerte, 10
E - 28005 Madrid, 2024
Teléf.: 91 364 40 18
publicaciones.ad@sandamaso.es

ISBN: 978-84-10270-03-9
D L : M-22112-2024

En portada: Giuseppe Pellizza da Volpedo, *Il sole*, 1904. Roma, Galleria Nazionale d'Arte Moderna e Contemporanea.

Impreso en papel 100% procedente de bosques gestionados de acuerdo con criterios de sostenibilidad.

LA FUGA DEL NO SER

EL ARGUMENTO ONTOLÓGICO
DE LA EXISTENCIA DE DIOS Y
LOS PROBLEMAS DE LA METAFÍSICA

Nueva edición revisada, actualizada y orgánicamente acrecida

Rogelio Rovira

Madrid 2024

EDICIONES
UNIVERSIDAD SAN DÁMASO

A Alicia, nuevamente, treinta y tres años después.

ÍNDICE

SEGUNDA PARTE

¿QUÉ CABE OBJETAR CONTRA EL ARGUMENTO ONTOLÓGICO DE LA EXISTENCIA DE DIOS Y QUÉ PROBLEMAS METAFÍSICOS ESTÁN ENTRAÑADOS EN SU DISCUSIÓN?

Un solo pensamiento del hombre vale más que todo el mundo; por tanto, sólo Dios es digno de él.

San Juan de la Cruz
Dichos de Luz y Amor, n.º 34

Desde que Anselmo de Canterbury expuso en su *Proslogion*, compuesto entre los años 1077 y 1078, el célebre razonamiento que, varios siglos más tarde, Kant denominó «argumento ontológico» de la existencia de Dios, pocos filósofos, en el transcurso de los tiempos, han dejado de ocuparse de esa prueba. Puede decirse, en verdad, que este argumento toca el nervio central de la metafísica. No es por ello extraño que pensadores de gran talla filosófica y de diversa orientación se cuenten tanto entre sus partidarios y defensores como entre sus críticos más firmes. Y no es tampoco cosa de asombro que este razonamiento haya recibido las más varias explicaciones en su favor y haya suscitado en su contra las más diversas objeciones.

Sin embargo, esas diferentes formulaciones de la prueba y esas distintas razones que se han aducido para rechazarla hacen que el que se acerca a su estudio obtenga pronto la impresión de que estos grandes filósofos conversan sobre asuntos diversos que no guardan unidad entre sí. Unos discuten, en efecto, si cabe conocer lo que Dios es; otros, en cambio, tratan de si la existencia es o no es un predicado; unos, en fin, reprochan a otros el cometer los errores lógicos más elementales y los equívocos más burdos.

¿Cabe señalar con precisión en qué consiste el argumento ontológico de la existencia de Dios y qué razones pueden aducirse tanto en su recusación como en su defensa? Responder a esta doble pregunta es la tarea más inmediata que se intenta en este libro.

El hilo conductor que guía la indagación de la respuesta buscada es el convencimiento de que el argumento ontológico no es otra cosa que la afirmación de la existencia de Dios fundada en la evidencia inmediata de la verdad de la proposición «Dios existe». Esta certidumbre permite dividir la investigación en dos partes principales. La primera tiene por objeto la explicación de esta caracterización del argumento ontológico y la exposición de las tres formulaciones en que cabe presentar, aunque con diversa fuerza lógica, la evidencia inmediata de la verdad de la proposición «Dios existe». La segunda parte se destina a la ordenación sistemática y a la discusión de las distintas razones que cabe objetar contra la tesis de que la verdad de la citada proposición es inmediatamente evidente y que, por ello, queda probada la existencia del ser divino. Las formulaciones del argumento ontológico, así como sus críticas y defensas, se ilustran en cada caso con las explicaciones de los filósofos que las propusieron por vez primera o que las han renovado con particular vigor en nuestros días.

Pero tanto el estudio de la naturaleza y las formas del argumento ontológico como la consideración de los reproches que esta prueba ha recibido, obliga de nuevo a preguntarse: ¿qué problemas filosóficos generales se hallan entrañados en la discusión de este argumento? ¿Cuáles son los supuestos últimos en los que descansa esta prueba? Responder a estas cuestiones es la tarea más fundamental que se ensaya en esta investigación.

Ciertamente, llevada a sus últimos extremos, la discusión de las objeciones contra la tesis de que la verdad de la proposición «Dios existe» es de evidencia inmediata no puede por menos de sacar a la luz la necesidad de examinar ciertas cuestiones y ciertas tesis filosóficas generales. Esas cuestiones son, en verdad, los problemas más graves y centrales de la metafísica: el problema de los universales, el problema de la predicación del ser, el problema del origen del conocimiento de las esencias, el problema de los sentidos del ser y, en fin, el problema de la división del ser en finito e infinito. Esas tesis no son otras que las que han de sostener inexorablemente, como respuesta a dichos problemas, bien los defensores del argumento ontológico, bien sus críticos. De este modo, la discusión de cada una de las objeciones propuestas contra la prueba ontológica tiene que añadir un planteamiento conciso y un breve examen de cada uno de los problemas mencionados, que permita descubrir las tesis metafísicas básicas que, en cada caso, es necesario sostener para admitir o rechazar la validez del argumento ontológico.

Este libro se presenta, por tanto, como una introducción a los problemas capitales de la metafísica, que se plantean forzosamente con ocasión del examen de la prueba ontológica de la existencia de Dios. No se espere encontrar en él otra toma de posición ante este argumento que no sea la que señala la necesidad de ocuparse de un conjunto de problemas que han constituido desde siempre el objeto de indagación de la ciencia del ser. Pues no hay acaso ningún otro asunto en el que aparezca de forma más terminante la oposición entre el ser y el no ser que en la consideración de esta prueba de la existencia de Dios. Buenaventura de Bagnorea expresó bellamente este hecho, con una fórmula que ha inspirado el título de este libro: Dios, «el ser purísimo (*esse purissimum*) no se presenta al entendimiento sino poniendo totalmente en fuga al no ser (*nisi in plena fuga non-esse*)[1].

* * *

El origen del presente libro se halla en la meditación de las tesis contenidas en un excelente trabajo sobre el argumento ontológico debido al profesor Josef Seifert, actualmente de la Academia Internacional de Filosofía, con sede en Liechtenstein[2]. El autor del mencionado estudio

---

1 Buenaventura, *Itinerarium mentis in Deum*, c. 5, n.3.

2 El original alemán: «Kant und Brentano gegen Anselm und Descartes. Reflexionen über das ontologische Argument», lo publicó su autor en *Theologia* 56 (1985), pp. 878-905. Lo traduje al español con el título «Kant y Brentano contra Anselmo y Descartes. Reflexiones sobre el argumento ontológico» y fue publicado en *Thémata* 2

me hizo llegar también el texto inédito de la conferencia que pronunció en septiembre de 1983 en la Universidad de Villanova, en el marco del VIII Congreso Internacional de Estudios Patrísticos, Medievales y Renacentistas. La conferencia trata de la formulación bonaventuriana de la prueba ontológica, y su lectura me obligó a reparar en la originalidad y genialidad del nuevo modo de presentar el descubrimiento anselmiano inventado por Buenaventura[3]. Agradezco al Dr. Seifert, además de su amistad, el que estos escritos suyos me hayan orientado decisivamente en la comprensión de la naturaleza del argumento ontológico, lo que me ha permitido recorrer, en cierta medida, el laberinto de problemas filosóficos que entraña su discusión. Esto no impide, sin embargo, que sólo a mí deba hacérseme responsable de los errores que contenga la caracterización que presento del argumento y sus distintas formulaciones, así como de los fallos que se hallen en la ordenación y explicación que propongo de sus posibles objeciones y contraobjeciones.

(1985), pp. 129-147.— El profesor Seifert anuncia la próxima publicación de un libro suyo sobre el argumento ontológico, titulado *Gott als Gottesbeweis*, en el que, desde la base del realismo fenomenológico, asume decididamente la defensa de la prueba anselmiana. [El citado libro, cuyo título completo es *Gott als Gottesbeweis. Eine phänomenologische Neubegründung des ontologischen Arguments* fue, en efecto, publicado en Universtitätsverlag C. Winter, de Heidelberg, en 1996 y conoció una segunda edición, «mejorada y esencialmente ampliada», con un prólogo a la edición árabe del libro, en 2000. Vid. Rogelio Rovira, «Metafísica sobre base fenomenológica. Nota sobre las recientes investigaciones de Josef Seifert en torno al ser, la esencia y el argumento ontológico de la existencia de Dios», *Revista de Filosofía*, 3ª época, X (1997), pp. 217-226. Josef Seifert se ha seguido ocupando del argumento ontológico en numerosas publicaciones, entre las que cabe citar la breve exposición de conjunto que dedica a la prueba en su obra *Erkenntnis des Vollkommenen. Wege der Vernunft zu Gott*, Bonn, Lepanto Verlag, 2010, cap. IX, pp.181-198. Del libro hay traducción española, con revisiones y añadidos del autor, debida a Pedro Jesús Teruel: *Conocimiento de Dios por la vías de la razón y del amor*, Madrid, Ediciones Encuentro, 2013].

3   [El trabajo se publicó luego como artículo: Josef Seifert, «*Si Deus est Deus, Deus est*: Reflections on St. Bonaventure's Interpretation of St. Anselm's Ontological Argument», *Franciscan Studies* 52 (1992), pp. 215-231].

Las sucesivas versiones provisionales de este libro han sido ampliamente expuestas y debatidas, a lo largo de varios cursos académicos, ante diversos grupos de estudiantes de filosofía de la Universidad Complutense de Madrid. Sin esas discusiones, es seguro que esta obra sería mucho peor de lo que ahora es. Quede, pues, constancia de mi agradecimiento a todos aquellos que, en el diálogo y en la amistad, compartieron conmigo el estudio de la prueba anselmiana.

Durante la redacción de este trabajo he tenido la fortuna de contar con el constante estímulo intelectual de mi amigo el profesor Juan Miguel Palacios. No sólo le agradezco su disponibilidad como interlocutor en estos temas, sino también las numerosas correcciones y sugerencias que ha propuesto, de las que este libro ha salido indudablemente beneficiado.

Quiero dejar también, en fin, constancia de mi gratitud a mi amigo el profesor Juan José García Norro, sin cuya ayuda y generosidad difícilmente se hubiera podido publicar esta obra.

En esta nueva edición de *La fuga del no ser* el lector no echará
en falta nada de lo que contenía la primera, publicada hace treinta y
tres años, pero encontrará algo más. No sólo porque el texto original
se ha revisado cuidadosamente y se ha actualizado la bibliografía y
la discusión de algunas cuestiones teniendo en cuenta estudios más
recientes, sino porque en esta segunda versión la edición primitiva ha
crecido orgánicamente.

A pesar de los años transcurridos entre una y otra edición, no
he querido escribir una nueva obra. Tanto la finalidad original que dio
origen al libro —introducir en los problemas de la metafísica con ocasión
del estudio y la discusión del llamado argumento ontológico de la existencia de Dios— cuanto la organización interna del libro —dividido en
una primera parte en la que se expone la naturaleza y las formulaciones
posibles de la prueba y en una segunda en la que se clasifica y discute
las principales objeciones contra el argumento— me siguen pareciendo
dignas de ser mantenidas, y de serlo en los límites que me impuse en
la obra original. Sólo me he permitido completar la investigación entonces expuesta con el añadido de las nuevas indagaciones sobre las
cuestiones relativas al argumento ontológico de las que no he dejado
de ocuparme en los años sucesivos. Estas adiciones se insertan en los
lugares oportunos, tratando de no romper, sino más bien de reforzar,

la unidad original de la obra. De ahí que presente esta nueva edición como «orgánicamente acrecida».

Además de las breves adiciones insertas en uno u otro lugar, la nueva edición del libro da sobre todo noticia de las contribuciones que a la defensa del llamado argumento ontológico hizo un pensador que no fue tenido en cuenta en la primera edición: Moses Mendelssohn. Este pensador judío, coetáneo y amigo de Kant, merece, en verdad, ser contado entre los defensores más profundos y perspicaces de la prueba ontológica[1]. He completado también la caracterización que propongo de la naturaleza del argumento ontológico estudiando el lugar que esta prueba ocupa en las clasificaciones de las pruebas de la existencia de Dios propuestas por distintas tradiciones filosóficas. En la nueva versión de la obra he añadido también, en el capítulo en que se expone la formulación directa del argumento debida a Descartes, la discusión de una cuestión suscitada en los estudios recientes sobre el pensamiento cartesiano. No he dejado tampoco de atender —en la medida impuesta por los límites del libro— a la sugerencia que hizo mi colega y amigo, el profesor Ángel Luis González —inesperadamente fallecido hace unos años— en la nota que escribió con ocasión de la aparición del libro[2]. Así, he dado un poco más de espacio —que resultará, sin duda, todavía insuficiente— a la consideración hegeliana de la inseparabilidad del concepto y la existencia en el caso del Absoluto. Para ello he acudido particularmente, como recomendaba el propio profesor González, a la exposición de la prueba ontológica que hizo Hegel en sus lecciones sobre filosofía de la religión del semestre de verano de 1831. He encontrado asimismo el lugar oportuno para exponer y discutir una original y acaso

---

1   De la defensa que hizo Mendelssohn de la prueba ontológica me he ocupado en los siguientes ensayos: «Mendelssohn's Refutation of Kant's Critique of the Ontological Proof», *Kant-Studien* 108/3 (2017), pp. 401-426 y «Nochmals zu Mendelssohn, Kant und dem ontologischen Gottesbeweis. Antwort an Stefan Lang», *Deutsche Zeitschrift für Philosophie* 71/2 (2023), pp. 194-200.

2   Ángel Luis González, «La fascinación del argumento ontológico. Nota sobre un libro reciente», *Revista de Filosofía* 3ª. época, VI (1993), pp. 201-206.

poco conocida objeción de John Locke contra la formulación cartesiana de la prueba, de la que me ocupé al poco de publicar la primera edición del libro[3]. Según este peculiar reproche, la prueba ontológica cartesiana podría entenderse como una prueba a favor del ateísmo. Sólo he redactado de nuevo el último capítulo del libro, ampliándolo en bastantes más páginas que las pocas que tenía en la primera edición. En él señalo algunas de las dificultades que encuentro en la crítica que hizo Kant de la prueba ontológica y discuto los ensayos de dos pensadores contemporáneos, la filósofa analítica G.E.M. Anscombe y el fenomenólogo Jean-Luc Marion, que pretenden mostrar que el argumento anselmiano no es un argumento ontológico.

A finales de los años ochenta del siglo pasado —¡me parece increíble el tiempo transcurrido!—, tras estudiar detenidamente y traducir algunos escritos de Josef Seifert sobre el argumento ontológico, me animé a redactar un breve ensayo sobre el asunto. En él exponía las tres formulaciones posibles en que, a mi juicio, cabe exponer esta peculiar prueba de la existencia de Dios, ordenaba sistemáticamente las objeciones contra ella y señalaba los principales problemas ontológicos que entrañaba su discusión. Perseguía así ofrecer una indagación filosófica sobre un «argumento fascinante», como tantas veces se lo ha llamado, o un «elegante argumento» (*elegans argumentum*), como lo calificó Leibniz una vez[4], ilustrándola con la exposición y el examen de tesis filosóficas clásicas, antiguas y modernas. Como siempre he hecho desde entonces con todos mis escritos, se lo di a leer a mi maestro y amigo el profesor Juan Miguel Palacios, por ver si le parecía adecuado publicarlo en alguna revista filosófica. Al cabo de unos días, me llamó y me preguntó sencillamente: «¿Por qué no lo conviertes en un libro?». Seguí su consejo y hoy, gracias a la generosidad del Decano, el profesor

---

3   Vid. Rogelio Rovira, «Locke ante el argumento ontológico. Textos y comentario», *Diálogo Filosófico* 28 (1994), pp. 51-69.

4   Cf. G. W. Leibniz, *De veritatibus, de mente, de Deo, de universo* (1676), in: G.W.L., *Sämtliche Schriften und Briefe* (hrsg. von der Preussischen Akademie der Wissenschaften), Darmstadt, Otto Reichl, 1923 ss., 6. Reihe, 3. Band, p. 510.

Víctor Manuel Tirado, y del claustro de profesores de la Facultad de Filosofía de la Universidad Eclesiástica San Dámaso, entrego al lector una nueva edición —¡ojalá que mejorada!— de la obra que publiqué hace tantos años[5].

---

5   Agradezco a los dos expertos revisores (para mí anónimos) designados por la Facultad de Filosofía de la Universidad Eclesiástica San Dámaso sus apreciaciones y sus varias observaciones, filosóficas, históricas, filológicas y bibliográficas, sobre el manuscrito de esta obra, que me han permitido ofrecer una versión más lograda del libro que entrego a la imprenta.

PRIMERA PARTE

¿EN QUÉ CONSISTE EL ARGUMENTO
ONTOLÓGICO DE LA EXISTENCIA DE DIOS?

Capítulo I

El argumento ontológico concluye la afirmación de la existencia de Dios fundándose en la mostración de la evidencia inmediata de la verdad de la proposición «Dios existe»

El llamado argumento ontológico se presenta como un recurso *sui generis* para sacar verdadera la afirmación de que Dios existe. Así, pues, para apreciar cabalmente la peculiaridad de este procedimiento y no tergiversar su sentido y alcance, es menester considerar ciertos aspectos elementales del problema de la cognoscibilidad de la existencia divina.

¿Cómo se puede conocer la existencia de Dios? Esta pregunta, así formulada, esconde una ambigüedad, que se funda en cierta imprecisión del vocablo «existencia» o «ser». Un conciso texto de la *Summa theologiae* de Tomás de Aquino servirá como punto de partida para aclarar este asunto: «El ser (*esse*) se dice de dos maneras: de un modo significa el acto de ser (*actus essendi*); de otro significa la composición de la proposición (*compositio propositionis*), que el espíritu descubre uniendo un predicado a un sujeto. Por tanto, si se toma ser en el primer sentido, no podemos conocer la existencia (*esse*) de Dios, como tampoco conocemos su esencia; solamente la conocemos en el segundo sentido.

Pues sabemos que esta proposición que formamos sobre Dios al decir *Dios existe* (*Deus est*), es verdadera»[1].

Aunque estas palabras recogen en apretada fórmula el fruto de laboriosas meditaciones sobre el conocimiento de la existencia y la esencia de Dios, es preciso entrever enseguida, de alguna manera, la verdad que enuncian. Y a ello puede ayudar el prestar atención a dos respectos: lo que se contiene, implícita y oscuramente, en la misma definición nominal de Dios y la limitación intrínseca de nuestro entendimiento. A Dios se le define como el ser supremo. Si se considera detenidamente, esta definición lleva a sostener, por necesidad analítica, que Dios es el ser máximamente inteligible en sí mismo. En efecto, se entiende por ser supremo aquel ser que existe por su esencia, no por otro ser distinto de él; por consiguiente, el ser supremo se piensa como el único ser cuya existencia se explica desde su propia esencia: lo que este ser es en sí mismo hace transparente, por así decir, su propio existir, hasta el punto de que en él ha de resultar verdadero el que su existencia sea una con su esencia. Por esta razón cabe afirmar que, a tenor de la propia definición de Dios, la existencia de este ser es absolutamente inteligible en sí misma; posee, si cabe expresarlo de este modo, una inteligibilidad primitiva; se halla revestida, por así decirlo, de un originario carácter evidente. Y es que, en verdad, sólo de Dios puede enunciarse el hecho de que, si existe, su esencia hace plenamente evidente su existencia.

Pero, además de esta necesidad lógica, hay que notar, sin embargo, con la misma fuerza discursiva, que este solo concepto del ser supremo muestra también a las claras que ningún entendimiento humano puede aprehender la inteligibilidad que habría de corresponder de suyo a la existencia de Dios. Ello supondría, en efecto, el absurdo de sostener que la esencia del ser supremo es limitada y abarcable por un

---

1 Tomás de Aquino, *Summa theologiae*, 1, q. 3, a. 4, ad 2. Cf. *Quaestiones disputatae de potentia*, q. 7, a. 2, ad. 1.— Vid. Jacques Maritain, *Distinguer pour unir ou les degrés du savoir*, Paris, Desclée de Brouwer, 1932, nouv. éd., Annexe III, pp. 837-839.— Sobre esta distinción de los dos sentidos del ser se ofrecerán nuevas aclaraciones en el cap. X, § 3, del presente libro.

entendimiento finito. Ya dejó dicho Agustín de Hipona: *De Deo loquimur,*
quid mirum si non comprehendis? Si enim comprehendis, non est Deus[2].

He aquí, pues, la paradójica situación en que nos encontramos
respecto del conocimiento de la existencia de Dios: la definición de este
ser nos señala que su existencia es lo máximamente inteligible de suyo,
pues es la propia esencia divina; el reconocimiento de la limitación de
nuestra facultad cognoscitiva nos enseña, en cambio, que esa plena
inteligibilidad de suyo del existir de Dios es lo máximamente inaccesible
en sí mismo al espíritu humano, que no puede aprehender en sí misma
la esencia de Dios. La plena luminosidad del ser de Dios nos ciega para
verlo directamente. Por eso el Aquinate, tras declarar que en Dios se
identifican la esencia y la existencia —y reconocer así, por tanto, tácita e
indirectamente, que la existencia de este ser es absolutamente inteligible
en sí misma—, no puede por menos de afirmar, en el pasaje citado, que
nos es imposible conocer el acto de ser de Dios, que es Dios mismo,
porque no conocemos en sí mismo lo que Dios es.

Ahora bien, sin quitar un ápice de verdad a lo expuesto, puede
defenderse también, en principio, esta tesis: que, aunque la inteligibilidad originaria de la existencia de Dios es, en efecto, inaccesible en sí
misma, la inteligibilidad intrínseca de este ser es tanta, que cabe hallarla
reflejada en lo que no es él, y que es posible lograr, por tanto, de algún
modo, que su existencia sea evidente para nosotros. Cabe decir, en verdad, si es lícito expresarse así, que la existencia de Dios posee también
una inteligibilidad secundaria, que el ser de Dios está dotado asimismo
de un carácter evidente derivado. Y es precisamente esta evidencia refleja
de la existencia de Dios la única que puede serle accesible al hombre.
La luminosidad del existir de Dios no se puede ver directamente, pero
sí indirectamente, reflejada en lo que no es Dios, o sea, en los «espe-
jos» o testimonios que de él encontramos. Esta particular evidencia es,
precisamente, la que corresponde al hecho de que ha de afirmarse la
existencia divina. Por eso afirma Tomás de Aquino en el pasaje que se

---

2   Agustín de Hipona, *Sermo* 117, 3, 5.

comenta que, en el caso de Dios, sólo podemos conocer la verdad de la atribución del predicado al sujeto en la proposición «Dios existe».

A la luz de estas indicaciones se hace, pues, preciso formular de nuevo la cuestión anterior sobre la cognoscibilidad de la existencia divina en términos más rigurosos y unívocos: ¿cómo se puede conocer, no el propio acto de ser de Dios —que nos es absolutamente inaccesible en sí mismo—, sino la existencia divina que se halla reflejada en lo que no es Dios? Es decir: ¿cómo se puede hacer patente la evidencia de la verdad de la proposición «Dios existe»?

Bien mirado, son sólo dos las respuestas fundamentales que, en principio, cabe dar a esta pregunta, si es que se admite la posibilidad que se supone en ella. Una de esas respuestas consiste en sostener que la verdad de la proposición «Dios existe» es de evidencia *mediata*, esto es, que se conoce por *demostración*. Las pruebas o demostraciones de la existencia de Dios se presentan, pues, como el intento, no de hacer evidente lo que antes no lo era, sino de hacernos evidente lo que —según se afirma— no se nos presenta inmediatamente como tal, aunque lo es de suyo[3]. Para conseguir este propósito es menester recurrir a ciertos hechos o datos que sean elocuentes de la evidencia refleja de la existencia de Dios, es decir, que sirvan de medio para hacer evidente a nuestra inteligencia la verdad enunciada por la proposición «Dios existe». Y según sea la índole de tales hechos o datos, aparecen diversas especies de pruebas de la existencia de Dios.

Entre esas pruebas merecen mencionarse, a título de ilustración, las siguientes, que son acaso las fundamentales, sin que sea necesario señalar en esta enumeración ni todas las pruebas, con sus particulares características, que caen bajo cada especie, ni tampoco la validez demostrativa que haya que reconocer a cada una de ellas. Helas aquí: a) Las pruebas *cosmológicas,* que se apoyan en el modo de ser del mundo

---

3   Cf. Jacques Maritain, *Approches de Dieu*, Paris, Alsatia, 1953, chap. I, 4, pp. 19-22. (He traducido al español este breve y enjundioso libro del pensador francés: *Aproximaciones a Dios*, Madrid, Ediciones Encuentro, 1994).

para hacernos evidente la existencia de Dios; modelos de ellas son las célebres «cinco vías» tomistas[4], que buscan la causa propia universal de ciertos hechos del mundo, y también el argumento leibniziano *a contingentia mundi*[5], que indaga la razón suficiente de la existencia del universo. b) La pruebas *morales,* que recurren a ciertos datos de la vida moral para hacer evidente la verdad de la afirmación de la existencia divina; ejemplos de ellas son el argumento moral propuesto por Kant, que pretende ascender a la condición de posibilidad de la realización del bien práctico supremo[6], o la prueba basada en la conciencia moral que expone John Henry Newman en su libro sobre la gramática del asentimiento[7]. c) Las pruebas que, a falta de mejor nombre, cabría llamar *gnoseológicas,* pues parten de ciertas ideas o conocimientos poseídos por nosotros para mostrar desde ellos la evidencia que corresponde a la proposición «Dios existe»; a ellas pertenecen, sin duda, el argumento agustiniano por las verdades eternas[8] y las dos pruebas cartesianas que

---

4   Vid. Tomás de Aquino, *Summa theologiae,* 1, q. 2, a. 3.— Cf. Rogelio Rovira, «El principio metafísico fundamental y la estructura demostrativa de las cinco vías tomistas para probar la existencia de Dios», *Espíritu* 39 (1990), pp. 59-80.

5   Vid. G.W. Leibniz, *De rerum originatione radicali,* in: *Die philosophischen Schriften von G.W.L.* (hrsg. von C.I. Gerhardt), Hildesheim, Georg Olms, 1960-1961, VII, pp. 302-308; *Monadologie,* §§ 36-38, in: *ed. cit.,* VII, pp. 612-613. Cf. Rogelio Rovira, «¿Es correcta la crítica kantiana de la determinación de los atributos divinos en la prueba cosmológica de Leibniz?», *Convivium* 26 (2013), pp. 27-49.

6   Vid. Immanuel Kant, *Kritik der praktischen Vernunft,* 223 ss., in: *Kant's gesammelte Schriften* (hrsg. von der Preussischen, bzw. von der Deutschen Akademie der Wissenschaften), Berlin, Walter de Gruyter, 1902 ss., V, 124 ss; *Kritik der Urteilskraft,* §87, in: *ed. cit.,* V, 450.— Cf. Rogelio Rovira, *Teología ética. Sobre la fundamentación y construcción de una teología racional según los principios del idealismo trascendental de Kant,* Madrid, Ediciones Encuentro, 1986, especialmente cap. V, pp. 155-179 y cap. VIII, § 2, 1 y 2, pp. 256-262.

7   Vid. John Henry Newman, *An Essay in Aid of a Grammar of Assent* (ed. by I.T. Ker), Oxford, Clarendon Press, 1985 (1870, 1st ed.), Part I, chap. V, § 1, pp. 70-82.

8   Vid. Agustín de Hipona, *De libero arbitrio,* lib. II.

ROGELIO ROVIRA

se fundan en la realidad objetiva de la idea de Dios y en el dato de la posesión de esta idea por el entendimiento humano[9].

Pero a la cuestión planteada puede responderse también de otro modo. Cabe sostener, en efecto, que la verdad de la proposición «Dios existe» es de evidencia *inmediata,* es decir, que se conoce sin demostración, meramente por *mostración.* Esta es precisamente la tesis en que se apoya el denominado argumento ontológico para afirmar la existencia de Dios. Así, pues, si a este argumento, por no separarse de lo que ya se ha hecho habitual, hay que calificarlo de «prueba» de la existencia de Dios, es necesario dar entonces a esta palabra una significación más amplia que la que estrictamente le corresponde. Y es que, en efecto, el argumento ontológico pretende mostrar la evidencia refleja de la existencia de Dios de un modo inmediato, o sea, sin recurrir a ningún hecho, a ningún *tertium quid* que se interponga entre nuestra inteligencia y la existencia de Dios. Para lograr este objetivo, no puede hacer otra cosa que apoyarse en el conocimiento que poseemos o podemos llegar a poseer de la esencia del ser divino y mostrar inmediatamente, desde ese solo conocimiento, la evidencia de la existencia de Dios o, con mayor propiedad, la evidencia de la verdad enunciada por la proposición «Dios existe».

Se advierte, por lo expuesto, que los recursos posibles en principio para conocer la existencia de Dios coinciden todos en un punto fundamental y difieren en otro igualmente importante. Coinciden en afirmar que la existencia de Dios posee en sí misma un carácter evidente *originario* y que sólo es evidente para nosotros de un modo *derivado* o *reflejo.* Difieren, sin embargo, en que unos procedimientos, los que conforman las pruebas de la existencia de Dios en sentido propio, sostienen que, para nosotros, aun esa evidencia derivada de la existencia de Dios es *mediatamente* evidente, porque sólo puede demostrarse con

---

9   Vid. René Descartes, *Meditationes de prima philosophia,* «Meditatio tertia», in: *Oeuvres de Descartes* (publiées par Charles Adam et Paul Tannery), Paris, J. Vrin, 1964-1972, VII, pp. 40-47 y 47-52.

el apoyo de ciertos hechos; mientras que el otro recurso, el que constituye el argumento ontológico, afirma que, para nosotros, la evidencia derivada de la existencia de Dios es *inmediatamente* evidente, ya que puede mostrarse desde el conocimiento que poseemos de la esencia del ser supremo.

No será ocioso insistir, a modo de resumen, en dos puntos fundamentales. El primero es que la evidencia de la existencia de Dios a la que quiere llegar el argumento ontológico no es otra que la que se refleja en lo que no es Dios, y no la que corresponde al acto divino mismo de existir. El segundo es que este argumento toma como punto de partida el conocimiento humano de la esencia divina, no, claro está, la esencia divina misma: es precisamente de este «reflejo cognoscitivo» de la esencia de Dios en lo que no es Dios de lo que se infiere inmediatamente el carácter evidente, aunque reflejo, de la existencia de Dios. Como las pruebas de la existencia de Dios en sentido propio, también el argumento ontológico pretende, a su modo, sacar verdaderas las palabras del apóstol Pablo (Rom 1, 20): *Invisibilia enim ipsius [Dei], a creatura mundi, per ea quae facta sunt intellecta conspiciuntur.* De ahí que la peculiaridad de este argumento pueda expresarse con precisión en la fórmula que encabeza este capítulo: el argumento ontológico concluye la afirmación de la existencia de Dios basándose en la mostración del carácter inmediatamente evidente de la verdad de la proposición «Dios existe»[10].

* * *

---

10   Antonio Machado, por boca de su *alter ego* literario Juan de Mairena, declaró tajantemente esta misma verdad fundamental sobre el argumento ontológico: «El célebre argumento no es una prueba; pretende ser —como se ve claramente en Descartes— una evidencia» (Antonio Machado, *Juan de Mairena. Sentencias, donaires, apuntes y recuerdos de un profesor apócrifo*, Madrid, Espasa-Calpe, 1936, XIV [De otro discurso], p. 91).

Como es obvio, las diversas escuelas filosóficas no han dejado de reconocer la singularidad del llamado argumento ontológico respecto de toda otra posible prueba de la existencia del ser divino. A pesar de que, como ha quedado dicho, el argumento anselmiano no es en realidad propiamente una «prueba» o «demostración» de la existencia de Dios, sino una «mostración» del carácter evidente de suyo de la verdad de la proposición «Dios existe», el medio del que diversos pensadores se han servido para señalar la peculiaridad de este razonamiento ha consistido en tratar de encontrar el lugar exclusivo que habría de ocupar en una clasificación de las «demostraciones de la existencia de Dios» posibles en principio.

Así, en la tradición aristotélico-tomista se distingue la demostración *propter quid* (la demostración de «por qué»), o demostración «esencial», de la demostración *quia* (la demostración «de que»), o demostración «existencial». De estas últimas han de ser, por tanto, las pruebas o demostraciones de la existencia de Dios posibles en principio. Dos son los tipos fundamentales de pruebas *quia*: las llamadas demostraciones *a priori* y las llamadas demostraciones *a posteriori*. *A priori* es en este caso la abreviatura de la expresión latina: *a priori ad posteriora*, que indica el tránsito de lo primero o anterior en el ser, es decir, de la causa, a lo segundo o posterior en el ser, esto es, los efectos. *A posteriori* es también en este caso la abreviatura de la locución latina: *a posteriori ad priora*, que expresa el paso de lo segundo o posterior en el ser (los efectos) a lo primero o anterior en el ser (la causa). Es claro que el argumento ontológico no encaja en ninguno de estos dos tipos de pruebas. No es, desde luego, una prueba *a posteriori* en el sentido señalado, porque el argumento no toma en consideración efecto alguno para remontarse a su causa. Pero tampoco puede ser en absoluto una prueba *a priori*, en el sentido indicado, porque una demostración por su causa entitativa de un ser incausado, como es Dios, es una *contradictio in adjecto*. De ahí que se haya sostenido que la llamada «prueba ontológica» es una demostración *a simultaneo*, es decir, una demostración que no parte de algo posterior en el ser al Ser divino ni de algo anterior en el ser al

Ser divino (cosa imposible), sino que se fundamenta solo en la esencia del ser cuya existencia se pretende demostrar[11].

También Kant, al examinar en su *Crítica de la razón pura* las aspiraciones científicas de la teología racional, establece esta conocida tesis: «No hay más que tres modos de probar, por razón especulativa, la existencia de Dios»[12]. Y la justifica de este modo: «Todos los caminos que se emprendan con este propósito, o bien empiezan por la experiencia determinada y la particular constitución de nuestro mundo sensible (constitución conocida por la experiencia) para remontarse, según leyes de la causalidad, hasta la más alta causa, fuera del mundo; o bien ponen a la base empíricamente solo experiencia indeterminada, es decir, alguna existencia; o por último hacen abstracción de toda experiencia y, por meros conceptos, concluyen enteramente *a priori* la existencia de una causa suprema. La primera prueba es la *fisicoteológica*, la segunda la *cosmológica*, la tercera la *ontológica*. Más no hay. Más no puede haber»[13].

En esta clasificación de las pruebas especulativas de la existencia de Dios, que, como se advierte, Kant pretende exhaustiva, el argumento ontológico ocupa un lugar privilegiado. Mientras que las otras posibles pruebas especulativas son, al menos así lo parece en primera instancia,

---

11   Cf. Antonio Millán-Puelles, *Fundamentos de filosofía* (1955), in: A.M.-P., *Obras Completas*, Madrid Asociación de Filosofía y Ciencia Contemporánea–Ediciones Rialp, 2013, vol. II, pp. 389-390. En su *Léxico filosófico* (1984), Millán-Puelles sostiene que, en algunas ocasiones, a esta prueba «se la llama también *argumento quasi a priori*, porque la esencia de Dios es, de un modo conceptual, aunque únicamente así, anterior a la existencia respectiva (Dios existe "en virtud" de su misma esencia, "como si fuese" esta lo que lo hace existir)», in: *ed. cit.,* vol. VII, p. 42. — Se entiende bien que Josef Seifert haya titulado su excelente y exhaustivo libro en defensa del argumento ontológico de esta sorprendente, pero muy significativa manera: *Gott als Gottesbeweis*, «Dios como prueba de Dios», es decir «(La esencia de) Dios como prueba (de la existencia) de Dios. Vid. Josef Seifert, *Gott als Gottesbeweis. Eine phänomenologische Neubegründung des ontologischen Arguments*, Heidelberg, Universtitätsverlag C. Winter, 2000, 2. Aufl.

12   Immanuel Kant, *Kritik der reinen Vernunft,* A 590/B 618.

13   *Ibid.*

pruebas *a posteriori*, la prueba ontológica es la única prueba *a priori*[14]. *A posteriori* y *a priori* son en este caso locuciones que no significan lo mismo que en la tradición tomista. *A posteriori* son, según declara Kant, las pruebas que «empiezan por la experiencia determinada y la particular constitución de nuestro mundo sensible (constitución conocida por la experiencia)» o que «ponen a la base empíricamente solo una experiencia indeterminada, es decir, alguna existencia». *A priori*, en cambio, es la prueba que «hace abstracción de toda experiencia» e infiere a partir de «meros conceptos»[15].

El filósofo inglés C. D. Broad, en un ensayo originariamente publicado en 1939, propuso también una clasificación tripartita de los

---

14 Graham Oppy, en su libro *Ontological Arguments and Belief in God*, Cambridge, Cambridge University Press, 1995, p. 1, caracteriza los distintos tipos de argumentos ontológicos que distingue, ateniéndose a la clasificación kantiana, como argumentos *a priori*, es decir, como argumentos cuyo rasgo distintivo es que «parten de premisas que al menos algunos defensores de los argumentos alegan que pueden ser todas conocidas *a priori*».

15 Si bien esta clasificación, en su sentido literal, parece correcta y puede resultar aceptable para un gran número de pensadores, Kant la interpreta en un último término sobre la base de su idealismo trascendental, por lo que sus célebres refutaciones de las pruebas de la existencia de Dios parecen también depender de la posición filosófica previamente adoptada por el filósofo de Königsberg. Vid. Rogelio Rovira, «Is Kant's Classification of Speculative Proofs for the Existence of God Correct?», *Aletheia. An International Yearbook of Philosophy* VII (1995-2001), pp. 419-452. (Versión española: «"No hay más que tres modos de probar, por razón especulativa, la existencia de Dios". Crítica de la clasificación kantiana de las pruebas teístas», en Carlos A. Casanova (ed.), *El amor a la verdad: toda verdad y en todas las cosas. Ensayos en honor del profesor Josef Seifert, a sus 65 años de edad. The Love of Truth: Every Truth and in Every Thing: Essays in Honor of Professor Josef Seifert on his 65th Birthday*. Santiago de Chile, Ediciones de la Pontificia Universidad Católica de Chile-International Academy of Philosophy at the PUC-Instituto de Filosofía de la PUC, 2009, pp. 157-180. — Sobre la tesis de Kant según la cual «es propiamente sólo la prueba ontológica por meros conceptos la que contiene toda la fuerza probatoria en la que se llama prueba cosmológica» (*Kritik der reinen Vernunft*, A 607/B 635) puede verse: Rogelio Rovira, «Does the ontological proof of God's existence really contain all the probative force of the cosmological argument? The early criticisms of Kant's thesis by Flatt, Abel and Eberhard», *Kant-Studien* 113/2 (2022), pp. 269-298.

argumentos de la existencia de Dios, en la que asimismo la prueba ontológica ocupa un lugar único. He aquí la clasificación: «(1) Argumentos
cuyas premisas no contienen ni proposiciones específicamente éticas ni
proposiciones específicamente religiosas; (2) Argumentos cuyas premisas
contienen proposiciones específicamente éticas, pero no específicamente religiosas; (3) Argumentos cuyas premisas contienen proposiciones
específicamente religiosas»[16]. Los argumentos de la primera clase se
dividen, según este pensador, en dos grupos según que utilicen o no
utilicen una «premisa existencial», es decir, «una premisa de la forma
tal cosa existe». Y así escribe Broad: «Hay uno y solo un argumento que
no utiliza una premisa existencial. Es el famoso argumento ontológico,
inventado por san Anselmo de Canterbury»[17].

Bien mirado, las tres clasificaciones expuestas coinciden en señalar, cada una a su manera, lo que distingue al llamado argumento
ontológico de cualquier otra prueba posible de la existencia de Dios.
La originalidad del argumento ontológico consiste en fundarse en el
solo conocimiento del ser de Dios, prescindiendo del apoyo que pueda
proporcionar la existencia, conocida por experiencia, de otros seres,
para afirmar la existencia de dicho ser. Por ello cabe decir que las tres
clasificaciones, cada una a su modo y de manera más o menos adecuada, coinciden en sostener que el argumento ontológico concluye la
afirmación de la existencia de Dios fundándose en la mostración de la
evidencia inmediata de la verdad de la proposición «Dios existe».

16   C.D. Broad, «Arguments for the Existence of God», in: *Religion, Philosophy and
      Psychical Research. Selected Essays,* New York, Harcourt, Brace & Co, Inc., 1953,
      p. 176. (Publicado originalmente en *Journal of Theological Studies* 40 (1939) pp.
      16-30 y 156-167).
17   *Ibid.*

Capítulo II

Los tres modos posibles de mostrar la evidencia inmediata de la verdad de la proposición «Dios existe»

Si el argumento ontológico es, a tenor de lo expuesto, un procedimiento para afirmar la existencia de Dios que se funda en el carácter evidente de suyo de la verdad de la proposición «Dios existe», es preciso preguntarse: ¿de qué medios cabe servirse para mostrar la evidencia inmediata de la verdad de una proposición? ¿Qué formulaciones cabe proponer, en consecuencia, de la llamada prueba ontológica de la existencia de Dios?

Es claro que, en el mejor de los casos, el carácter evidente de suyo de la verdad de una proposición sólo se puede mostrar de estos tres modos: *indirectamente*, esto es, ensayando una reducción al absurdo de la tesis que niega o pone en duda esa evidencia inmediata; *hipotéticamente*, es decir, recurriendo a un silogismo condicional; y, en fin, *directamente*, o sea, mostrando inmediatamente esa evidencia inmediata.

Tales han de ser, pues, los modos posibles en que cabrá presentar la evidencia inmediata de la verdad de la proposición «Dios existe». Y una ojeada a la historia del argumento ontológico confirma que, en efecto, este recurso para afirmar la existencia de Dios ha conocido las tres formulaciones señaladas. Es, sin duda, mérito de Anselmo de Canterbury, el descubridor del argumento, el haber presentado indirectamente la evidencia inmediata de la verdad de la proposición «Dios existe» intentando una reducción al absurdo de las tesis del ateísmo y del agnosticismo. Ha sido, por su parte, Buenaventura quien, de un modo originalísimo, ha formulado el argumento ontológico recurriendo a un silogismo condicional. Y fue, finalmente, Descartes quien tuvo la ocurrencia de presentar directamente la evidencia inmediata de la verdad de la proposición «Dios existe», ensayando incluso su formulación mediante ciertos silogismos categóricos. Como habrá de comprobarse más adelante en ciertos casos concretos, las distintas presentaciones de este argumento ofrecidas en el transcurso de los tiempos por los pensadores más diversos no son, bien miradas, sino variaciones de alguno de los tres modos básicos mencionados.

A la exposición detenida de las tres formulaciones posibles del argumento ontológico y de su diversa fuerza lógica será menester dedicar los siguientes capítulos.

Capítulo III

FORMULACIÓN INDIRECTA DEL ARGUMENTO ONTOLÓGICO: MOSTRACIÓN DE LA EVIDENCIA INMEDIATA DE LA VERDAD DE LA PROPOSICIÓN «DIOS EXISTE» POR REDUCCIÓN AL ABSURDO

§ 1. LOS DOS DESCUBRIMIENTOS DE ANSELMO DE CANTERBURY

Por propia confesión de Anselmo[1], sabemos que una vez escrito y dado a público conocimiento su famoso *Monologion*, le sobrevino un punto de insatisfacción. Es verdad que en esa obrita, por muchos conceptos admirable, había conseguido demostrar, según pensaba, la existencia y los atributos de Dios. Pero ello se hacía a costa de muchos y muy complicados razonamientos, sólidamente encadenados entre sí, que no podían por menos que fatigar al lector y, lo que es más grave, hacer depender la verdad de la conclusión de la verdad de otros principios que, a su vez, era preciso demostrar. ¿No cabría —se preguntaba Anselmo— encontrar un único argumento que no necesitara de ningún otro más que de él mismo para ser aceptado y que él solo bastara para

---

1   Cf. Anselmo de Canterbury, *Proslogion,* in: *S. Anselmi Cantuariensis Archiepiscopi Opera Omnia* (ed. Franciscus Salesius Schmitt), Edinburghi, Apud Thomam Nelson et Filios, 1946, I, p. 93.

probar que Dios existe verdaderamente y que es el bien supremo y, en suma, todo lo demás que la fe nos hace confesar de él?

Anselmo rogó a Dios con insistencia que le iluminara en esta difícil cuestión[2]. Ciertamente, como filósofo cristiano, el doctor de Canterbury partió en su meditación del dato subjetivo de su fe, según queda expresado en su célebre *dictum: credo ut intelligam* o también en este otro: *fides quaerens intellectum*[3]. Pero los frutos de su ruego y

---

2   En su célebre libro sobre el argumento anselmiano, Karl Barth cita a este respecto estas significativas palabras de Sören Kierkegaard: «Por lo demás, curioso modo de probar. Anselmo dice: quiero probar la existencia de Dios. Para ello ruego a Dios que me dé fuerzas y me ayude. Pero la certeza de que es necesaria la ayuda de Dios para probar su existencia es ya una prueba mucho mejor de su existencia; si se pudiese probar la existencia de Dios sin su ayuda, sería, por así decir, menos cierto que existe» (citado en: *Fides quaerens intellectum. Anselms Beweis der Existenz Gottes im Zusammenhang seines theologischen Programms*. Hrsg. von E. Jünger und I. U. Dalferth. Zürich, Theologischer Verlag, 1986, 2. Aufl. [1931, 1. Aufl.], p. 39, Anm. 61).— No puede dejarse de recordar en este punto que también Platón, en *Las Leyes,* X, 887 c, declara, por boca del ateniense, que la prueba de la existencia de los dioses ha de ir precedida de una invocación o súplica a la divinidad.

3   *Proslogion,* cap. I y Prooemium, in: *ed. cit.,* I, pp. 100 y 94.— Esto no quiere decir en modo alguno que Anselmo utilice la fe en la Revelación como dato del filosofar. La fe es el punto de partida del cristiano que filosofa, nunca un dato del razonamiento ni un principio hermenéutico de la reflexión filosófica.— El hecho de que Anselmo parta, en su argumentación, del dato subjetivo de la fe en la existencia de Dios para llegar al entendimiento del existir divino, ha sido interpretado de diversas maneras. Karl Barth, en la obra citada en la nota anterior, defiende que el razonamiento anselmiano es puramente teológico: si se parte de la fe, la razón llegará a la inteligencia de la fe, pero no al descubrimiento de verdades estrictamente racionales. Anselm Stolz, en su ensayo «Zur Theologie Anselms im *Proslogion*» (*Catholica* 2 [1933], pp. 1-24), sostiene que el argumento de Anselmo, por suponer un esfuerzo para elevarse a la contemplación de Dios y comprender lo que creemos de él, es un fragmento de teología mística. Según ha mostrado Étienne Gilson en su fino estudio «Sens et nature de l'argument de Saint Anselme» [publicado por vez primera en *Archives d'histoire doctrinale et littéraire du moyen âge* 9 (1934), pp. 5-51, y reproducido luego en: E.G., *Études médiévales*, Paris, J. Vrin, 1986, pp. 53-99], la parcialidad de estas interpretaciones tiene su raíz en la aplicación a la meditación anselmiana de esquemas conceptuales de uso habitual hoy en día, pero ajenos a la intención de

de su indagación tardaron en aparecer. Él mismo cuenta sobriamente el período de oscuridades y torturas intelectuales en que se vio sumido: «Dándole vueltas a esta cuestión reiterada y afanosamente, unas veces me parecía que iba a poder obtener lo que buscaba, y otras, en cambio, que se ocultaba por entero a la mirada de la mente: por fin, desesperado, decidí interrumpir la investigación de un asunto que se me presentaba como imposible de descubrir. Pero, cuantas veces quería apartar de mí por completo ese pensamiento para que no me distrajera ocupándome la mente de modo vano con otras cosas que las que podían aprovecharme, cada vez más contra mi voluntad y mi defensa empezó a imponerse con cierta insistencia»[4].

Al cabo, en efecto, tuvieron cumplimiento, y aun sobrado, su empeño y su fervor. Pues Anselmo llegó, en verdad, al convencimiento de que Dios le hacía ver mucho más de lo que le había pedido. Buscaba un argumento, sólo uno, que demostrara por sí solo la existencia de Dios. Encontró primero, sin embargo, que no hacía falta demostración ninguna: la existencia de Dios que cumple conocer al hombre es inmediatamente evidente a su entendimiento desde el conocimiento que posee de la esencia divina.

Anselmo. Pretender entender el sentido de la reflexión anselmiana en el *Proslogion* a la luz de categorías y distinciones actuales conduce, en verdad, como señala Gilson, a plantear cuestiones insolubles. Así, a la tesis de Barth cabe objetar que si el argumento del *Proslogion* se inscribe en la teología, se trata entonces de una teología de nueva especie, de la que no se conoce ningún otro ejemplo: una teología cuyas conclusiones no se fundan en la autoridad de la Escritura. Por su parte, a la afirmación de Stolz se puede oponer que si el *Proslogion* recoge una contemplación mística, se trata entonces de una contemplación mística muy extraña, que se obtiene por un argumento único que pretende probar por sí solo. El *Proslogion* —concluye Gilson— es una obra cuyo método es puramente racional (por eso el argumento de la existencia de Dios que en él se ofrece se injerta fácilmente en filosofías que no parten de la fe), pero el objeto al que se aplica es puesto, por el propio Anselmo, como trascendente a la razón. Esta obra no pertenece, pues, a la teología mística, ni a la teología, ni a la filosofía, sino que forma parte, si cabe decirlo así, de las tres disciplinas en íntima unidad: es un estudio de las Sagradas Escrituras sobre la inteligibilidad de la fe.

4   *Proslogion,* Prooemium, in: *ed. cit.,* I, p. 93.

Mas adviértase que ese primer descubrimiento consiste, en rigor, en afirmar que la verdad de la proposición «Dios existe» nos es inmediatamente evidente. Y como lo inmediatamente evidente, de puro luminoso, no puede ser demostrado en modo alguno, Anselmo tuvo que ingeniar un medio expeditivo y eficaz para transmitir su hallazgo. El medio que encontró, tan simple e idóneo, fue, en verdad, su segundo descubrimiento, tan importante como el anterior. Y es que Anselmo pensó que el mejor medio de mostrar la evidencia inmediata de la verdad de la proposición «Dios existe» no podía consistir sino en tres cosas. Primero: procurar una exacta descripción de nuestro conocimiento de lo que Dios es, ya que Dios, según descubrió Anselmo, es un ser cuya existencia nos es evidente de modo inmediato a partir de una descripción suficiente de lo significado por el término «Dios». Segundo: proponer una reducción al absurdo de la tesis que niega esa evidencia inmediata al establecer la tesis contraria, es decir, de la tesis del ateísmo. Tercero: ofrecer una reducción al absurdo de la tesis que pone en duda la evidencia en cuestión, o sea, dicho en términos modernos, de la tesis del agnosticismo.

Para comunicar este doble descubrimiento, el de la evidencia inmediata de la verdad de la proposición «Dios existe» y el del modo indirecto de mostrar esa evidencia, redactó Anselmo su *Proslogion,* obra breve y de apasionada prosa[5]. Examinemos, pues, estos asuntos en lo que sigue.

---

5   Es interesante notar a este propósito lo que escribe Karl Barth en la introducción de su libro, ya citado, sobre el argumento de Anselmo: «Se ha dicho demasiado sobre, contra y aun a favor de esta prueba, sin que se haya aclarado previamente qué ha querido y ha hecho Anselmo al "probar" y, por tanto, sin que se haya tenido en cuenta formalmente en la valoración de esta prueba. El término "prueba" (*probare, probatio*) aplicado a lo que se lleva a cabo en los capítulos segundo al cuarto del *Proslogion* lo ha utilizado por vez primera Gaunilón, el contradictor de Anselmo, pero el mismo Anselmo lo admite. El concepto también le es, por lo general, familiar, aunque solamente cuando lo refiere a cierto efecto que produce o que hay que esperar de su trabajo. Anselmo quiere y busca este resultado. Pero el término propio y pertinente que emplea para designar su querer y su obrar no es, sin embargo, *probare,* sino

La descripción que propone Anselmo de nuestro conocimiento de la esencia de Dios se encuentra en el capítulo II del *Proslogion*. Reza de esta suerte: entendemos que Dios es algo mayor que lo cual nada se puede pensar (*aliquid quo nihil maius cogitari possit*)[6]. Se trata, como es fácil comprobar, de una caracterización del conocimiento puramente filosófico que poseemos del ser de Dios, que tiene ilustres antecedentes en la filosofía. Parecida descripción se encuentra, en efecto, en las obras de Agustín de Hipona, acaso el inspirador más directo de la fórmula anselmiana. En su *De libero arbitrio,* por ejemplo, se lee: «Confesaré paladinamente que Dios es aquello de lo que conste que no hay nada mayor (*Hunc plane fatebor Deum quo nihil superius esse constiterit*)»[7]. Pero también en la *República* de Platón se halla una declaración semejante: «Creo que todos y cada uno de ellos [de los dioses] son los seres más hermosos y excelentes (κάλλιστος καὶ ἄριστος) que pueden darse»[8].

LA FUGA DEL NO SER

---

intelligere. Cuando tiene lugar el *intelligere*, resulta el *probare.* Podemos dar en este caso esta definición general: resulta que la validez de ciertas proposiciones defendidas por Anselmo se asegura frente a los que las ponen en duda o las niegan; resulta, por tanto, que el *intelligere* tiene un efecto apologético y polémico». (*Op. cit.,* p. 10).

6   *Proslogion,* cap. II, in: *ed. cit.,* I, p. 101.

7   Agustín de Hipona, *De libero arbitrio,* II, 6, 14. Cf. *De Doctrina Christiana,* I, 7, 7.

8   Platón, *República,* II, 381 c. Fórmulas semejantes en su literalidad, aunque sin duda no en su sentido último, se encuentran también, por ejemplo, en *De natura deorum* (III, 7, 20) de Cicerón: «puesto que nada es más excelente que Dios (*cum deo nihil praestantius esset*)», en las *Naturales quaestiones* (I, Pref. 13) de Séneca: «¿Qué es Dios? El todo que ves y el todo que no ves. Así precisamente se le reconoce su grandeza, mayor que la cual nada puede pensarse (*Quid est deus? Quod uides totum et quod non uides totum. Sic demum magnitudo illi sua redditur, qua nihil maius cogitari potest*)» y en el *De consolatione philosophiae* (III, prosa 10) de Boecio: «pues, puesto que no puede concebirse nada mejor que Dios, ¿quién puede dudar de que es bueno aquello que nada es mejor? (*nam cum nihil Deo melius excogitari queat, id, quo melius nihil est, bonum esse quis dubitet?*»).

Aunque el sentido exacto en que debe entenderse esta descripción de la esencia de Dios en tanto que conocida por nosotros sólo se revela plenamente cuando se consideran los subsiguientes razonamientos y distingos de Anselmo, no será ocioso anticipar ahora, por modo indicativo y provisional, dos cuestiones de interés.

La primera se refiere a la expresión «mayor que» que aparece en la descripción mencionada. Ante todo es menester notar algo que no requerirá mayores comentarios: la «grandeza» aludida no puede tomarse en un sentido cuantitativo, pues Anselmo le otorga tácitamente una significación cualitativa, que la hace sinónima de «superioridad» o «perfección» en su acepción ontológica[9]. Pero, además de ello, es preciso advertir también algo que habrá que tratar luego por menudo: con el giro «mayor que» no se pretende establecer una comparación del ser de Dios con los otros seres, sino apuntar a una caracterización absoluta de Dios como el ser por excelencia.

El segundo asunto que conviene adelantar es que la «imposibilidad de pensar» a que se alude en la fórmula de Anselmo al declarar que Dios es el ser mayor que el cual «no cabe pensar» otro, no es tanto una imposibilidad impuesta por el pensamiento a la cosa cuanto, más bien, por la cosa misma al pensamiento. Dicho de otro modo, la descripción de nuestro conocimiento de la esencia de Dios ofrecida por Anselmo no pretende ser una definición nominal de Dios, que muy bien pudiera ser arbitraria, sino, por el contrario, una definición real o esencial y, por tanto, necesaria del ser divino.

§ 3. Reducción al absurdo de la tesis del ateísmo

La reducción al absurdo de la tesis del ateísmo la expone también Anselmo en ese mismo capítulo II de su opúsculo, cuyo título es «Que

---

9   Vid. Robert Brecher, *Anselm's Argument. The Logic of Divine Existence,* Aldershot, Gower, 1985, chap. I, pp. 6-18.

Dios existe verdaderamente». Por su importancia, y pese a su extensión,
será conveniente transcribirla por entero:

«Y, en verdad, creemos que tú eres algo mayor que lo cual nada se puede pensar. ¿Es que acaso no existe una naturaleza semejante porque *dijo el insensato (insipiens) en su corazón: no hay Dios?* (Sal 13, 1). Pero, ciertamente, el insensato mismo, cuando oye esto mismo que yo digo: "algo mayor que lo cual nada se puede pensar", entiende lo que oye; y lo que entiende existe en su entendimiento, incluso si no entiende que eso existe. No es lo mismo, en efecto, que la cosa exista en el entendimiento que entender que la cosa existe. Pues, cuando el pintor premedita lo que va a hacer, lo tiene, sin duda, en el entendimiento, pero todavía no entiende que existe lo que aún no ha hecho. Mas, cuando ya lo pintó, no sólo lo tiene en el entendimiento, sino que también entiende que existe lo que ya ha hecho. Por tanto, hasta el insensato se ha de convencer de que existe, al menos en el entendimiento, algo mayor que lo cual nada se puede pensar, porque cuando oye esto lo entiende, y todo lo que se entiende existe en el entendimiento. Y, en verdad, eso mayor que lo cual no cabe pensar, no puede existir en el solo entendimiento. Pues si existe en el solo entendimiento, se puede pensar que existe también en la realidad, lo que es mayor. Por tanto, si eso mayor que lo cual no se puede pensar existe en el solo entendimiento, eso mismo mayor que lo cual no se puede pensar es algo mayor que lo cual se puede pensar. Pero esto, ciertamente, no puede ser. Por consiguiente, algo mayor que lo cual no se puede pensar existe, sin lugar a dudas, tanto en el entendimiento como en la realidad»[10].

Tres son los supuestos fundamentales en que se apoya esta argumentación. El primero de ellos no es otro que la caracterización de nuestro conocimiento de la esencia de Dios antes apuntada: por Dios se entiende *aliquid quo nihil maius cogitari possit, id quo maius cogitari nequit, aliquid quo maius cogitari non valet,* según las sucesivas locuciones equivalentes que aparecen en el pasaje citado. La subsiguiente reduc-

---

10   *Proslogion,* cap. II, in: *ed. cit.,* I, pp. 101-102.

ción al absurdo no se podría aplicar, por tanto, a quien no entendiera a Dios de este modo. No cabría, pues, oponer al argumento el reparo de Tomás de Aquino según el cual «tal vez el que oye este nombre *Dios* no entiende que significa algo mayor que lo cual no cabe pensar, puesto que hay quienes han creído que Dios era cuerpo»[11]. Semejante defecto no puede imputarse, en verdad, a la argumentación, sino a quien no entiende el significado propio del nombre «Dios» y a quien, por ello, si niega la existencia de lo que impropiamente entiende por «Dios», ni siquiera cabe calificar de «ateo». El segundo supuesto es la distinción entre dos modos de existencia: *esse in solo intellectu*, existir sólo en el entendimiento, como mera idea, y *esse in re*, existir en la realidad, fuera del entendimiento, «extracogitativamente», cabría decir[12]. El tercer supuesto, en fin, es la afirmación, tenida por evidente, de que existir en el pensamiento y en la realidad (*et in intellectu et in re*) es más perfecto (*maius*) que existir sólo en el entendimiento (*in solo intellectu*).

A tenor de estos supuestos, la reducción al absurdo de la tesis del ateísmo puede resumirse en las tres proposiciones siguientes:

Primera.— La proposición «Dios no existe» es equivalente a esta otra: «El ser mayor que el cual no cabe pensar otro existe sólo en el entendimiento y no en la realidad».

Segunda.— Un ser mayor que el cual no cabe pensar otro que existe sólo en el entendimiento, y no en la realidad, no es el ser mayor que el cual no cabe pensar otro, pues cabe pensar otro ser mayor, a saber, un ser que, además de existir en el entendimiento, existe también en la realidad.

Tercera.— Por tanto, la proposición «El ser mayor que el cual no cabe pensar otro existe sólo en el entendimiento y no en la realidad» equivale a la proposición «El ser mayor que el cual no cabe pensar

---

11   Tomás de Aquino, *Summa theologiae* I, q. 2, a. 1 ad 2.

12   Precisas observaciones sobre el sentido de esta distinción se encuentran en Antonio Millán-Puelles, *Teoría del objeto puro* (1990), in: A.M.-P., *Obras Completas*, Madrid Asociación de Filosofía y Ciencia Contemporánea–Ediciones Rialp, 2015, vol. VIII, pp. 212-214.

otro no es el ser mayor que el cual no cabe pensar otro». En definitiva, dicho en otros términos, la proposición «Dios no existe» equivale a la proposición «Dios no es Dios», lo que es una patente contradicción.

Bien se advierte el objetivo final de esta reducción al absurdo de la tesis del ateísmo: intentar traer, por su medio, a la plena evidencia nuestro conocimiento de que Dios, el ser mayor que el cual no cabe pensar otro, es el puro ser, el ser que no tiene mezcla alguna de no ser, y que, por tanto, hemos de afirmar que Dios existe realmente. O dicho de otro modo: mostrar que la verdad de la proposición «Dios existe» nos es inmediatamente evidente, porque su negación conduce a un absurdo, y que con ello queda justificada la verdad de la atribución del predicado de la existencia al sujeto Dios en el juicio correspondiente[13].

La razón principal que se aduce para mostrar la evidencia inmediata de la verdad de la proposición «Dios existe», y que constituye el nervio del argumento, es que «lo que existe en la realidad y en el entendimiento es mayor que lo que existe en el solo entendimiento»[14]. El sentido en que ha de entenderse esta aseveración es, sin duda, este: si se piensa que Dios, el ser mayor que el cual no cabe pensar otro, existe como mera idea, sin correlato alguno en la realidad, se piensa un cierto no ser, a saber: el no ser propio de lo sólo pensado, de lo puramente mental; pero el ser así concebido no podría ser Dios, esto es, el ser mayor que el cual no cabe pensar otro, porque su ser se agotaría en ser pensado y sería, por tanto, un ser dependiente y relativo. En ese caso, en efecto, el ser mayor que el cual no cabe pensar otro no tendría más ser que el ser objeto ante una conciencia que lo pensara, por lo que no podría ser el ser mayor que el cual no cabe pensar otro. La única manera

---

13   Michael Oliver Wiitala, en su ensayo «Anselm's Ontological Argument and Aristotle's *Elegktikōs Apodeixai*», *Proceedings of the American Catholic Philosophical Association* 86 (2013), pp. 129-140, trata de mostrar que el argumento anselmiano es análogo a la demostración elénctica o refutativa a favor del principio de contradicción que Aristóteles propone en el libro IV de la *Metafísica*.

14   Cf. Charles Hartshorne, *Anselm's Discovery. A Re-examination of the Ontological Argument for God's Existence,* Lasalle (Ill.), Open Court, 1965, Part One, 1, p. 11.

de escapar a tan palmaria contradicción no puede ser, pues, otra que afirmar que Dios, el ser mayor que el cual no cabe pensar otro, existe tanto en el entendimiento como en la realidad[15].

Nótese, en fin, que con este razonamiento se muestra *de modo indirecto* y, en verdad, con gran fuerza de convicción, la evidencia inmediata de la verdad de la proposición «Dios existe».

★　★　★

No será ocioso señalar en este punto que también los pensadores que, en el transcurso de los tiempos, han hecho suyo, desde sus propios presupuestos filosóficos, la prueba anselmiana han señalado inequívocamente el *nervus probandi* de esta reducción al absurdo. Tal es

---

15 En su mencionada *Teoría del objeto puro*, Antonio Millán-Puelles ha expresado con fórmulas rigurosas y muy plenas de sentido el núcleo de la argumentación de Anselmo de Canterbury. Valgan las siguientes como prueba: «En san Anselmo, probar *quod Deus vere sit* quiere decir: hacer patente que en verdad no lo pensamos si creemos pensarlo como algo solo pensado». «En este caso el argumento empleado por san Anselmo consiste en que, como la existencia de algo que supera todo lo pensable es pensable, si Dios no fuese ese ser podría pensarse algo que lo excediera, lo cual es imposible». «Sea cualquiera la opinión que nos hagamos de este razonamiento, no se puede negar que se da en él una máxima y deliberada tensión entre el ser y el pensar, y que el ser queda así pensado en su más alto nivel —pero no sólo en su aspecto quidditativo— como absolutamente trascendente a su propia objetualidad». (A.M.-P., *Obras Completas*, Madrid Asociación de Filosofía y Ciencia Contemporánea–Ediciones Rialp, 2015, vol. VIII, p. 214). Y aunque Millán-Puelles no admite el argumento ontológico, no deja de reconocer esta verdad: «Justamente por ello el ámbito de la objetualidad pura puede estar ocupado por las más heterogéneas quiddidades: por todas, menos por una, que es la realmente idéntica al absoluto o puro y simple Ser, vale decir, la quiddidad divina, que, en virtud de esa identidad, no puede carecer de la existencia. No hace falta aclarar, pues, ya lo hemos hecho en este mismo capítulo, que con ello no se apela, en modo alguno, al "argumento ontológico". Con esta sola excepción, no hay nada que *por principio* haya de quedar fuera del ámbito de la pura objetualidad» (*Ibid.*, p. 252).

el caso, por ejemplo, de Moses Mendelssohn[16]. Como se ha señalado[17], Mendelssohn parte en sus reflexiones de la tesis de Christian Wolff según la cual Dios, en tanto que *ens a se*, es un ser independiente: *Deus ens independens est*[18]. De esta forma, Mendelssohn reconoce, en su *Tratado sobre la evidencia en las ciencias metafísicas*, que «una existencia independiente es una perfección mayor (*eine grössere Vollkommenheit*) que una existencia dependiente»[19]. De ahí que, recurriendo a la distinción entre «mero concepto» (*bloßer Begriff*) y «cosa» (*Sache*) —equiparable a la diferencia anselmiana entre *esse in solo intellectu* y *esse in re*—, el filósofo alemán haya podido compendiar luego, en sus *Horas matinales*, la verdadera disyuntiva a que conduce la discusión de la existencia de Dios en esta llamativa fórmula: el ser mayor que el cual no cabe pensar otro, el ser independiente, «o es concepto y cosa a la vez; o no es ni esto ni aquello»[20]. Por tanto, la tesis del ateísmo, que cabría compendiar en la afirmación de que Dios, el ser independiente, es un mero concepto y no una cosa, es decir, un ser real que existe también fuera del pensamiento, supone incurrir en una contradicción: «Mero concepto

16 Cf. Rogelio Rovira, «Mendelssohn's Refutation of Kant's Critique of the Ontological Proof», *Kant-Studien* 108/3 (2017), pp. 405 y 413. Sobre la adecuada interpretación de la tesis en que se apoya la formulación del argumento ontológico debida a Mendelssohn, vid. Stefan Lang, «Mendelssohn und Kant über den ontologischen Gottesbeweis», *Deutsche Zeitschrift für Philosophie* 69/5 (2021), pp. 720-741 y Rogelio Rovira, «Nochmals zu Mendelssohn, Kant und dem ontologischen Gottesbeweis. Antwort an Stefan Lang», *Deutsche Zeitschrift für Philosophie* 71/2 (2023), pp. 194-200.

17 Cf. Dieter Henrich, *Der ontologische Gottesbeweis. Sein Problem und seine Geschichte in der Neuzeit,* Tübingen, J.C.B. Mohr (Paul Siebeck), 1967, 2. Aufl, p. 70.

18 Christian Wolff, *Theologia naturalis methodo scientifica pertractata*, Pars II, Francofurti et Lipsiae, Officina libraria Rengeriana, 1737, § 25, p. 16.

19 Moses Mendelssohn, *Abhandlung über die Evidenz in metaphysischen Wissenschaften* (hrsg v. Fritz Bambergen und Leo Strauss), in: M.M., *Gesammelte Schriften* (Jubiläumsausgabe), Berlin 1929 ss.; Stuttgart-Bad Cannstatt, Friedrich Frommann Verlag (Günther Holzboog), 1971 ss., II, p. 300.

20 Moses Mendelssohn, *Morgenstunden, oder Vorlesungen über das Daseyn Gottes* (hrsg v. Leo Strauss), in: *ed. cit.*, III/2, p. 151.

sin cosa no puede ser este ser en absoluto (*Bloßer Begriff ohne Sache kann dieses Wesen schlechterdings nicht seyn*)»[21].

§ 4. REDUCCIÓN AL ABSURDO DE LA TESIS DEL AGNOSTICISMO

Todavía ensaya Anselmo, esta vez en el capítulo III de su *Proslogion*, que lleva por título «Que no se puede pensar que no existe», una nueva mostración indirecta de la evidencia inmediata de la verdad de la proposición «Dios existe». Este ensayo consiste en una nueva reducción al absurdo, pero no ya de la tesis que niega lo enunciado por esa proposición, sino de la tesis que pone en duda esa verdad, es decir, de la tesis del agnosticismo. Por ser un razonamiento menos conocido que el anterior, será preciso transcribirlo también por entero:

«Lo cual, por cierto, es tan verdadero, que no se puede pensar que no existe. Pues se puede pensar que existe algo que no se puede pensar que no existe; y esto es mayor que aquello que se puede pensar que no existe. Por tanto, si de aquello mayor que lo cual no cabe pensar se puede pensar que no existe, esto mismo mayor que lo cual no cabe pensar no es aquello mayor que lo cual no cabe pensar, y esto no se puede admitir. Por consiguiente, existe verdaderamente algo mayor que lo cual no se puede pensar, de tal modo que no se puede pensar que no existe»[22].

Tres son también en este caso los supuestos fundamentales de esta argumentación, estrictamente paralelos a los señalados en el razonamiento anterior. El primero es la conocida descripción de nuestro conocimiento del ser de Dios como el *id quo nihil maius cogitari nequit*, que esta nueva reducción al absurdo comparte con la antes expuesta, de forma que quien no entendiera propiamente esta caracterización de Dios y dudara de su existencia no podría ser siquiera calificado de

---

21   *Ibid.*
22   *Proslogion*, cap. III, in: *ed. cit.*, I, pp.102-103.

«agnóstico». El segundo supuesto es una nueva distinción entre dos modos de existencia: el existir (*esse*) de lo que se puede pensar que no exista (*quod non esse cogitari potest*) y el existir (*esse*) de lo que no se puede pensar que no exista (*quod non possit cogitari non esse*). El tercer supuesto, finalmente, es la afirmación, también considerada evidente, de que existir no siendo pensable la no existencia es más perfecto (*maius*) que existir siendo pensable la no existencia.

A tenor de estos supuestos, la reducción al absurdo de la tesis del agnosticismo puede cifrarse también en tres proposiciones:

Primera.— La proposición «Dios es un ser de cuya existencia se puede dudar» equivale a esta otra: «El ser mayor que el cual no cabe pensar otro es un ser cuya no existencia se puede pensar».

Segunda.— Un ser mayor que el cual no cabe pensar otro cuya no existencia se puede pensar no es el ser mayor que el cual no cabe pensar otro, pues cabe pensar otro ser mayor, a saber: un ser cuya no existencia no se puede pensar.

Tercera.— Por tanto, la proposición «El ser mayor que el cual no cabe pensar otro es un ser cuya no existencia se puede pensar» equivale a la proposición «El ser mayor que el cual no cabe pensar otro no es el ser mayor que el cual no cabe pensar otro». En definitiva, dicho en otros términos, la proposición «Dios es un ser de cuya existencia se puede dudar» equivale, en última instancia, a la proposición «Dios no es Dios», lo que es una manifiesta contradicción.

Es fácil notar que el objetivo final de esta reducción al absurdo de la tesis del agnosticismo es el mismo que el del anterior razonamiento estudiado: presentar mediante ella la evidencia de nuestro conocimiento de que Dios, el ser mayor que el cual no cabe pensar otro, es el puro ser, el ser sin mezcla de no ser, y que, por consiguiente, tenemos que afirmar que Dios no puede no existir. O dicho también con otras palabras: mostrar que la verdad de la proposición «Dios existe» nos es inmediatamente evidente, porque dudar de su verdad supone admitir algo absurdo, y que con ello queda garantizada la verdad de la atribución del predicado de la existencia al sujeto «Dios» en el juicio correspondiente.

La razón fundamental que se alega para traer esta evidencia a la plena claridad, y que es el nervio de este razonamiento, es que «aquello cuya no existencia no se puede pensar es mayor que aquello cuya no existencia se puede pensar»[23]. La explicación de esta declaración no puede ser otra que esta: si se piensa que Dios, el ser mayor que el cual no cabe pensar otro, puede no existir, se piensa un cierto no ser, a saber: el no ser propio de lo contingente; pero el ser así concebido no podría ser Dios, esto es, el ser mayor que el cual no cabe pensar otro, porque su ser necesitaría de otro algo que él mismo para existir y sería, por tanto, un ser dependiente y relativo. Nuevamente se pone en este caso de relieve que el único modo de escapar a tan notoria contradicción no es sino afirmar que Dios existe necesariamente.

Adviértase, finalmente, que también esta argumentación constituye una mostración *indirecta* de la evidencia inmediata de la verdad de la proposición «Dios existe».

* * *

Como aclaración del *nervus probandi* del curso de pensamiento expuesto, puede resultar ilustrativo recurrir también en esta ocasión a las reflexiones de Moses Mendelssohn sobre el llamado argumento ontológico[24]. Cabe decir que, en cierto modo, en el citado ensayo del filósofo alemán dedicado a la evidencia de las ciencias metafísicas, se encuentra una original versión de la reducción al absurdo de la tesis del agnosticismo llevada a cabo por Anselmo. Curiosamente, no parece haberse advertido que el razonamiento mendelssohniano anticipa las formulaciones que algunos filósofos contemporáneos han propuesto del denominado «segundo argumento» anselmiano[25]. La argumentación

---

23   Cf. Charles Hartshorne, *op. cit.*, Part One, 1, p. 11.

24   Cf. Rogelio Rovira, «Mendelssohn's Refutation of Kant's Critique of the Ontological Proof», *Kant-Studien*, 108/3 (2017), pp. 405-406.

25   Vid. Norman Malcolm, «Anselm's Ontological Arguments», *Philosophical Review* 69 (1960), pp. 41-62 [reimpreso en: Alvin Plantinga (ed.), *The Ontological Argument.*

de Mendelssohn no parte de la consideración de la existencia (*Dasein*), que el filósofo alemán tiene por noción sumamente difícil de explicar, sino del examen de la no existencia (*Nichtsein*). Puede esquematizarse del modo siguiente.

La no existencia del ser supremamente perfecto es absolutamente imposible. Si esta afirmación es falsa, entonces tendría que ser verdadero o bien que la no existencia de semejante ser es posible o bien, por el contrario, que la existencia de semejante ser es imposible. Ahora bien, por una parte, la no existencia de un ser sólo es posible si su existencia no pertenece a su esencia, es decir, si su existencia es contingente. Pero es contradictorio concebir al ser supremamente perfecto y concebir que existe de manera contingente. Por otra parte, la existencia de un ser sólo es imposible si su concepto implica una contradicción, es decir, la afirmación y negación simultáneas del mismo predicado. Pero el concepto del ser supremamente perfecto solo contiene atributos positivos, que no suponen negación ni limitación ni, por tanto, contradicción alguna. Luego —concluye el razonamiento—, puesto que es verdadero que la no existencia del ser supremamente perfecto es absolutamente imposible, es también verdadero que el ser sumamente perfecto existe real y necesariamente[26].

§ 5. Explicación de la posibilidad del ateísmo y del agnosticismo

La reducción al absurdo tanto de la tesis que niega la evidencia inmediata de la verdad de la proposición «Dios existe» al establecer la tesis contraria como de la tesis que pone en duda la verdad de la proposición en cuestión, plantea una grave dificultad: ¿cómo son posibles

---

From St. Anselm to Contemporary Philosophers, London, MacMillan, 1968, pp. 136-159]; Charles Hartshorne, *op. cit.*— Vid. el cap. XI, § 2, del presente libro.

26 Moses Mendelssohn, *Abhandlung über die Evidenz in metaphysischen Wissenschaften,* in: *ed. cit.,* II, pp. 300-301.

ROGELIO ROVIRA

el ateísmo y el agnosticismo? ¿Cómo es posible negar o tan siquiera poner en duda la verdad de la proposición «Dios existe» si ello implica forzosamente el absurdo de sostener que «Dios no es Dios»?

No escapó, ciertamente, al genio de Anselmo este intrincado problema, que surge necesariamente del modo indirecto en que presenta su descubrimiento de la evidencia inmediata de la verdad de nuestra afirmación de la existencia de Dios. De ahí que haya intentado resolverlo sin demora alguna, justo en el capítulo IV de su *Proslogion,* cuyo encabezamiento reza precisamente: «Cómo dijo el insensato en su corazón lo que no se puede pensar». El texto que sigue discurre en estos términos:

«Pero, ¿cómo dijo en su corazón lo que no pudo pensar? ¿O cómo no pudo pensar lo que dijo en su corazón, ya que "decir en el corazón" es lo mismo que "pensar"? Si es verdad —o, mejor dicho, puesto que es verdad— que lo pensó, porque lo dijo en su corazón, y no lo dijo en su corazón, porque no pudo pensarlo, entonces es que no hay un único modo de decir algo en el corazón o pensar. En efecto, una cosa se piensa de un modo cuando se piensa la voz que la significa, y se piensa de otro modo cuando se entiende eso mismo que la cosa es. En el primer caso, por tanto, se puede pensar que Dios no existe; en el segundo, decididamente no. Pues nadie que entiende lo que Dios es puede pensar que Dios no existe, aunque diga estas palabras en su corazón, sea sin ninguna significación, sea con alguna significación extraña. Dios, en efecto, es aquello mayor que lo cual no se puede pensar. Quien entiende bien esto, entiende, por cierto, que eso mismo existe de tal modo que ni siquiera en el pensamiento puede no existir. Quien entiende, por tanto, que Dios existe de ese modo, no puede pensar que no existe»[27].

Nótese, en efecto, que tanto la tesis del ateísmo como la del agnosticismo contienen un mismo supuesto común, que es condición de su

---

27   *Proslogion,* cap. IV, in: *ed. cit.,* I, pp. 103-104.

posibilidad, a saber: que es posible pensar o entender la no existencia de Dios y que, por tanto, esa existencia no nos es evidente inmediatamente. Ahora bien, según señala Anselmo en el pasaje transcrito, hay dos modos de *cogitatio,* es decir, dos maneras diversas de pensar o entender. El primer modo es el que el doctor de Canterbury denomina *cogitare secundum voces,* esto es, pensar una cosa entendiendo la voz que la significa. Se trata de un tipo de entender en el que no se piensa la cosa misma, sino sólo significaciones de palabras. Y es preciso advertir que estas significaciones pueden dar lugar a entender o bien cosas extrañas o bien, incluso, cosas contrapuestas a lo que la cosa misma es. Esta es, sin duda, la razón por la que Anselmo declara que este tipo de entender no es un entender auténtico. Un ejemplo extremo bastará para explicarlo: una persona que no haya visto nunca un determinado matiz del color rojo, el bermejo, pongamos por caso, puede entender lo que significan las palabras con las que se lo menciona, «color rojo muy subido», «rubio rojizo» u otras semejantes; pero, al no presentarse nunca en su percepción ni en su imaginación esa particular tonalidad, puede entender con esas palabras algo extraño a la esencia de ese matiz o incluso contrapuesto a ella, *v. gr.,* que ese matiz no combina bien con el gris o que se halla, por su cualidad, en un lugar de la escala cromática distinto del que efectivamente le corresponde.

El segundo modo de *cogitatio,* en cambio, es el que Anselmo llama *cogitare secundum res* y que explica como el pensar una cosa entendiendo eso mismo que la cosa es, es decir, la esencia de la cosa. Este tipo de entender es, pues, plenamente adecuado y auténtico; es un «buen entender», según se afirma en el texto citado.

Aplicada ahora esta distinción al caso que nos ocupa, es manifiesto que, según el primer modo de entender, del entender impropio, cabe pensar, en efecto, que Dios no existe, ya que, al entender a Dios de esa manera, sólo se piensa la significación de una palabra y, por consiguiente, cabe muy bien la posibilidad de alejarse tanto de la esencia misma de la cosa mencionada, que se afirme de ella algo que en modo alguno puede corresponderle: de Dios, la no existencia. Por el contrario, es evidente que, según el segundo modo de entender, del entender propio, no se puede pensar que Dios no existe, pues quien entiende bien lo que Dios es, entiende que Dios existe de tal modo que ni siquiera puede pensarse que no existe.

Así, pues, según esta distinción, se echa de ver con toda claridad que tanto el ateísmo como el agnosticismo son, en el fondo, un equívoco, un no entender, una insensatez.

§ 6. PUNTUALIZACIONES SOBRE EL SENTIDO DE LA FÓRMULA «ALIQUID QUO NIHIL MAIUS COGITARI POSSIT»

La fórmula con la que Anselmo describe en el *Proslogion* nuestro conocimiento de la esencia de Dios no sólo tiene ilustres raíces en el pensamiento platónico y agustiniano, como se señaló anteriormente. Su fecundidad conceptual se advierte también hoy en día en el hecho de haber dado lugar al desarrollo de ciertas pujantes concepciones filosóficas sobre la naturaleza divina[28]. En lo que antecede se señaló de un modo provisional el sentido en que ha de entenderse la locución *aliquid quo nihil maius cogitari possit*. También se avisó que la significación de esta fórmula sólo se hace plenamente inteligible tras el examen de los argumentos y distinciones que se encuentran a continuación de ella. Cumple por ello completar y justificar en este momento aquellas indicaciones, pues importa no descuidar asunto tan capital.

---

28 Tal es el caso de la llamada «teología del ser perfecto» (*perfect being theology*), que trata de «desentrañar» la fórmula anselmiana del algo mayor que el cual no cabe pensar otro «para obtener una visión coherente de lo divino», como indica Katherin A. Rogers en su libro *Perfect Being Theology*, Edinburgh, Edinburgh University Press, 2019 (las palabras citadas se encuentran en la p. 11). En otra dirección, la llamada «teología de la manifestación» (*theology of disclosure*), desarrollada por Sokolowski, propone «comenzar por Anselmo» en la reflexión sobre el ser de Dios. Vid. Robert Sokolowski, *The God of Faith and Reason. Foundations of Christian Theology*, Washington D. C., The Catholic University of America Press, 1995.

Si se ponen en relación las razones en que se apoyan las refutaciones examinadas del ateísmo y el agnosticismo con el criterio de la predicación de los atributos que convienen de suyo a la esencia de Dios propuesto por Anselmo, se hace transparente el recto sentido de la expresión «mayor que» (*maius*) que forma parte de la mencionada descripción de nuestro conocimiento del ser de Dios. Detengámonos, por tanto, primero en esta cuestión, exponiendo la doctrina anselmiana sobre el mencionado asunto.

En el capítulo XV del *Monologion,* Anselmo se plantea este problema: ¿qué cabe o no cabe decir sustancialmente de la esencia divina? No pretende con esta cuestión investigar el teólogo cuál sea el «constitutivo formal» de Dios, ni aun ofrecer el elenco de los predicados que conforman la esencia del ser supremo; se propone, más bien, buscar un criterio o regla que permita discernir, de entre las diversas cualidades o perfecciones que se predican de las cosas, qué atributos convienen sustancialmente o de suyo a la naturaleza divina.

En la búsqueda de este criterio, Anselmo parece distinguir implícitamente dos modos posibles de estimar cualquier cualidad o perfección que se atribuya a un ser. Cabe, en efecto, apreciar una perfección predicada de una cosa conforme a la cantidad y excelencia con que el objeto posee dicha cualidad. Y se puede también juzgar una cualidad atribuida a un ser considerando la índole propia o dignidad ontológica de la perfección predicada. El primer caso supone la comparación de un atributo respecto de la cantidad y la excelencia con que es poseído por dos o más entes, y este cotejo dará lugar, por tanto, a un juicio que se expresará de esta forma: «este ser posee (o no posee) tal predicado en más cantidad y de un modo más excelente que aquel otro ser», o incluso: «este ser posee tal predicado en la máxima cantidad y del modo más excelente que todo otro ser»; se trata, pues, de una predicación *relativa* o *comparativa* de perfecciones o cualidades. El segundo caso, por el contrario, supone comparar la posesión de una perfección por parte de un ente respecto de la no posesión de dicha cualidad por ese mismo ente, y de este parangón surgirá, en consecuencia, un juicio que se enunciará de esta forma: «es mejor (o no es mejor) que este ser tenga tal atributo que que no lo tenga»; esta es, pues, una predicación *absoluta* de perfecciones o cualidades.

A la luz de esta distinción, es fácil establecer un criterio puramente negativo de los atributos que han de convenir sustancialmente a Dios: como los predicados relativos o comparativos no alcanzan a expresar sino lo extrínseco del ente al que se atribuyen, ninguna perfección atribuida relativa o comparativamente a Dios describirá de modo propio la esencia divina. «Así, pues, respecto de los relativos» —escribe el obispo de Canterbury— «nadie duda siquiera de que ninguno de ellos es sustancial a aquello de lo que se dice relativamente. Por lo cual, si algo se dice relativamente de la naturaleza suprema, no es significativo de su sustancia»[29]. Sin duda, cabe decir con verdad, en palabras del propio Anselmo, que la esencia divina es «la suprema de todas o mayor que todo lo que ha sido hecho por ella» (*summa omnium sive maior omnibus quae ab illa facta sunt*). Sin embargo, esta atribución no es de suyo expresiva de la naturaleza de Dios. En efecto, si falta el término de la comparación, a saber: todo lo que ha sido hecho por Dios, ocurriría, por una parte, que la esencia divina no sería la esencia suprema y, por otra, que esa esencia no habría perdido por ello nada de su grandeza y dignidad ontológica. «Por tanto,» —concluye Anselmo— «si puede entenderse que la naturaleza suprema es no suprema, de tal manera que, sin embargo, no es en modo alguno ni mayor ni menor que cuando se la entiende como la suprema de todas, entonces es manifiesto que "suprema" no significa llanamente aquella esencia que de un modo absoluto es mayor y mejor que todo lo que no es lo que ella (*omnimodo maior et melior est, quam quidquid non est quod ipsa*). Y lo que la razón enseña sobre "supremo" no se encuentra de modo diferente en los relativos semejantes»[30].

---

29   Anselmo de Canterbury, *Monologion,* cap. XV, in: *ed. cit.,* I, p. 28.
30   *Ibid.*

El criterio positivo de los atributos que convienen de suyo a la esencia divina habrá de buscarse, pues, en el seno de la predicación absoluta de perfecciones. Y es precisamente en los predicados absolutos donde Anselmo descubre una diferencia capital y de largo alcance. He aquí las palabras con las que da cuenta de su hallazgo: «Todo lo que es más que relativo, o es tal que eso es absolutamente mejor que no eso (*aut tale est, ut ipsum omnino melius sit quam non ipsum*), o es tal que no eso es mejor en algún ser que eso (*aut tale ut non ipsum in aliquo melius sit quam ipsum*)»[31].

Conviene no tergiversar el sentido de esta distinción. La oposición de «eso» (*ipsum*) y «no eso» (*non ipsum*) que aparece en la descripción anselmiana no puede entenderse exclusivamente como una oposición entre una perfección y su imperfección respectiva. Si así se interpretara, la fórmula del obispo de Canterbury resultaría un puro contrasentido. Pues se le haría decir, en su primera parte, la verdad palmaria de que la posesión de una perfección es absolutamente mejor que la posesión de la imperfección recíproca; y habría de declarar, en su segunda parte, el error, que contradice, por lo demás, la primera afirmación, de que la posesión de una imperfección es en algún ser mejor que la posesión de la perfección correspondiente.

La oposición de «eso» y «no eso» se refiere, ante todo, a la oposición entre una perfección y su ausencia o carencia respectiva. «Por "eso" y "no eso"» —escribe Anselmo— «no entiendo aquí otra cosa que "verdadero" y "no verdadero"; "cuerpo" y "no cuerpo", y otras cosas semejantes a estas»[32]. Precisamente el descubrimiento anselmiano consiste en mostrar que la carencia de ciertas perfecciones es necesariamente una imperfección, mientras que la ausencia de otras perfecciones es en algunos seres una perfección. Se trata, pues, de la diferencia que existe, dicho con otras palabras, entre los predicados absolutos *incondicionados,* es decir: aquellos cuya atribución es incondicionadamente

---

31   *Ibid.*
32   *Ibid.*

mejor que su no atribución, y los predicados absolutos *condicionados,* o sea: aquellos cuya no atribución es mejor en algunos casos que su atribución. Del primer tipo de predicados aduce Anselmo de Canterbury estos ejemplos y esta explicación: «En primer lugar, es, en verdad, mejor absolutamente (*omnino*) ser algo que no serlo, como ser sabio que no serlo, esto es, es mejor ser sabio que no ser sabio. Pues aunque uno que es justo, pero no sabio, parece mejor que un sabio que no es justo, no es, con todo, simplemente mejor (*melius simpliciter*) no ser sabio que ser sabio. Todo lo que simplemente no es sabio, en cuanto que no es sabio, es menos que lo que es sabio; porque todo lo que no es sabio sería mejor si fuera sabio. De modo semejante, es absolutamente mejor ser verdadero que no serlo, o sea, que no ser verdadero; y ser justo es mejor que no ser justo; y vivir que no vivir»[33]. La segunda especie de predicados la ilustra y aclara así: «Pero, en segundo lugar, en algún ser (*in aliquo*) es mejor no ser algo que serlo, por ejemplo, no ser oro que ser oro. Pues para el hombre es mejor no ser oro que ser oro, aunque tal vez para algún ser sería mejor ser oro que no ser oro, como para el plomo. Pues como los dos, esto es, el hombre y el plomo, no son oro, el hombre es algo tanto mejor que el oro cuanto que sería de naturaleza inferior si fuera oro; mientras que el plomo es algo tanto más vil que el oro cuanto más precioso sería si fuera oro»[34].

---

33 *Ibid.:* «Melius quidem est omnino aliquid quam non ipsum, ut sapiens quam non ipsum sapiens, id est: melius est sapiens quam non sapiens. Quamvis enim iustus non sapiens melior videatur quam non iustus sapiens, non tamen est melius simpliciter non sapiens quam sapiens. Omne quippe non sapiens simpliciter, inquantum non sapiens est, minus est quam sapiens; quia omne non sapiens melius esset, si esset sapiens. Similiter omnino melius est verum quam non ipsum, id est quam non verum; et iustum quam non iustum; et vivit quam non vivit».

34 *Op. cit.,* cap. XV, in: *ed. cit.,* I, p. 29: «Melius autem est in aliquo non ipsum quam ipsum, ut non aurum quam aurum. Nam melius est homini esse non aurum quam aurum, quamvis forsitan alicui melius esset aurum esse quam non aurum, ut plumbo. Cum enim utrumque, scilicet homo et plumbum, sit non aurum: tanto melius aliquid est homo quam aurum, quanto inferioris esset naturae, si esset aurum; et plumbum tanto uilius est, quanto pretiosius esset, si aurum esset».

Los predicados del primer género se han denominado «perfecciones puras» o «perfecciones simplemente tales» (*perfectiones simpliciter*): el hecho de que su posesión sea absolutamente mejor que su no posesión muestra, en efecto, que estas perfecciones no encierran de suyo impureza alguna; son perfecciones por excelencia. En cambio, los predicados de la segunda clase se han dado en llamar «perfecciones limitadas» (*perfectiones limitatae*): no a otra cosa, en verdad, que a la raíz de limitación que entrañan se debe el hecho de que, en algunos seres, su no posesión sea mejor que su posesión.

No ofrece dificultad alguna, tras lo expuesto, establecer ahora el criterio positivo de las perfecciones que convienen de suyo a la esencia suprema. Anselmo lo formula y justifica con estas palabras: «Como es impío pensar que la sustancia de la naturaleza suprema sea algo que de algún modo sea mejor no eso, es necesario que en ella todo sea absolutamente mejor que no eso»[35]. A Dios le corresponden, por tanto, todas las perfecciones puras en el más alto grado: «Por eso es necesario que [la esencia suprema] sea viva, sabia, potente y omnipotente, verdadera, justa, feliz, eterna y todo lo que, de modo semejante, es mejor absolutamente que no eso»[36].

Estas largas consideraciones, puestas al lado de las razones en que se basa Anselmo en el *Proslogion* para refutar el ateísmo y el agnosticismo, iluminan un aspecto decisivo de la caracterización del ser de Dios que nos ocupa. Pues, mirado a esta luz, es claro que decir de la naturaleza divina que es algo mayor que lo cual nada cabe concebir no supone en modo alguno hacer de Dios sujeto de una predicación relativa o comparativa de perfecciones o cualidades. La fórmula *aliquid quo nihil maius cogitari possit* no equivale en absoluto a describir la esencia de Dios como la *summa omnium sive maior omnibus quae ab illa facta sunt*. El propio Anselmo desautorizó explícitamente esta equiparación: «Pues no vale lo mismo que se diga "mayor de todos" (*maius omnibus*)

---

35   *Ibid.*
36   *Ibid.*

y "mayor que el cual no se puede pensar" (*quo maius cogitari nequit*) para probar que existe en la realidad lo que se dice»[37]. Ciertamente, la propiedad de ser el mayor de todos no expresa sustancialmente la esencia divina, pues supone comparar a Dios con los otros entes. Por ello la afirmación de la existencia de Dios que se apoya en semejante descripción resulta en extremo problemática, y aun no concluyente.

Muy otra cosa ocurre, en cambio, con la caracterización de Dios como el ser mayor que el cual no cabe pensar otro. La reducción al absurdo de la tesis del ateísmo, antes examinada —es decir, el fundamento de la imposibilidad intrínseca de negar la existencia de Dios—, puso de relieve, en efecto, que el ser así descrito es el único ser plenamente real: la propiedad de ser realísimo ha de predicarse, en verdad, de Dios aun cuando no hubiera otros seres. Por su parte, la reducción al absurdo de la tesis del agnosticismo, ya estudiada —o sea, la razón de la imposibilidad intrínseca de pensar la no existencia de Dios—, mostró que el ser mayor que el cual nada puede pensarse es el único ser que existe por su esencia: la perfección de ser incondicionadamente necesario pertenece asimismo a Dios de un modo absoluto, con plena independencia del resto de los entes. El argumento ontológico afirma, por tanto, la existencia de Dios, e incluso la necesidad de esta existencia, fundándose en el descubrimiento de que la esencia divina es la única a la que le compete la existencia del modo más propio y definitivo, y aun de que es la única que no puede no existir.

Cabe afirmar, en consecuencia, por lo que respecta a este punto, que la caracterización de Dios como el algo *mayor que* lo cual nada puede pensarse, es expresiva de suyo de la naturaleza divina, pues supone atribuir a Dios predicados absolutos y, sin duda, incondicionados, o sea, perfecciones puras: poseer semejantes peculiaridades es incondicionadamente mejor que no poseerlas. Por eso Anselmo, al establecer la tesis, en el capítulo V del *Proslogion,* de que Dios posee todas las

---

37   Anselmo de Canterbury, *Quid ad haec respondeat editor ipsius libelli,* cap. V, in: *ed. cit.,* I, p. 134.

perfecciones *formaliter*, ha podido ofrecer una nueva descripción de nuestro conocimiento de la esencia de Dios, rigurosamente equivalente a la fórmula del *aliquid quo nihil maius cogitari possit*, en estos términos: entendemos que Dios es todo lo que es mejor ser que no ser (*quidquid melius est esse quam non esse*)[38]. Dios es, pues, ante todo, el ser por excelencia, y no meramente el ser mayor de todos.

Pero es menester dar cuenta también de un segundo asunto, a saber: de lo que antes se consignó sobre el sentido de la expresión «imposibilidad de pensar» que aparece en la descripción anselmiana de nuestro conocimiento de la esencia de Dios. Y, en este punto, el solo recuerdo de la respuesta ofrecida por Anselmo al problema de la posibilidad del ateísmo y del agnosticismo bastará para esta justificación.

Según quedó dicho, Anselmo se refiere con esa locución a una imposibilidad de pensar impuesta por la cosa misma al pensamiento, no por el pensamiento a la cosa. Ciertamente, al caracterizar a Dios como el ser mayor que el cual *no cabe pensar* otro no se mienta una imposibilidad lógica, sino ontológica. No es una imposibilidad meramente lógica, porque no se trata de un conocimiento del ser de Dios basado en un mero entender significaciones, acaso arbitrariamente construidas. Es, antes bien, una imposibilidad ontológica, porque se trata de un conocer lo que Dios es que se funda en un entender la esencia misma de Dios. Es el conocimiento de la esencia propia de Dios —naturalmente, en la medida en que ello le es posible al hombre—, y no una mera estipulación arbitraria del ser de Dios, lo que impone al pensamiento la imposibilidad de pensar un ser mayor que él. Y aún hay que añadir que en esto se basa también, según se estudió en su momento, la imposibilidad de pensar la no existencia de Dios: es la necesidad de la esencia de Dios, y no una necesidad lógica, la que funda semejante imposibilidad, aunque quede abierta, como es claro, la posibilidad psicológica de pensar que Dios no existe.

---

38 *Proslogion*, cap. V, in: *ed. cit.*, I, p. 104.

Puede concluirse, pues, en resumen, que, al distinguir Anselmo los dos tipos de *cogitatio* estudiados —la *cogitatio secundum voces* y la *cogitatio secundum res*—, puso también de relieve que tanto nuestro conocimiento de la esencia de Dios como la afirmación de la existencia de este ser, se apoyan en un entender eso mismo que Dios es. Y ello revela, a su vez, por una parte, que ni ese conocimiento es una definición nominal ni esta afirmación se basa en una mera necesidad lógica; y, por otra, que queda abierta la posibilidad psicológica tanto de no entender propiamente la esencia de Dios como, por consiguiente, de afirmar que puede que Dios no exista o que de hecho no existe; y esto sólo puede decirlo, por tanto, el *insipiens,* el que no entiende[39].

---

39 En un ensayo juvenil, Julián Marías afirmó con toda razón que el vocablo «insensato» (*insipiens*) adquiere el papel de término técnico, por así decir, en la argumentación anselmiana: «El argumento anselmiano estriba en demostrar que, en rigor, no se puede negar que haya Dios. La inexistencia de Dios es impensable; esto es lo que pretende probar en el capítulo II del *Proslogion*. Por esto, el que dice que no hay Dios, dice lo que no puede pensar. ¿Cómo es esto posible? San Anselmo tiene que distinguir, para explicarlo, dos modos de *cogitatio,* dos maneras diversas de pensar. Según una, se piensa una cosa cuando se piensa la *voz* que la significa; según la otra, cuando se entiende *aquello mismo* que es la cosa. Del primer modo, dice san Anselmo, es posible, efectivamente, pensar que no hay Dios; pero en manera alguna del segundo. Esto es, la negación de Dios es un equívoco. Se emplea este vocablo con una significación extraña —y por tanto no se habla de Dios ni se lo niega—, o sin sentido alguno. Y el que emplea palabras sin sentido, el que no sabe o "no piensa" lo que dice, es justamente el *insensato*. No se trata, pues, de un apelativo de piadosa irritación, sino de un concepto riguroso» (Julián Marías, «San Anselmo y el insensato» (1935), in: J.M., *San Anselmo y el insensato y otros estudios de filosofía,* Madrid, Revista de Occidente, 1944, pp. 20-21).

Capítulo IV
Formulación hipotética del argumento ontológico: mostración de la evidencia inmediata de la verdad de la proposición «Dios existe» por silogismo condicional

§ 1. El genio lógico de Buenaventura

El modo más obvio para mostrar, sin dejar resquicio a la duda, la evidencia inmediata de la verdad de una proposición es, desde luego, reducir al absurdo todo intento de negar esa evidencia o de ponerla en cuestión: negar (o poner en duda) la evidencia inmediata de que «lo que es, es», por ejemplo, implica caer en el absurdo de afirmar que lo que es no es (o puede no ser) lo que es. Este es precisamente el medio, según acabamos de ver, de que se sirvió Anselmo de Canterbury para mostrar la evidencia inmediata de la verdad enunciada en la proposición «Dios existe»: reducir al absurdo la tesis del ateísmo y del agnosticismo.

Existe, sin embargo, otra manera de traer a la claridad la evidencia inmediata de una verdad: afirmar, pongamos por caso, que «si lo que es, es lo que es, lo que es, es». Y es mérito de Buenaventura el haber utilizado este medio para exponer la evidencia inmediata de que es verdadera la proposición «Dios existe». El Doctor Seráfico, en efecto, no sólo defendió el llamado argumento ontológico en términos semejantes a los de su inventor, que resumen brevemente los razonamientos contenidos en los capítulos segundo y tercero del *Proslogion*[1], sino que también propuso una nueva formulación de él que acaso no fuera desatinado calificar de «hipotética» o «condicional». Escribe Buenaventura en sus *Quaestiones disputatae de Mysterio Trinitatis:*

«Nadie puede ignorar que esta proposición: lo óptimo es lo óptimo, es verdadera ni pensar que es falsa; pero lo óptimo es el ser completísimo, y todo ser completísimo es, por ello mismo, ser en acto: luego si lo óptimo es lo óptimo, lo óptimo existe. Parejamente se puede argüir: si Dios es Dios, Dios existe; pero el antecedente es de tal manera verdadero, que no puede pensarse que no lo sea; luego el existir de Dios es indubitablemente verdadero»[2].

Para entender cabalmente este razonamiento, es menester reparar ante todo en dos cuestiones. La primera es la estricta equivalencia de la fórmula anselmiana *aliquid quo nihil maius cogitari possit* con la comparación que se establece en este texto entre Dios y lo óptimo (*optimum*) y el ser completísimo (*ens completissimum*). Ciertamente, Buenaventura no sólo utiliza muchas veces, haciéndola suya, la citada descripción de nuestro conocimiento de la esencia de Dios, sino que confirma también indirectamente la equiparación aludida aceptando la verdad de estas palabras que pone en boca de Agustín de Hipona: *in spiritualibus idem est maius et melius*[3].

La segunda cuestión mencionada se refiere a la forma lógica del razonamiento propuesto por Buenaventura para afirmar la existencia de Dios. Es fácil notar que este argumento puede muy bien exponerse en un silogismo condicional del primer modo de la figura *ponendo ponens:*

---

1   Vid. Buenaventura, *Commentarii in quattuor libros Sententiarum Petri Lombardi*, I, d. 8, p. 1, a. 1, q. 2 a; *Quaestiones disputatae de Mysterio Trinitatis*, q. 1, a. 1, 22 et 23.

2   *Quaestiones disputatae de Mysterio Trinitatis*, q. 1, a. 1, 29.

3   *Op. cit.*, q. 3, a. 2, sed contra 4. Cf. Agustín de Hipona, *De Trinitate*, VI, 8, 9.

Premisa mayor:	Si Dios es Dios, Dios existe.	**69**
Premisa menor:	Dios es Dios.	
Conclusión:	luego Dios existe.	

La lógica enseña que es propio de todo silogismo condicional el que la premisa menor se piense, no en dependencia de otra proposición, como es el caso de los silogismos categóricos, sino en dependencia de una conexión de proposiciones de la que esa premisa es uno de sus miembros. De esta manera, el silogismo condicional concluye, sin ayuda de término medio alguno en sentido estricto, del todo a la parte, y no, como hace el silogismo categórico, de una verdad más universal a una verdad menos universal. Dicho de otro modo: en el silogismo condicional, a diferencia de lo que ocurre en el categórico, no se infiere una proposición de otra mediante un nuevo acto de entender, sino que se infiere una proposición de una inferencia ya hecha y afirmada entre dos proposiciones mediante una nueva consideración de un acto de entender ya realizado[4]. Y estas características muestran bien el genio de Buenaventura al elegir este tipo de silogismo para formular el argumento ontológico, pues el silogismo condicional es adecuadísimo para mostrar la evidencia inmediata, y no inferida con el apoyo de un término medio, de la verdad de la proposición «Dios existe».

Pero la Lógica enseña también que la ley principal que regula esta especie de silogismos condicionales de la figura *ponendo ponens* es la de establecer la condición para establecer así lo condicionado. Es, pues, necesario proseguir la explicación del razonamiento de Buenaventura con el examen de estas dos cuestiones. Primera: ¿qué sentido otorga Buenaventura a la condición «si Dios es Dios»? Segunda: ¿cómo determina o establece semejante condición?

---

4   Cf. Jacques Maritain, *Éléments de philosophie*, II: *L'ordre des concepts. Petite logique*, Paris, Pierre Téqui, 1923, 6ᵉᵐᵉ éd., chap. III, sect. 2, B, § 2, n. 89, pp. 288-290.

ROGELIO ROVIRA

Como orientación previa para entender el sentido de la formulación bonaventuriana más original y propia del argumento ontológico, y en especial el de la premisa menor del silogismo en que se expone: «Dios es Dios», conviene recordar el objetivo que se había propuesto Anselmo de Canterbury con sus reducciones al absurdo de las tesis del ateísmo y del agnosticismo. Este propósito consistía, primero, en mostrar que negar la existencia de Dios o poner en duda esa existencia entraña el absurdo de sostener que «Dios no es Dios», pues esa negación o esa duda supone entender, erróneamente, que Dios no es el puro ser, el ser sin mezcla alguna de no ser, el *aliquid quo nihil maius cogitari possit;* y, segundo, en declarar que, en consecuencia, el único modo de escapar a esa contradicción es afirmar que la existencia de Dios es indubitablemente cierta.

Es justamente esta misma certeza la que quiere afirmar Buenaventura con su formulación condicional del argumento ontológico, que se revela así como la contrafigura positiva de las reducciones al absurdo propuestas por Anselmo. Este razonamiento condicional puede, en efecto, entenderse de este modo: si se pretende evitar el absurdo de decir que «Dios no es Dios», esto es, que Dios no es el puro ser, el ser mayor que el cual no cabe pensar otro, entonces hay que afirmar que Dios existe: «Dios es Dios; luego Dios existe». Dicho gráficamente: si para mostrar la evidencia inmediata de la verdad de la proposición «Dios existe» se toma como oponente, según hace Anselmo, al insensato, esto es, al que de entrada niega o pone en duda esa evidencia, entonces la única manera adecuada de proceder es reducir al absurdo la posición que el insensato ha admitido previamente y sin examen. En cambio, si para mostrar esa evidencia se adopta como interlocutor, según parece hacer Buenaventura, al que todavía no ha tomado posición alguna en el asunto, entonces el proceder más correcto es el del silogismo condicional: mostrar que si se decide por la negación o la duda de esa verdad cae en un absurdo y señalar, por tanto, a la vez, que el único modo de evitar esa contradicción es afirmar la verdad que se investiga.

En consecuencia, mirada a este viso, sería de todo punto erróneo entender la proposición «Dios es Dios» como una mera tautología, cuyo predicado no hace sino repetir el concepto del sujeto. En el sentir de Buenaventura, en efecto, el antecedente de la proposición condicional en que se resume su presentación del argumento ontológico vale tanto como la afirmación del carácter indubitable de la existencia de Dios, como la afirmación de la evidentísima verdad de que la esencia de Dios no encierra mezcla alguna de no ser y que, por tanto, esa esencia existe real y necesariamente. Ese antecedente equivale, dicho con otros términos, a la expresión de la plena identidad de la esencia y el ser de Dios. «Si Dios es Dios» habría de significar, en definitiva, que Dios posee verdaderamente su esencia divina, sin parangón con ninguna otra al alejar definitivamente el no ser, y que, por consiguiente, es imposible que no exista: Dios es el ser óptimo, el ser completísimo y, por ello mismo, existe actualmente[5].

---

5   La tesis de que la premisa del argumento bonaventuriano, «Dios es Dios», no es una mera tautología, porque expresa, no una simple identidad conceptual, sino la necesaria identidad y unidad de la esencia y el ser divinos, ha sido defendida con sólidas razones por Josef Seifert en su ensayo «*Si Deus est Deus, Deus est*: Reflections on St. Bonaventure's Interpretation of St. Anselm's Ontological Argument», *Franciscan Studies* 52 (1992), pp. 215-231. En él propone que se traduzca y explique el razonamiento bonaventuriano de la siguiente manera: «"Dado que (si) Dios posee verdaderamente esta esencia divina (su única y necesaria esencia)" (y dado que esta naturaleza única entre todas las naturalezas —a diferencia de la naturaleza de la isla [*scl.* en el célebre contraejemplo de Gaunilón]— incluye la existencia necesaria), *Deus est* (Dios existe verdaderamente)». — Como se señaló en el prólogo de la primera edición de este libro, las razones aducidas por Seifert en este ensayo, entonces inédito, han inspirado las que aquí se ofrecen y, en general, junto con otros escritos suyos, han guiado la comprensión del argumento ontológico expuesta en la presente obra. El citado ensayo de Seifert también forma parte actualmente, como capítulo IV, de su libro *Gott als Gottesbeweis. Eine phänomenologische Neubegründung des ontologischen Arguments*, Heidelberg, Universitätsverlag C. Winter, 2000, 2. Aufl., pp. 268-291.

Mas ahondemos todavía en este examen de la formulación condicional del argumento ontológico y preguntémonos: ¿cómo establece Buenaventura el carácter indubitable de la existencia divina, pues tal es, en el fondo, el sentido, según se acaba de comprobar, de la condición «Si Dios es Dios»?

Es claro que, en principio, según señala Buenaventura, la duda sobre la verdad de una proposición cualquiera puede proceder de dos fuentes: de lo conocido mismo (*ex parte cognoscibilis*) o del propio cognoscente (*ex parte cognoscentis*)[6]. La primera fuente de duda tiene su causa más profunda, aunque no única, en que en lo conocido mismo falte la razón de la evidencia. Es, pues, un origen de duda absoluto e inevitable. La segunda fuente de duda, por su parte, tiene como causa exclusiva que en el cognoscente se dé un defecto de comprensión. Este es, por tanto, un origen de duda relativo y, en principio, evitable.

A la luz de estas simples consideraciones, es manifiesto que el carácter indubitable de la existencia de Dios quedará bien asegurado si se establece: primero, que en la proposición «Dios existe» no falta en modo alguno la razón de su evidencia; y, segundo, que, aunque quepa dudar de esa evidencia por defecto de comprensión del cognoscente, cabe, sin embargo, señalar ese defecto como tal y mostrar, por tanto, la manera de superarlo. Esta es, en efecto, la tarea que se propone Buenaventura cuando afirma: «No es posible dudar de que Dios existe, si por dubitable se entiende algo verdadero a lo que falta la razón de la evidencia. [...] Puede, sin embargo, dudarse de ello por parte del cognoscente»[7]. Estudiemos por separado el modo en que Buenaventura lleva a cabo esta doble labor.

---

6   Cf. *Quaestiones disputatae de Mysterio Trinitatis,* q. 1, a. 1, concl. et resp.

7   *Op. cit.,* q. 1, a. 1, concl.

Entre las razones que aduce Buenaventura para probar que a la verdad que afirma la existencia de Dios no le falta la razón de la evidencia, interesa considerar sobre todo una de ellas. He aquí cómo la expone el propio Doctor Seráfico en la respuesta a la primera de sus *Quaestiones disputatae de Mysterio Trinitatis*:

«Es todavía aquella verdad [que Dios existe] certísima en sí misma, porque es la verdad primera e inmediatísima, en la cual no sólo la razón del predicado está incluida en el sujeto, sino que también es enteramente el mismo el ser que se predica y el sujeto del que se predica. De donde se sigue que así como la unión de lo que difiere en sumo grado repugna completamente a nuestro entendimiento, porque ningún entendimiento puede pensar que algo pueda ser y no ser simultáneamente, así también le repugna enteramente la división de lo que es absolutamente uno e indiviso, y por esta razón, así como es evidentísimo en su falsedad que lo mismo sea y no sea o que simultáneamente sea en grado sumo y no sea en modo alguno, así también es evidentísimo en su verdad que existe el ente primero y sumo»[8].

Según esto, la proposición «Dios existe» es una proposición indubitablemente cierta y, aún más, es objetivamente la verdad primera, aquella cuya evidencia se conoce del modo más inmediato. Dos son las razones que se alegan para mostrarlo.

La primera es que la proposición en cuestión tiene en común con los primeros principios de la demostración, que son, a no dudarlo, evidentes de suyo, un mismo rasgo capital: que tanto en la una como en los otros lo significado por el predicado está contenido en la significación del sujeto. Ciertamente, la proposición, pongamos por caso, «el todo es mayor que cada una de sus partes» es evidentísima, y por ello mismo indemostrable y principio de toda demostración, porque el predicado —«mayor que cada una de sus partes»— está necesariamente incluido

---

8   *Op. cit.*, q. 1, a. 1, resp.

en el sujeto —ya que «el todo» no es sino lo compuesto de partes—: el todo ha de ser, por tanto, forzosamente mayor que cada una de las partes que lo integran. Del mismo modo, la proposición «Dios existe» es de evidencia inmediata, porque lo significado por el predicado —el ser o la existencia— está necesariamente contenido en la significación del sujeto —ya que Dios es, según la descripción anselmiana aceptada por Buenaventura, el ser mayor que el cual no cabe pensar otro—: este ser sumo no puede, por tanto, no existir.

Sin embargo, es preciso reconocer que la analogía que existe entre la evidencia inmediata de la verdad de la proposición «Dios existe» y la de los primeros principios de la demostración se quiebra en un punto fundamental. Y es que, mientras que estos principios son susceptibles de una doble consideración, a saber: como principios lógicos o del pensar y como principios ontológicos o del ser, la proposición «Dios existe» sólo puede interpretarse correctamente como una proposición ontológica. En efecto, si el sujeto y el predicado de esa proposición se entendieran únicamente como meros conceptos o meras significaciones, entonces la proposición «Dios existe» no sólo no sería evidente, sino que se le haría decir justo lo contrario de lo que afirma. Pues, por una parte, si en esa proposición la existencia que se atribuye a Dios no se concibiera en el sentido de la existencia real, entonces la única existencia que le correspondería a Dios sería la existencia meramente pensada, lo que en última instancia equivale a sostener que Dios no existe realmente. Mas, por otra parte, si en esa proposición el sujeto significara tan sólo el concepto «Dios», y no la esencia misma de este ser en tanto que conocida por nosotros, entonces no se pensaría propiamente en el ser mayor que el cual no cabe pensar otro, sino en un ser puramente de razón. En consecuencia, es necesario interpretar ante todo los términos de la proposición «Dios existe» como esencias o cosas significadas.

Es justo para poner de relieve esta exigencia primordial por lo que Buenaventura aduce otra razón, esta mucho más radical, de la evidencia inmediata de la verdad de la proposición «Dios existe»: es una proposición ontológica cuya verdad es evidentísima porque tanto el sujeto como el predicado *son* (y no meramente significan) cabalmente el ser. En efecto, según declara el teólogo franciscano en sus *Comentarios a las Sentencias,* la esencia de Dios significa «Dios» y «ser» según su indistinción en la realidad[9]. Y, a mayor abundamiento, en su *Itinerarium mentis in Deum,* hace notar que «el ser purísimo (*esse purissimum*) no se presenta al entendimiento sino poniendo totalmente en fuga al no ser (*nisi in plena fuga non-esse*)»[10].

No puede por ello extrañar que, en el pasaje que se comenta de las *Cuestiones disputadas sobre el Misterio de la Trinidad,* Buenaventura compare de modo original la evidencia apodíctica del primer principio metafísico, el principio metafísico de contradicción, con la evidencia de la proposición «Dios existe»: así como es imposible, no sólo lógicamente, sino sobre todo ontológicamente, por la misma naturaleza del ser, la unión simultánea de ser y no ser de algo en el mismo respecto, así también es ontológicamente imposible la separación de lo que, por su esencia misma, es ser perfectísimo y la existencia plenamente real. «Así, pues, presupuestas estas cosas,» —escribe Buenaventura, esta vez en sus *Collationes in Hexaëmeron*— «el entendimiento entiende y dice: el primer ser es, y a ninguno conviene verdaderamente el ser sino al primer ser (*nulli vere esse convenit nisi primo esse*), y de él tienen todas las cosas el ser, porque a ninguno le es esencial este predicado sino al primer ser. Del mismo modo, el ser simple es el ser absolutamente perfecto: luego es el ser nada mejor que el cual puede entenderse. De donde Dios no puede ser pensado que no sea, como lo prueba Anselmo»[11].

En resumidas cuentas, según la explicación de Buenaventura, cabría decir que la verdad enunciada por la proposición «Dios existe» no es sino el caso privilegiado en que se cumple perfectamente el principio ontológico de contradicción y es, por ello, absolutamente evidente: Dios

---

9   Cf. *Commentarii in quattuor libros Sententiarum Petri Lombardi,* I, d. 22, a. un., q. 1, resp. ad 5.

10   Buenaventura, *Itinerarium mentis in Deum,* c. 5, n. 3.

11   Buenaventura, *Collationes in Hexaëmeron,* coll. 5, n. 31.

es Dios (es decir, Dios es el ser); luego Dios existe (es decir, es imposible que el ser no sea). «Es mayor la verdad en el ser divino» —escribe el Doctor Seráfico comentando las Sentencias de Pedro Lombardo— «que en cualquier axioma (*dignitas*); pero cualquier axioma es tan verdadero, que la inteligencia no lo puede contradecir, como "el todo es mayor que su parte", y otros semejantes; de donde no puede pensarse que no lo sea; por tanto, mucho más forzoso será decir que esto es verdad de la primera verdad»[12].

§ 4. Posibilidad subjetiva de la duda de la existencia de Dios

La fundamentación del carácter indubitable de la existencia de Dios no puede consistir únicamente en mostrar que a la verdad de la proposición «Dios existe» no le falta en manera alguna la razón de su evidencia, pues, siendo esto así, ¿cómo explicar entonces la posibilidad del ateísmo y del agnosticismo? Esta es justamente la cuestión que ha de intentar resolver ahora Buenaventura, de modo semejante a como Anselmo tuvo que explicar la posibilidad de la negación y de la duda de la existencia de Dios tras sus reducciones al absurdo de estas posiciones.

El nudo de esta dificultad lo formula Buenaventura en los siguientes términos: «Lo que puede expresarse puede también pensarse; mas puede expresarse que Dios no existe, como en esta proposición: "No hay Dios"; luego puede también pensarse»[13].

Y he aquí la primera respuesta que ofrece como solución: «Se ha de decir que una cosa se puede pensar de dos maneras: con pensamiento desnudo o con pensamiento acompañado de asentimiento. Con pensamiento desnudo se puede pensar tanto lo falso como lo verdadero, lo evidentemente falso como lo evidentemente verdadero. Con pensamiento acompañado de asentimiento no se piensa sino lo

---

12 *Commentarii in quattuor libros Sententiarum Petri Lombardi,* I, d. 8, p. 1, a. 1, q. 2.
13 *Quaestiones disputatae de Mysterio Trinitatis,* q. 1, a. 1, sed contra 4.

verdadero o lo verosímil. El primer pensamiento puede extenderse hasta donde puede extenderse la palabra; mas el segundo pensamiento no se extiende a tanto; y de esta forma de pensamiento hablan Anselmo y Agustín, y de este mismo pensamiento se dice que no es posible pensar que Dios no existe»[14].

No dejará de advertirse que tanto este planteamiento como este desenlace recuerdan punto por punto a los ya ofrecidos por Anselmo de Canterbury. En efecto, Buenaventura, al igual que Anselmo, se pregunta cómo es posible pensar que Dios no existe. Y como Anselmo, Buenaventura distingue dos modos de *cogitatio:* la *cogitatio nuda* o pensamiento desnudo, semejante al *cogitare secundum voces* de Anselmo, y la *cogitatio cum assensu* o pensamiento con asentimiento, parejo al *cogitare secundum res* del obispo de Canterbury. Según la explicación de Buenaventura, la *cogitatio nuda* se funda en la pura arbitrariedad de lo que es susceptible de mención, es decir, en la unión o separación caprichosa de significados. De ahí que este tipo de pensar no se refiera sino accidentalmente a la verdad, ya que el resultado de esa mención, por ser arbitraria, puede ser tanto verdadero como falso o decididamente absurdo: cabe decir, esto es, pensar desnudamente, por ejemplo, que el círculo es redondo, que el círculo no es redondo o que el círculo es cuadrado. Por el contrario, la *cogitatio cum assensu* se basa en la necesidad de afirmar o negar lo que se presenta con evidencia. De ahí que este segundo tipo de pensar se refiera esencialmente a la verdad o a lo que parece verdad. Y es por ello claro que sólo según el primer modo de *cogitatio* cabe pensar que Dios no existe, pues si nos remitimos a lo que se nos presenta con evidencia es imposible pensar con asentimiento que Dios, el ser purísimo, no exista, no sea.

Pero Buenaventura no se conforma con repetir, siquiera sea de un modo original y propio, la misma razón propuesta por Anselmo para explicar la posibilidad del ateísmo y del agnosticismo. En efecto, dada la originalidad de su formulación del argumento ontológico, Buenaventura

---

14 *Op. cit.,* q. 1, a. 1, solutio obiectorum 4.

tiene que aducir, diríase que por necesidad, otra nueva razón fundamental para explicar semejante posibilidad, que ya no pudo ofrecer aquel pensador. Pero, para ver bien la novedad introducida por Buenaventura en este asunto, será preciso recordar una cuestión antes mencionada.

Sabemos que Anselmo, al presentar su célebre descubrimiento, esto es, la evidencia inmediata de la verdad de la proposición «Dios existe», tomó como oponente en su proceder dialéctico al que desde el principio y sin mayor examen negaba o ponía en duda la verdad de esa proposición. Por ello, para explicar la posibilidad de esa negación o de esa duda, al doctor de Canterbury le bastó con mostrar la posibilidad de un entender inadecuado fundado en el alejamiento de las cosas mismas: el entender *secundum voces* se fija tan sólo, en efecto, en los significantes y no en las cosas significadas. Pero Buenaventura, al proponer su razonamiento condicional, ha tomado implícitamente como interlocutor al que aún no se ha pronunciado sobre la existencia de Dios. Por esta razón, para explicar la posibilidad de la negación o de la duda de semejante existencia, no es suficiente mostrar que cabe entender algo con pensamiento desnudo, esto es, alejándose de la cosa misma entendida, sino que es preciso señalar todavía cómo es posible que la evidencia inmediata de la verdad de la proposición «Dios existe» no se presente al espíritu que investiga sin una posición previa y que, por tanto, quepa negar esa verdad o ponerla en duda. Y como esa posibilidad no puede fundarse en el objeto mismo conocido, ya que, según hemos visto, ese objeto es plenamente evidente, el Doctor Seráfico lo busca decididamente en el sujeto que conoce. ¿Cuáles son, pues, las raíces psicológicas de la duda de la existencia de Dios? Es decir: ¿cuáles son las causas subjetivas de que no aparezca como evidente la afirmación de la existencia de Dios al entendimiento que investiga?

Esta es la respuesta de Buenaventura, ofrecida sin más comentarios que los que se hace a sí misma:

«Puede concederse que, por defecto humano, es posible que alguno ponga en duda la existencia de Dios, y esto según tres defectos del entendimiento que conoce, defectos que atañen, ya al acto de la

aprehensión, ya al acto de la comparación, ya al acto de la resolución.—
En el acto de la aprehensión puede surgir la duda cuando no se toma
en sentido recto y pleno el significado del nombre de Dios, sino sólo en
algunos de sus elementos; como los gentiles pensaban que era Dios todo
cuanto era superior al hombre y podía prever algún suceso futuro; por
lo que juzgaban que los ídolos eran dioses, y como a tales los adoraban,
porque daban algunas respuestas acertadas sobre el futuro.— En el acto
de la comparación puede introducirse la duda cuando la comparación
es parcial: así, cuando ve el necio que la justicia no deja caer su peso
sobre el impío, infiere de esto que no hay régimen en el mundo, y por
ello, que no hay en él un rector primero y sumo, que es Dios excelso y
glorioso.— Igualmente, por algún defecto en el acto de la resolución
sobreviene la duda, cuando el entendimiento carnal no acierta a resolver
sino hasta las cosas evidentes a los sentidos, como son las corpóreas;
por cuya razón pensaron algunos que este sol visible, príncipe entre las
cosas corpóreas, es Dios, porque no supieron llevar la resolución hasta
la sustancia incorpórea y hasta los principios primeros de la realidad.—
Y de esta suerte, sobre la proposición "Dios existe" puede recaer la
duda por defecto del entendimiento al aprehender, o al comparar, o al
resolver; en este sentido puede pensar algún entendimiento que Dios
no existe, porque no toma suficiente e íntegramente el significado de
este nombre "Dios"»[15].

* * *

Al término de estas consideraciones, no será ocioso advertir que,
aun siendo indudable la originalidad de la formulación bonaventuriana
más propia del argumento ontológico, el fundamento del razonamiento
condicional del teólogo franciscano es exactamente el mismo que el de
las reducciones al absurdo de Anselmo. En efecto, tanto la afirmación
de que conocemos que la esencia de Dios es su propio ser, como la

---

15 *Op. cit.*, q. 1, a. 1, resp.

distinción entre los dos tipos de *cogitatio* y la investigación de las causas psicológicas de la no captación de la evidencia inmediata de la verdad de la existencia de Dios, ponen a las claras que el enlace lógico de las premisas que contiene el silogismo condicional con que Buenaventura formula y hace suyo el descubrimiento de Anselmo no se funda tan sólo en una necesidad lógica, sino, sobre todo, en una necesidad ontológica: en la verdad de la esencia divina misma. De ahí que Buenaventura pueda resumir con admirable precisión el fruto de sus indagaciones al respecto en estos términos: «Es preciso conceder que es tanta la verdad del ser divino (*veritas divini esse*) que no se puede pesar con asentimiento que no existe, a no ser por ignorancia del que piensa, que ignora qué es lo que se dice mediante el nombre "Dios"»[16].

---

16   *Commentarii in quattuor libros Sententiarum Petri Lombardi,* I, d. 8, p. 1, a. 1, q. 2, concl.

Capítulo V

Formulación directa del argumento ontológico: mostración de la evidencia inmediata de la verdad de la proposición «Dios existe» por silogismo categórico

§ 1. El proceder de Descartes y sus inconvenientes

Además del recurso a la reducción al absurdo y al silogismo condicional, existe, como es claro, una tercera forma de poner de relieve la evidencia inmediata de una verdad: presentarla directamente, desnuda y ayuna de todo artificio dialéctico. Este es precisamente el procedimiento elegido con predilección por Descartes para mostrar la evidencia inmediata de la verdad de la proposición «Dios existe». Con ello, el argumento ontológico conoce, en los inicios de la filosofía moderna, la tercera y última de las formulaciones de que es susceptible. Consideremos, pues, ante todo, este proceder cartesiano en sus rasgos generales.

Sin entrar en la cuestión histórica de las influencias directas o indirectas que obran sobre el pensamiento de Descartes, es innegable que el filósofo francés parte, en sus reflexiones sobre Dios, de una caracterización del conocimiento que poseemos de la esencia divina semejante a la propuesta por Anselmo y luego admitida por Buenaventura. En una carta dirigida a Clerselier, en la que se defiende de ciertas objeciones, señala Descartes explícitamente: «No cabría negar que se tiene alguna idea de Dios, a no ser que se diga que no se entiende lo que significan las palabras: la cosa más perfecta que podemos concebir (*la chose la plus parfaite que nous puissions concevoir*); pues esto es lo que todos los hombres llaman Dios»[1].

Ateniéndose a esta descripción, es claro que el filósofo no puede por menos de señalar la contradicción que supone pensar al *ens perfectissimum* sin la perfección de la existencia. He aquí, en efecto, la mostración *indirecta* de la evidencia inmediata de la verdad de la proposición «Dios existe» que brinda Descartes: «Al poner más atención, resulta manifiesto que la existencia no puede separarse de la esencia de Dios más de lo que podría separarse de la esencia del triángulo el que el total de sus tres ángulos equivalga a dos rectos, o de la idea de monte la de valle; de manera que es tan contradictorio pensar que Dios (esto es, el ente sumamente perfecto) carece de existencia (esto es, que carece de una perfección), como pensar que un monte carece de valle»[2].

A pesar de ello, Descartes muestra en sus obras una preferencia manifiesta por la presentación *directa*, sin rodeo dialéctico alguno, de la evidencia inmediata de la verdad de la proposición en cuestión. Y acaso pudiera pensarse que este medio favorito del filósofo ha de resultar, a la postre, el mejor de todos: nada parece más adecuado que mostrar de modo directo e inmediato una verdad inmediatamente evidente. Sin embargo, fuertes razones se oponen a este parecer cuando se trata de presentar de esta forma el carácter evidente de suyo de la verdad de la proposición que afirma la existencia de Dios.

En primer lugar, esta formulación directa desatiende por principio el hecho de la posibilidad de la negación y de la duda de la existencia de Dios, y lo deja sin explicación. Pero si la evidencia inmediata de la verdad

---

1   René Descartes, *Lettre à Clerselier sur les cinquièmes objections,* in: *Oeuvres de Descartes* (publiées par Charles Adam et Paul Tannery), Paris, J. Vrin, 1964-1972, IX, p. 209.

2   René Descartes, *Meditationes de prima philosophia,* «Meditatio quinta», in: *ed. cit.,* VII, p. 66.

de la proposición «Dios existe» puede hurtarse al espíritu humano, como es justo reconocer, es entonces forzoso conceder que no basta con declarar directamente esta evidencia, sino que hay que mostrar también, a la par, tanto su objetivo carácter innegable e indudable como la posibilidad subjetiva de su negación y su duda. Esta es, en verdad, la mayor de las desventajas que presenta la formulación cartesiana del argumento ontológico frente a las propuestas por Anselmo y Buenaventura: mientras que estas dos cuentan expresamente, por su naturaleza misma, con el hecho del ateísmo y del agnosticismo, y ensayan una explicación de él, la formulación de Descartes prescinde absolutamente de ese hecho, lo que no puede por menos de restarle potencia lógica al no disolver las dudas que pueden presentarse.

En segundo lugar, la formulación directa del argumento ontológico resulta también inadecuada porque la única fuerza dialéctica a la que en este caso se puede recurrir son los ejemplos. Descartes, en efecto, suele comparar la necesidad del ser de Dios que pretenden sacar verdadera sus razonamientos con la necesidad de las relaciones geométricas. Mas si de lo que se trata es de mostrar que la existencia sólo corresponde necesariamente a la esencia divina por ser única entre todas las esencias, es entonces fácil comprender que cualquier ejemplo que se aduzca como ilustración de esa verdad ha de resultar insuficiente e imperfecto. Ciertamente, como el propio Descartes reconoce, la inseparabilidad de la esencia y la existencia que se da en Dios no tiene, en rigor, parangón alguno en el terreno de la geometría, en el que sólo aparece el vínculo necesario de la esencia de una figura con sus propiedades. Así, pues, estos ejemplos, u otros de distinta índole, más que ayudar a entender y a aceptar la evidencia inmediata de la verdad enunciada por la proposición «Dios existe», pueden dar motivo a graves equívocos.

Finalmente, en tercer lugar, la aparente facilidad y claridad de esta formulación directa da pie a Descartes a presentar el carácter evidente de suyo de la verdad de la proposición que afirma la existencia de Dios bajo la forma de un silogismo categórico. El propio filósofo justificó de este modo su proceder en una carta a Mersenne: «He sacado la prueba de la existencia de Dios de la idea que encuentro en mí de un Ser sumamente perfecto, que es la noción ordinaria que se tiene de él. Y es cierto que la simple consideración (*la simple considération*) de un tal ser nos conduce tan fácilmente al conocimiento de su existencia, que es casi lo mismo concebir a Dios y concebir que existe (*c'est presque la même chose de concevoir Dieu, et de concevoir qu'il existe*); pero esto no impide que la idea que tenemos de Dios o de un ser sumamente perfecto, no sea muy diferente de esta proposición: *Dios existe,* y que una no pueda servir de medio o antecedente para probar la otra»[3]. Ahora bien: es preciso notar que si la existencia de Dios nos ha de resultar evidente por la sola consideración de nuestro conocimiento de la esencia de este ser, es entonces claro que no cabe demostrar propiamente que Dios existe, sino tan sólo mostrar, esto es, caer en la cuenta de esta verdad inmediata. De ahí que esta reducción formal de la evidencia de la existencia de Dios a un silogismo categórico, que se apoya, por su naturaleza lógica, en un término medio, no se avenga en modo alguno con la mostración de una verdad inmediata, y, más que asegurarla demostrativamente, le hace ocultar la fuerza de su misma evidencia. Ya el propio Anselmo de Canterbury había consignado esta sagaz observación en su diálogo *De grammatico:* «El término común del silogismo ha de haberlo no tanto en la enunciación *(in prolatione)* cuanto en el pensamiento *(in sententia).* Pues así como nada se infiere si es común en las palabras y no en el sentido, así también en nada perjudica que esté en el entendimiento y no en la enunciación. Es, en verdad, el pensamiento, no las palabras, lo que liga el silogismo»[4].

* * *

---

3   René Descartes, *Lettre au Père Mersenne,* juillet 1641, in: *ed. cit.,* III, p. 396.

4   Anselmo de Canterbury, *De grammatico,* cap. IV, in: *S. Anselmi Cantuariensis Archiepiscopi Opera Omnia* (ed. Franciscus Salesius Schmitt), Edinburghi, Apud Thomam Nelson et Filios, 1946, I, p. 149.

El uso que Descartes hace de los ejemplos geométricos para presentar la prueba ontológica ha llevado a M. V. Dougherty a defender que, para el autor del *Discurso del método*, el argumento ontológico es propiamente una demostración, que el pensador francés construye según el modelo de las demostraciones geométricas[5]. Según Dougherty, en la idea de triángulo, póngase por caso, cabe distinguir una «característica de primer orden» (*first-order feature*) —como, por ejemplo, la posesión de tres líneas o tres lados— y una «característica de segundo orden» (*second-order feature*) —como la equivalencia de la suma de los tres ángulos interiores con el valor de dos ángulos rectos—. En geometría, la característica de segundo orden no es objeto de intuición, sino de demostración construida sobre la base de una característica de primer orden. De modo paralelo, defiende este estudioso, también en la idea de Dios cabe distinguir una «característica de primer orden» —la posesión de todas las perfecciones— y una «característica de segundo orden» —la existencia necesaria—, que asimismo no es objeto de intuición, sino de demostración edificada sobre la base de la característica de la primera clase.

Ante esta interpretación del proceder de Descartes, cabe preguntar: ¿equivale la distinción de Dougherty de los dos tipos de características a la diferencia que, en la tradición aristotélica, separa los predicados que constituyen la esencia de un ente, a saber, el género (*genus*), la especie (*species*) y la diferencia (*differentia*), del predicado que se deriva necesariamente de la esencia de un ente, esto es, el llamado propio (*proprium*)? Si este fuera el caso, como sin duda lo parece, a la interpretación de Dougherty se le pueden oponer dos objeciones.

La primera niega que la distinción señalada entre características de primer y segundo orden sea aplicable al caso de Dios, por lo que no cabe comparar, en el sentido en que lo hace Dougherty, las demostra-

---

5   Cf. M. V. Dougherty, «The Importance of Cartesian Triangles: A New Look at the Ontological Argument», *The International Journal of Philosophical Studies* 10/1 (2002) pp. 35-62.

ciones geométricas con el llamado argumento ontológico. La existencia divina no es un mero predicado *derivado* de la esencia de Dios, sino que en Dios esencia y existencia se *identifican*. Descartes, en efecto, hace suya la clásica tesis tomista según la cual «en Dios es lo mismo el ser y la esencia»: *in Deo idem est esse et essentia* o, en fórmula abreviada, «Dios es su mismo ser»: *Deus est suum esse*[6]. A ciertas tardías objeciones que Arnauld, bajo el pseudónimo de «Hyperaspistes», presentó contra las *Meditationes de prima philosophia*, Descartes contestó lo siguiente: «Cuando dije que Dios es *su ser (suum esse)* empleé un modo de hablar muy usual entre los teólogos, por el que se entiende que pertenece a la esencia de Dios el existir»[7]. No cabe entender, pues, la esencia de Dios como el ser que posee todas las perfecciones (supuesta «característica de primer orden») sin entender a la vez, y en ese mismo acto de entender, que existe necesariamente (supuesta «característica de segundo orden»), lo que no cabe decir en modo alguno de la esencia del triángulo respecto de sus propios: quien sabe lo que es un triángulo no por ello sabe geometría.

La segunda objeción concede incluso, por mor del argumento, que la distinción señalada por Dougherty sea aplicable al caso de Dios, es decir, que la existencia divina sea un predicado *derivado* de la esencia de Dios. El reproche consiste en este caso en hacer notar una inadvertencia: en la tradición escolástica se defiende que no todo *proprium* se conoce por demostración. Hay al menos un tipo de propio, el llamado *primum proprium*, que se conoce inmediatamente, sin apoyo en término medio alguno[8]. Ejemplo de este propio podría ser la característica de la indiagonabilidad respecto del triángulo. La indiagonabilidad es, en efecto, una propiedad necesaria y exclusiva del triángulo, si bien no está contenida en su noción. No es, pues, ni género, ni especie, ni

---

6 Tomás de Aquino, *Summa contra gentiles,* 1, c. 22. En el capítulo XI § 3 del presente libro se ofrecerán precisiones fundamentales sobre la posición de Descartes al respecto.

7 René Descartes, *Responsio ad Hyperaspistem,* août 1641, 13, in: *edit. cit.,* III, p. 433.

8 Vid. Iosephus Gredt, *Elementa philosophiae aristotelico-thomisticae,* Friburgi Brisg.-Barcinone, Herder, 1953, editio decima recognita, vol. 1, n. 218, pp. 174-175.

diferencia, sino un propio. Sin embargo, el conocimiento de este propio no requiere de prueba alguna: basta con conocer las definiciones de triángulo y de diagonal. ¿No cabría entonces pensar que este podría ser, con mayor razón todavía, el caso de la existencia respecto de la esencia divina? Si así fuera, tampoco cabría defender el paralelismo señalado por Dougherty entre las demostraciones geométricas y el argumento ontológico. Los que «se paren largo tiempo a considerar la naturaleza del ser supremamente perfecto» —escribe Descartes— «sabrán que Dios existe, no haciéndoles falta razonamiento alguno; y eso no les será menos patente, sin necesidad de prueba, que el conocimiento de que el dos es un número par, y el tres impar, y cosas por el estilo»[9].

* * *

A pesar de los inconvenientes señalados en el proceder de Descartes, pues no es apropiado presentar de forma directa el argumento ontológico, el cual no es, en verdad, una demostración *sensu stricto* comparable a la demostraciones geométricas, es preciso, sin embargo, detenerse en el estudio de la formulación cartesiana más propia de este peculiar argumento. Y ello porque, por una parte, esta presentación, aunque no resulta del todo satisfactoria tomada en sí misma, cierra las posibilidades de exposición de la evidencia inmediata de la verdad de la proposición «Dios existe», que constituye, como se sabe, el fundamento del argumento ontológico de la existencia de Dios. Por otra parte, esta formulación cartesiana, además de ser una de las más discutidas y acaso la única conocida por ciertos críticos, ha otorgado a la prueba ontológica un lugar de preeminencia en la filosofía de los tiempos modernos[10].

---

9   René Descartes, *Meditationes de prima philosophia*, «Responsio ad secundas objectiones», in: *ed. cit.*, VII, p. 164.

10   Vid. Joseph Moreau, «Dieu dans la philosophie classique», *Giornale di Metafisica* 13 (1958), pp. 285-295 [reimpreso como anejo al libro del mismo autor titulado *Pour ou contre l'insensé? Essai sur la preuve anselmienne*, Paris, J. Vrin, 1967, pp. 79-91]. En la primera página de este escrito se dice a propósito del argumento ontológico: «Este

Para facilitar este estudio, conviene advertir que Descartes en-saya —aun cuando el filósofo no lo haga constar así explícitamente— dos formulaciones directas del argumento ontológico y que propone, en consecuencia, dos silogismos categóricos: uno basado en nuestro conocimiento de la esencia de Dios como el ser perfectísimo; y el otro fundado en el conocimiento humano de la esencia de Dios como el ser necesario. Consideremos, pues, estos extremos por separado.

§ 2. El silogismo categórico basado en el conocimiento de la esencia del ser perfectísimo

Como quedó apuntado en lo anterior, la reducción al absurdo de la tesis del ateísmo propuesta por Anselmo concluía por caracterizar la esencia de Dios, la del ser mayor que el cual no cabe pensar otro, como la esencia de un ser al que nada le falta, sino que posee toda realidad o perfección. Dios aparece, por tanto, en ese razonamiento, como el ser realísimo o perfectísimo.

No es por ello extraño que Descartes, fijándose en esta particular descripción de la esencia del ser divino intente mostrar directamente

---

argumento, cuyo origen se remonta a san Anselmo, había sido rechazado por santo Tomás y había caído en el olvido; retomado por Descartes, va a tener en la filosofía moderna un papel primordial». De los problemas y la historia de este argumento en la época moderna trata por extenso el libro de Dieter Henrich, *Der ontologische Gottesbeweis. Sein Problem und seine Geschichte in der Neuzeit,* Tübingen, J.C.B. Mohr (Paul Siebeck), 1967, 2. Aufl. También en la primera página de esta obra, en su misma introducción, se lee: «Siempre será uno de los fenómenos curiosos de la historia de la filosofía el hecho de que la prueba ontológica de la existencia de Dios, gracias a la nueva fundamentación que le dio Descartes, pudiera tener validez general en los grandes sistemas de los siglos XVII y XVIII. La prueba de san Anselmo gozó ciertamente de alto aprecio en la Edad Media y, a pesar de la crítica de Tomás, encontró mucha aprobación, pero no desarrolló nunca una eficacia comparable a la de la prueba cartesiana».

que la existencia pertenece a esa peculiar esencia. He aquí el conocido
ensayo que ofrece en su *Discurso del m*étodo:

«Volviendo a examinar la idea que yo tenía de un Ser perfecto, encontraba que la existencia estaba comprendida en ella de la misma manera que está comprendido en la de un triángulo el que sus tres ángulos sean iguales a dos rectos, y hasta con más evidencia aún; y que, por consiguiente, es por lo menos tan cierto que Dios, que es ese Ser perfecto, es o existe, como pudiera serlo cualquier demostración de geometría»[11].

El término «idea» vale tanto en este pasaje como naturaleza o esencia de algo, en este caso, del ser perfecto, en tanto que representada por nosotros. No se trata, pues, de la idea puramente subjetiva que podamos tener de Dios, sino de una idea objetiva del ser divino. Y es evidente, según declara Descartes, que esta idea del ser perfecto no puede por menos de incluir la nota de la existencia real; luego debemos afirmar que el ser perfecto existe realmente. Es fácil ver, en consecuencia, que esta declaración no es en modo alguno una deducción —y en esto no nos han de confundir los ejemplos aducidos—, ya que lo único que quiere presentar Descartes es una evidencia inmediata: la de que la existencia real pertenece al ser supremamente real.

A pesar de ello, el filósofo francés ha intentado en otra ocasión, en las respuestas a las primeras objeciones que se hicieron a sus *Meditationes de prima philosophia,* ofrecer esta misma evidencia bajo la forma de un silogismo categórico. La premisa mayor de ese razonamiento no es sino el enunciado del criterio cartesiano de verdad, según el cual de una idea cabe predicar todo lo que con claridad y distinción aparece contenido en ella. Como es sabido, Descartes descubre este criterio examinando el modo en que se le presenta la verdad fundamental y piedra angular de su filosofía, *cogito, ergo sum:* «Y habiendo notado que en la proposición "yo pienso, luego soy", no hay nada que me asegure que digo verdad, sino que veo muy claramente que para pensar

---

11   René Descartes, *Discours de la méthode,* IV, in: *ed. cit.,* VI, p. 36.

es preciso ser, juzgué que podía admitir esta regla general: que las cosas que concebimos muy clara y distintamente son todas verdaderas»[12]. La nota de *claridad* remite a la idea considerada en sí misma y exige que la idea esté presente y abierta (*praesens et aperta*) al entendimiento; la nota de *distinción*, por su parte, se refiere a las otras ideas que forman el contorno de la idea en cuestión y requiere que esta se halle separada y bien delimitada de las otras (*ab omnibus aliis seiuncta et praecisa*)[13]. Apoyado en esta pauta, Descartes formula así su deducción:

«Mi argumento fue de este modo. Puede afirmarse con verdad de una cosa aquello que clara y distintamente entendemos que pertenece a la naturaleza, esencia o forma verdadera e inmutable de dicha cosa; pero después que investigamos con suficiente cuidado lo que es Dios, entendemos clara y distintamente que el existir pertenece a su naturaleza verdadera e inmutable; luego en este caso podemos afirmar con verdad que Dios existe»[14].

Expuesto libremente con otras palabras, aunque en rigor equivalentes, cabe resumir así este silogismo categórico:

Premisa mayor:	Toda proposición evidente de suyo es verdadera.
Premisa menor:	La proposición «Dios existe», o «la existencia real pertenece al ser perfectísimo», es evidente de suyo.
Conclusión:	Luego la proposición «Dios existe», o «la existencia real pertenece al ser perfectísimo», es verdadera.

Esta especie de formalización del argumento revela ya a las claras que la presentación silogística categórica del carácter inmediatamente

---

12   *Op. cit.*, IV, in: *ed. cit.*, VI, p. 33. Cf. *Meditationes de prima philosophia*, «Meditatio tertia», in: *ed. cit.*, VII, p. 35.

13   Cf. René Descartes, *Principia philosophiae*, XLV, in: *ed. cit.*, VIII, p. 22.

14   *Meditationes de prima philosophia*, «Responsio authoris ad primas objectiones», in: *ed. cit.*, VII, pp. 115-116.

evidente de la verdad que enuncia la proposición «Dios existe» no es
sino un recurso artificioso e improcedente. Por su naturaleza lógica, el
silogismo categórico ha de valerse de un término medio que haga ver la
necesidad de la conexión de los extremos de la conclusión; pero, en este
caso, se transita de una evidencia inmediata a otra evidencia inmediata,
lo cual no es, en verdad, demostración ninguna.

§ 3. EL SILOGISMO CATEGÓRICO BASADO EN EL CONOCIMIENTO DE LA ESENCIA DEL SER NECESARIO

También se hizo notar en lo anterior que, por su parte, la reducción al absurdo de la tesis del agnosticismo llevada a cabo por Anselmo
de Canterbury definía, en el fondo, la esencia de Dios, la del ser mayor
que el cual no cabe pensar otro, como la esencia de un ser que no
puede no existir. Dios se presenta, por tanto, en ese raciocinio, como el
ser absolutamente necesario.

Tampoco puede sorprender que Descartes, atendiendo ahora a
esta particular descripción del conocimiento humano de la esencia de
Dios, ensaye mostrar directamente que la existencia pertenece a esa
peculiar esencia. Uno de los *Principia philosophiae* cartesianos dice, en
efecto, que «puesto que la existencia necesaria está contenida en nuestro
concepto de Dios, se puede concluir rectamente que Dios existe». Lo
explica así el filósofo:

«Considerando luego que, entre las diversas ideas que hay en él [en
el entendimiento], está la de un ser sumamente inteligente, sumamente
poderoso y sumamente perfecto, que es con mucho la más eminente de
todas, reconoce en ella la existencia, no la existencia posible y contingente,
como en las ideas de todas las otras cosas que percibe distintamente, sino
la existencia absolutamente necesaria y eterna. Y así como por el hecho
de percibir, por ejemplo, que en la idea de triángulo está contenido necesariamente que sus tres ángulos son iguales a dos rectos, se convence
plenamente de que el triángulo tiene tres ángulos iguales a dos rectos, así

también por el solo hecho de percibir que la existencia necesaria y eterna está contenida en la idea del ser sumamente perfecto, debe concluir con seguridad que el ser sumamente perfecto existe»[15].

Es asimismo claro que Descartes no pretende ofrecer en este caso deducción alguna: el ejemplo aducido es elocuente muestra de ello si se lo entiende rectamente, y tampoco deben llevar a equívoco ciertas locuciones utilizadas por el filósofo. Lo único que se pretende mostrar es la evidencia inmediata de que es imposible que la existencia real no pertenezca al ser absolutamente necesario. Sin embargo, Descartes ha intentado también, en las respuestas a las segundas objeciones contra las *Meditationes de prima philosophia,* presentar esta evidencia bajo la forma de un silogismo categórico, cuya premisa mayor es igualmente el enunciado del criterio de la claridad y distinción de las ideas. He aquí su formulación:

«Decir que un atributo está contenido en la naturaleza o en el concepto de una cosa, es lo mismo que decir que dicho atributo es verdadero de esa cosa, y que se puede asegurar que está en ella. Ahora bien, es así que la existencia necesaria está contenida en la naturaleza o en el concepto de Dios. Por tanto, es verdadero decir que la existencia necesaria está en Dios, o sea, que Dios existe»[16].

También en este caso cabe resumir este silogismo categórico en términos semejantes al del anterior:

Premisa mayor:	Toda proposición evidente de suyo es verdadera.
Premisa menor:	La proposición «Dios existe», o «la existencia real pertenece al ser necesario», es evidente de suyo.
Conclusión:	Luego la proposición «Dios existe», o «la existencia real pertenece al ser necesario», es verdadera.

---

15 *Principia philosophiae,* XIV, in: *ed. cit.,* VIII, p. 10.

16 *Meditationes de prima philosophia,* «Responsio ad secundas objectiones», in: *ed. cit.,* VII, pp. 166-167.

Y es asimismo manifiesto que esta nueva exposición silogística del carácter evidente de suyo de la verdad de la proposición «Dios existe» no es sino un procedimiento artificial e inadecuado: pasar de algo evidente de suyo a otra cosa evidente de suyo no es, por cierto, inferencia mediata ninguna.

§ 4. FUNDAMENTO Y RAZÓN DE LA FORMULACIÓN CARTESIANA DEL ARGUMENTO ONTOLÓGICO

Es preciso reconocer que el fundamento de la presentación directa del argumento ontológico, y aun de su reducción a la forma silogística categórica, tal como es debida a Descartes, es exactamente el mismo que el que movió a Anselmo a proponer sus reducciones al absurdo y a Buenaventura a ensayar su silogismo condicional: la verdad de la esencia o «idea» de Dios conocida por nosotros nos fuerza a declarar que este ser existe real y necesariamente[17]. En efecto, la posesión de la idea clara y distinta de Dios como el ser perfecto y como el ser necesario impide que se pueda negar, o aun poner en duda, que a semejante ser le corresponde la existencia real y necesaria; tal rechazo o tal incertidumbre valdría tanto como negar o poner en duda la verdad misma.

A pesar de ello, no puede ocultarse que esta formulación cartesiana posee mucha menos fuerza dialéctica que las dos anteriores y que resulta, por tanto, menos convincente. No es, pues, extraño que un filósofo ateo contemporáneo, tras exponer el modo en que Descartes presenta el argumento ontológico, haya declarado, no sin cierta ironía:

---

17 Hay, con todo, una diferencia de fundamentación entre la formulación del argumento ontológico debida a Descartes y las ofrecidas por Anselmo y Buenaventura. Esta diferencia se refiere al modo, diverso del de los dos pensadores medievales, en que el filósofo francés concibe la relación de esencia y existencia en Dios. Este punto capital será tratado más adelante, en el § 3 del cap. XI de este libro.

«Incluso un supuesto teísta sentirá que esto es demasiado bueno para ser verdad. No puede ser tan fácil como eso probar la realidad de un dios»[18].

No obstante, Descartes ha sido plenamente consciente de las dificultades que entrañaba su presentación del argumento ontológico. Por una parte, en efecto, ha desautorizado expresamente cierta interpretación del ejemplo del triángulo con el que, según hemos podido comprobar, gusta de ilustrar su formulación: «La existencia necesaria es en Dios una propiedad, tomando esta palabra en su sentido más estricto, pues a él solo le conviene, y sólo en él forma parte de la esencia. Por eso la existencia del triángulo no debe ser comparada con la existencia de Dios, pues en Dios se relaciona con la esencia de muy otro modo que en el triángulo»[19]. Por otra parte, el filósofo ha señalado también que la conclusión de sus dos silogismos categóricos «puede ser conocida sin prueba por quienes se hallen libres de todo prejuicio»[20].

¿Por qué, pues, ha elegido Descartes esta presentación directa del argumento ontológico? Acaso la razón de esta elección hay que verla en el modo nuevo en que concibe Descartes la indagación filosófica: como búsqueda ante todo personal de certezas que exige del investigador el abandono radical de sus propios prejuicios[21]. Y en esa búsqueda —a la que no le es accidental el ser expresada en primera persona— no es menester, por tanto, recurso dialéctico ninguno. Este último sólo cobra sentido, y aun es exigible, en una búsqueda dialógica de la verdad. En el caso que nos ocupa, Anselmo dialoga con el insensato; Buenaventura, con el que todavía no ha tomado posición en el asunto; Descartes, en fin, consigo mismo.

---

18 J. L. Mackie, *The Miracle of Theism. Arguments for and against the Existence of God,* Oxford, Clarendon Press, 1982, 3, p. 42.

19 *Meditationes de prima philosophia,* «Responsio authoris ad quintas objectiones», in: *ed. cit.,* VII, p. 383. Cf. *Discours de la méthode,* IV, in: *ed. cit.,* VI, p. 36.

20 *Meditationes de prima philosophia,* «Responsio ad secundas objectiones», in: *ed. cit.,* VII, p. 167.

21 Cf. *op. cit.,* «Meditatio prima», in: *ed. cit.,* VII, pp. 17 ss. y *Discours de la méthode,* in: *ed. cit.,* VI, pp. 1 ss.

Obsérvese, además, que Descartes sólo ofrece en forma silogística su presentación directa de la evidencia inmediata de la verdad de la proposición «Dios existe» en las respuestas a sus críticos, casi obligado, cabría decir, por razones extrínsecas a su proyecto filosófico. De ahí que el filósofo, en el quinto postulado que aparece tras las respuestas a las segundas objeciones contra sus *Meditationes,* haya formulado esta invitación, ya antes recordada, a cuantos quieran seguirle en su investigación: «Pido que se paren largo tiempo a considerar la naturaleza del ser supremamente perfecto, y, entre otras cosas, adviertan que en las ideas de las demás naturalezas la existencia posible está ciertamente contenida, pero en la idea de Dios, no sólo se contiene la existencia posible, sino además la necesaria. Y así, sin más, sabrán que Dios existe, no haciéndoles falta razonamiento alguno; y eso no les será menos patente, sin necesidad de prueba, que el conocimiento de que el dos es un número par, y el tres impar, y cosas por el estilo. Pues hay, en efecto, cosas que algunos conocen sin pruebas, mientras que otros no las entienden sino tras un largo razonamiento»[22].

---

22 *Meditationes de prima philosophia,* «Responsio ad secundas objectiones», in: *ed. cit.,* VII, pp.163-164.

SEGUNDA PARTE

¿QUÉ CABE OBJETAR CONTRA EL ARGUMENTO
ONTOLÓGICO DE LA EXISTENCIA DE DIOS
Y QUÉ PROBLEMAS METAFÍSICOS ESTÁN
ENTRAÑADOS EN SU DISCUSIÓN?

Capítulo VI

ORDENACIÓN SISTEMÁTICA DE LAS OBJECIONES POSIBLES CONTRA EL ARGUMENTO ONTOLÓGICO

Según ha quedado establecido en la primera parte de este libro, el argumento ontológico se presenta como un recurso para afirmar la existencia de Dios que se funda en la evidencia inmediata de la verdad de la proposición «Dios existe». Estudiadas las tres formulaciones posibles de este argumento e ilustradas con el análisis de las declaraciones de los que primero las propusieron, no puede aplazarse ya el intento de responder a estas dos importantes cuestiones, íntimamente enlazadas. Primera: ¿qué cabe objetar contra este procedimiento argumentativo para establecer la existencia de Dios? Segunda: ¿qué problemas filosóficos se hallan propiamente entrañados en la discusión de este célebre razonamiento?

Bien mirado, la misma naturaleza del argumento ontológico señala tácitamente que todas las objeciones que quepa formular contra él habrán de distribuirse en dos grupos principales. Y es que, en verdad, contra este peculiar recurso para afirmar la existencia de Dios sólo cabe oponer, en principio, dos reparos fundamentalmente distintos: o bien se reconoce que la verdad de la proposición «Dios existe» nos es, en efecto, inmediatamente evidente, pero que ello no implica que Dios existe realmente; o bien se afirma que la verdad de la proposición «Dios existe» no nos es en absoluto inmediatamente evidente y que, por tanto, no cabe discernir desde ella la existencia de Dios.

La afirmación de que la verdad de la proposición «Dios existe» es evidente de suyo, pero que ello no supone afirmar la existencia de Dios, consiste en sostener, si se quiere expresar de otro modo, que semejante proposición es meramente analítica[1]. Es sobre todo a Kant y a Brentano a quienes se debe esta primera objeción capital contra el argumento ontológico, aunque tiene ya ciertos antecedentes en la discusión de esta prueba.

Por su parte, la negación del carácter evidente de suyo de la verdad de la proposición que afirma la existencia de Dios —tesis que constituye la segunda objeción general contra la prueba ontológica— sólo puede apoyarse, como es claro, en dos instancias: o en el carácter del sujeto de la proposición en cuestión o en el carácter de su predicado.

La impugnación de la evidencia inmediata de la verdad de la proposición «Dios existe» que toma como razón el sujeto de esa proposición puede proceder, a su vez, de dos maneras: o declarando que el concepto de ese sujeto es contradictorio, o afirmando que la esencia de ese sujeto es incognoscible. La primera tesis es patrimonio casi común de los pensadores ateos. La segunda, en cambio, ha sido defendida

---

1   No faltan pensadores que defienden que el argumento ontológico se funda efectivamente en la proposición analítica «Dios existe», proposición ciertamente no trivial, pero, según afirman, verdadera. Vid a este respecto Uwe Meixner, «Der ontologische Gottesbeweis in der Perspektive der analytischen Philosophie», *Theologie und Philosophie* 67 (1992), pp. 246-262. Sin embargo, la existencia real de un ser no puede apoyarse únicamente en análisis puramente conceptuales. Por ello, en esta ordenación de las objeciones posibles contra el argumento ontológico, se incluye como una de ellas la consideración de que la proposición que afirma la existencia de Dios es una proposición analítica que, como tal, no puede mostrar por sí misma la efectiva existencia de Dios. Vid. Josef Seifert, *Gott als Gottesbeweis. Eine phänomenologische Neubegründung des ontologischen Arguments*, Heidelberg, Universtitätsverlag C. Winter, 1996, 2000, 2. Aufl., pp. 89-95 y 639-642.

por eminentes filósofos teístas, como es el caso de Tomás de Aquino y de Brentano.

Dos son también las razones, aunque estrechamente relacionadas, que cabe alegar en la recusación de la evidencia inmediata de la verdad de la proposición «Dios existe» que se apoya en el predicado de semejante proposición: o bien que la existencia no es un predicado, o bien que la existencia no forma parte del concepto ni de la esencia de ningún ser. Han sido especialmente Hume y Kant los que han elevado estos reproches contra el argumento ontológico, que han sido renovados en nuestros días sobre todo por algunos filósofos de orientación analítica.

Las tareas que es preciso emprender en los siguientes capítulos son la exposición cuidadosa de estas cinco objeciones enunciadas y la investigación de su respectivo valor mediante la confrontación con las réplicas de los filósofos que han tomado a su cargo la defensa del argumento ontológico. La discusión de estas objeciones no podrá por menos que poner de relieve, por una parte, los graves problemas metafísicos que en cada caso se dan cita en el argumento ontológico; y, por otra, las tesis metafísicas capitales que supone la aceptación o el rechazo de este célebre razonamiento.

* * *

La anterior ordenación de las objeciones posibles contra el argumento ontológico acepta, como es fácil notar, la verdad de dos supuestos: que la proposición «Dios existe» es plenamente significativa y que dicha proposición, en su sentido literal, no es en absoluto la expresión de un mero estado de conciencia del sujeto que la enuncia. No haría falta señalar estos supuestos, tan elementales y palmarios, si no fuera porque, extrañamente, cada uno de ellos por separado ha encontrado su particular detractor y por ello parece necesario ampliar el elenco de los reproches contra la prueba ontológica con otros dos. Pero sobre este asunto bastarán tan sólo algunos comentarios.

Por una lado, la negación de que la proposición «Dios existe» sea significativa ha sido defendida, en su versión general, por los filósofos que siguieron los principios del empirismo lógico en su primera fase. Una expresión célebre de esta posición se halla en la temprana obra del pensador británico Alfred J. Ayer *Lenguaje, verdad y lógica*. En ese libro, en efecto, su autor, respaldándose en una de las primeras formulaciones del llamado principio de verificación, sostuvo que las proposiciones metafísicas, esto es, aquellas que, sin ser tautologías, no se pueden verificar ni falsar en la experiencia sensible, son proposiciones que carecen de sentido. Y así escribió Ayer respecto de la proposición «Dios existe»: «[Un hombre religioso] diría que, cuando habla de Dios, está hablando de un ser trascendente que podría ser conocido mediante ciertas manifestaciones empíricas, aunque, ciertamente, no podría ser definido en función de esas manifestaciones. Pero, en ese caso, el término "dios" es un término metafísico. Y si "dios" es un término metafísico, entonces ni siquiera puede ser probable que exista un dios. Pues decir que "Dios existe" es hacer una declaración metafísica que no puede ser ni verdadera ni falsa. Y, por el mismo criterio, ninguna frase que pretenda describir la naturaleza de un dios trascendente puede poseer ninguna significación literal»[2].

Es claro que esta concepción de la índole de la proposición «Dios existe» no sólo representa una objeción contra las pretensiones del argumento ontológico. Supone también, en primer término, sostener que carece de sentido tanto el debate filosófico sobre la existencia de Dios como todas las posiciones que en él pudieran mantenerse. Ayer lo hizo constar explícitamente: «Es importante no confundir esta interpretación de las afirmaciones religiosas con el punto de vista adoptado por los ateos o por los agnósticos. Pues es característico del agnóstico mantener que la existencia de un dios es una posibilidad en la que no

---

2   Alfred J. Ayer, *Language, Truth and Logic,* Harmondsworth, Penguin, 1971, chap. 6, p. 152. (La primera edición de este libro es de 1936; tuvo una segunda edición, a la que el autor añadió una introducción, en 1946).

hay una buena razón ni para creer ni para no creer; y es característico del ateo sostener que es al menos probable que no exista ningún dios. Y nuestro punto de vista de que todas las declaraciones sobre la naturaleza de dios carecen de sentido, lejos de ser idéntico a alguna de esas conocidas aseveraciones, o aun de prestarles algún soporte, es, en realidad, incompatible con ellas. Pues si la afirmación de que hay un dios no tiene sentido, entonces la afirmación del ateo de que no hay ningún dios carece igualmente de sentido, ya que sólo una proposición significante puede ser significantemente contradicha. Respecto del agnóstico, aunque se abstiene de decir tanto que hay dios como que no lo hay, no niega que la cuestión de si existe un dios trascendente es una auténtica cuestión. No niega que las dos frases "Hay un dios trascendente" y "No hay un Dios trascendente" expresan proposiciones, de las cuales una es, en realidad, verdadera y la otra falsa. Todo lo que dice es que no tenemos medio alguno de decir cuál de ellas es verdadera y, por tanto, no debemos declararnos a favor de ninguna de ellas. Pero hemos visto que las frases en cuestión no expresan proposiciones en absoluto. Y esto significa que el agnosticismo queda también excluido»[3].

Esta tesis extrema ha tenido que ser abandonada ante la evidencia de su arbitrariedad y, por tanto, de su falsedad. Ciertamente, las posteriores indagaciones de los propios partidarios del empirismo lógico en torno a la determinación del criterio de significado, así como a los fundamentos y la aplicación del principio de verificación, han obligado a revisar los primitivos supuestos de esta corriente filosófica y a ampliarlos hasta el punto de que permitan reconocer, cuando menos, que el problema de la existencia de Dios es un auténtico problema. El mismo Ayer, en una obra muy posterior a la anteriormente citada, la titulada *Los problemas centrales de la filosofía,* se ocupa expresamente del argumento ontológico. Bien es verdad que lo rechaza, pero el hecho mismo de discutirlo supone afirmar lo que antes se negaba: que cabe decir con sentido (naturalmente, otra cosa es «con verdad») que Dios existe.

---

3   *Op. cit.,* chap. 6, pp. 152-153.

«De hecho,» —escribe Ayer— «el mundo no está sin descripciones de Dioses, tanto si valen como si no valen por separado o conjuntamente como definiciones adecuadas»[4].

Por otro lado, la afirmación de que la proposición «Dios existe» es la expresión de un estado de la conciencia humana se encuentra en las notas que escribió Karl Marx sobre su propia tesis doctoral, y que se han publicado como apéndice de ella. En dichas notas, en efecto, Marx, basándose acaso en el parecer de Ludwig Feuerbach, según el cual la idea de Dios no es más que una proyección de la conciencia humana, declara que afirmar la existencia de Dios vale tanto como enunciar que poseemos una representación real, o sea, que tenemos conciencia de nosotros mismos.

La aplicación de esta tesis al caso de la prueba ontológica le resulta a Marx extremadamente fácil. El argumento ontológico consiste en sostener que Dios existe tan pronto como se piensa en él, puesto que no se puede pensar a Dios más que como existente. Ahora bien, la conciencia es propiamente aquello que existe inmediatamente en tanto que se piensa. Luego el argumento ontológico es una mera tautología: únicamente prueba que «pienso que pienso», es decir, muestra tan sólo la esencial autoconciencia humana. He aquí el largo fragmento en el que el joven Marx consigna su juicio sobre el argumento ontológico:

«Las pruebas de la existencia de Dios no son más que *vanas tautologías*. Por ejemplo, la prueba ontológica no dice sino que: "lo que yo me represento realmente *(realiter)* es una representación real para mí", que obra sobre mí, y en este sentido *todos los dioses,* tanto paganos como cristianos, han tenido una existencia real. ¿No ha reinado el antiguo Moloch? ¿No fue el Apolo délfico una potencia real en la vida de los griegos? En este caso tampoco significa nada la crítica de Kant. Si alguien se imagina que posee cien táleros, si esta representación no es

---

4   Alfred J. Ayer, *The Central Questions of Philosophy,* Harmondsworth, Penguin, 1976, chap. X, p. 212. (La primera edición de esta obra, que recoge la serie de Conferencias Gifford dadas por el autor, es de 1973).

para él una representación arbitraria y subjetiva, si cree en ella, los cien táleros imaginados tienen para él el mismo valor que cien táleros reales. Contraerá, por ejemplo, deudas a cuenta de su imaginación; ella *obrará como los dioses con los cuales ha contraído deudas toda la humanidad.* El ejemplo de Kant, por el contrario, hubiera podido confirmar la prueba ontológica. Los táleros reales tienen la misma existencia que los dioses imaginados. ¿Tiene un tálero real otra existencia fuera de la representación, aun cuando sea una representación universal o, más bien, común de los hombres? Lleva papel moneda a un país donde no se conozca este uso del papel, y todos se reirán de tu representación subjetiva. Ve con tus dioses a un país en que rijan otros dioses, y se te demostrará que padeces de alucinaciones y abstracciones. Y con razón. Quien hubiera llevado a los antiguos griegos un dios nómada, hubiera encontrado la prueba de la no existencia de ese dios. Pues para los griegos no existía. *Lo que un país es para determinados dioses extranjeros, lo es el país de la razón para Dios en general: una región en la que cesa su existencia.*

»Por tanto, las pruebas de la existencia de Dios no son nada más que *pruebas de la existencia de la autoconciencia esencial del hombre, explicaciones lógicas de ella.* Por ejemplo, la prueba ontológica. ¿Qué es ser inmediatamente en tanto que pensado? La autoconciencia»[5].

La arbitrariedad y, a la fuerza, la falsedad de esta postura —si se justifica con las solas razones aducidas— se echa de ver con claridad cuando se medita en algo elemental. Según la tesis básica de esta posición, tomada en su sentido más literal, la proposición «Dios no existe» habría de significar o bien que no se tiene una representación real, lo cual es falso por el hecho mismo de que se enuncia algo, a saber: la no existencia de Dios; o bien que dicha proposición significa lo mismo que su contraria: que tenemos una representación real, lo cual es absurdo. Como se ha podido comprobar en la primera parte de este libro, el

---

5   Karl Marx, *Anmerkungen zur Doktordissertation,* in: Karl Marx und Friedrich Engels, *Werke. Ergänzungsband I. Schriften bis 1844* (Institut für Marximus-Leninismus beim ZK der SED), Berlin, Dietz, 1968, Anhang I, 3., pp. 370-373.

propio Anselmo de Canterbury, al proponer su argumento, señaló una condición indispensable para sostener la tesis del ateísmo: distinguir entre la existencia en el entendimiento de lo que se entiende y entender que algo no existe.

En resumen, la discusión de la validez del argumento ontológico no puede por menos de partir del hecho innegable de que la proposición «Dios existe» es exactamente lo que parece ser: una proposición con un sentido muy preciso que versa, al menos en la pretensión, sobre un objeto enteramente distinto de la conciencia del que lo piensa. Todo ensayo de negar por principio este dato elemental está abocado al fracaso.

* * *

La anterior ordenación sistemática de las objeciones contra el argumento ontológico no excluye una consideración histórica del sucesivo origen y la relevancia e influjo de esas objeciones en la larga subsecuente discusión del argumento. Así, desde un punto de vista histórico, Dieter Henrich, en su imprescindible estudio sobre el problema y la historia del argumento ontológico en la época moderna, ha destacado tres objeciones principales contra esta prueba[6]. Llama a la primera la objeción «lógica» (*logischer Einwand*). Fue propuesta en el Medioevo por Gaunilón, Tomás de Aquino y la mayoría de los pensadores de la escolástica tardía. Según este reproche, el argumento ontológico infiere ilícitamente la existencia real a partir de un mero concepto. La segunda es la denominada objeción «empirista» (*empiristischer Einwand*). Surgió en los comienzos de la Edad Moderna y se debe sobre todo a Gassendi. El reparo se apoya en el *dictum* de que la existencia no es una perfección de la esencia. Finalmente, la tercera objeción es la llamada objeción «criticista» (*kritizistischer Einwand*). La

---

6   Vid. Dieter Henrich, *Der ontologische Gottesbeweis. Sein Problem und seine Geschichte in der Neuzeit*, Tübingen, J.C.B. Mohr (Paul Siebeck), 1967, 2. Aufl., especialmente «Systematische Übersicht», pp. 131-136.

propusieron fundamentalmente Hume y Kant. La reprobación se apoya
en que la «existencia necesaria» es un mero nombre que, como tal,
no puede servir de base para una prueba de la existencia de Dios. Más
recientemente, Kevin J. Harrelson, en su investigación sobre la historia
del argumento ontológico de Descartes a Hegel, ha señalado asimismo
el carácter fundamental de estas tres objeciones, llamando a la primera,
a la objeción lógica, la objeción «tomista» o, mejor, las «objeciones
tomistas» —pues distingue dos versiones de ella— y denominando a
las dos restantes con los mismos nombres que les dio Henrich, a saber,
empirical objection y *critical objection*[7].

Es fácil advertir que, en la ordenación sistemática propuesta, la
llamada objeción «lógica» o «tomista» coincide con el reproche que
forma el primer grupo de objeciones posibles, pues la objeción reconoce
que la verdad de la proposición «Dios existe» nos es inmediatamente
evidente, pero que ello no implica que Dios existe realmente. Por su
parte, las denominadas objeciones «empirista» y «criticista» se incluyen
ambas en el segundo grupo de objeciones, pues afirman que la verdad
de la proposición «Dios existe» no nos es en absoluto inmediatamente
evidente, y ambas coinciden en fundar su rechazo al argumento en
la peculiaridad del predicado de la antedicha proposición, señalando
respectivamente bien el carácter no predicable de la existencia bien el
carácter no conceptualizable de la existencia (y, particularmente, de la
existencia necesaria).

Como se verá en lo que sigue, las tres objeciones que, según las
investigaciones históricas de Henrich y Harrelson, entre otros estudiosos
de la prueba, son los reparos que más hondamente han influido en el

---

7   Vid. Kevin J. Harrelson, *The Ontological Argument from Descartes to Hegel*, Amherst,
     New York, Humanity Books, 2009, especialmente «Glossary of Terms, Arguments, and
     Positions», pp. 231-233. En su obra Harrelson considera también otras objeciones:
     la objeción de Clarke, la objeción del carácter inconcebible de la idea de Dios, la
     objeción intuicionista, la objeción modal, la objeción de la posibilidad o la objeción
     de la transición, las más importantes de las cuales se discutirán también, bajo una u
     otra forma, en los siguientes capítulos del presente libro.

rechazo del argumento ontológico entre los pensadores de las diversas épocas, fueron todas ellas recogidas y asumidas, de una forma u otra, por Kant en su famoso examen del argumento que él mismo llamó «ontológico». Dado que el filósofo prusiano consideró que los errores en que inevitablemente incurre esta prueba los comete también, asimismo forzosamente, cualquier otra demostración de la existencia del ser divino, no sorprende que se haya llegado a tener por verdad asentada lo que ya declarara Schopenhauer, a saber, que Kant «ha eliminado el teísmo de la filosofía»: *Er hat aus der Philosophie den Theismus eliminiert*[8]. Tras la discusión de las objeciones posibles contra el argumento ontológico, siguiendo el hilo de la clasificación propuesta, será preciso volver sobre esta cuestión e investigar, en el «Epílogo» de este libro, el sentido y el alcance de la tesis kantiana sobre la imposibilidad de la prueba ontológica de la existencia de Dios.

---

8   Arthur Schopenhauer, *Die Welt als Wille und Vorstellung. Vier Bücher nebst einem Anhang, der die Kritik der Kantischen Philosophie enthält*, in: A. S., *Sämtliche Werke* (hrsg. von Arthur Hübscher), Wiesbaden, Brockhaus, 1950 ss, I, 605.

Capítulo VII

Primer grupo de objeciones contra el argumento ontológico: objeción fundada en el carácter analítico de la proposición «Dios existe»

§ 1. Los dos supuestos errores lógicos del argumento ontológico señalados por Kant y Brentano

Como ha quedado dicho, la primera objeción capital que cabe proponer contra el argumento ontológico estriba en aceptar el carácter evidente de suyo de la verdad de la proposición «Dios existe» y señalar, a la vez, que esa particularidad descansa en el carácter analítico de la proposición en cuestión, por lo que resulta ilegítimo considerar la apelación a esa evidencia inmediata como una prueba de la existencia de Dios.

Mirada más de cerca, esta objeción puede exponerse del modo siguiente. Es, sin duda, innegable que la verdad de la proposición «Dios existe» es de evidencia inmediata. En efecto, ya sea que se conciba a Dios, esto es, al ser mayor que el cual no cabe pensar otro, como el ser realísimo o como el ser necesario, en ese concepto se halla siempre incluida la nota de «existencia real» y aun la de «existencia necesaria», con lo que resulta imposible pensar a Dios y no pensarlo como necesariamente existente. Pero, como es claro, al predicar de Dios la existencia no se hace otra cosa que afirmar expresamente lo ya pensado de modo implícito en el concepto del sujeto. Dicho con otras palabras, la evidencia inmediata de la verdad de la proposición «Dios existe» es la propia de toda proposición analítica.

Ahora bien —continúa la objeción—, de una proposición analítica no cabe inferir juicios existenciales categóricos, como se pretende en el argumento ontológico, sin incurrir en evidentes incorrecciones lógicas. Ciertamente, según han puesto en claro sobre todo Kant y Brentano, una inferencia de esta índole sólo podría hacerse bajo dos únicos supuestos, que tienen por base, a su vez, respectivamente, dos graves errores lógicos: el del tránsito de un género a otro y el de la petición de principio[1]. Atendamos a los razonamientos y las explicaciones de estos filósofos.

El primer supuesto desde el que se habría de inferir un juicio existencial categórico a partir de una proposición analítica consiste, sencillamente, en transitar de la existencia real pensada que corresponde a Dios a la existencia real que, independiente de todo pensar, habría de corresponder a Dios mismo. Pero este tránsito implica cometer necesariamente el error lógico de la μετάβασις εἰς ἄλλο γένος, o sea, del salto ilegítimo de la esfera de lo meramente pensado a la esfera de lo real.

---

1 Vid. Josef Seifert, «Kant und Brentano gegen Anselm und Descartes. Reflexionen über das ontologische Argument», *Theologia* 56 (1985), pp. 878-905, especialmente pp. 880-889. [Traducción española de Rogelio Rovira: «Kant y Brentano contra Anselmo y Descartes. Reflexiones sobre el argumento ontológico», *Thémata* 2 (1985), pp. 129-147]. — Este estudio, con ligeras modificaciones, conforma el cap. 15, pp. 552-577, del libro de Josef Seifert, *Essere e Persona. Verso una fondazione fenomenologica di una metafisica classica e personalistica* (traduzione di Rocco Buttiglione), Milano, Vita e Pensiero, 1989. Vid. también el cap. II, pp. 189-254, del citado libro de Josef Seifert *Gott als Gottesbeweis. Eine phänomenologische Neubegründung des ontologischen Arguments*, Heidelberg, Universitätsverlag C. Winter, 2000, 2. Auf., como asimismo el ensayo del mismo autor «Über das notwendige Dasein Gottes. Eine kritische Antwort auf Franz Brentanos Kritik des ontologischen Gottesbeweises», in: Ion Tănăsescu (ed.), *Franz Brentano's Metaphysics and Psychology. Upon the Sesquicentennial of Franz Brentano Dissertation*, Bucharest, Zeta Books, 2012, pp. 180-224.

Ya en los comienzos de su reflexión filosófica Kant hizo suya esta objeción contra el argumento ontológico. La tomó acaso de las reflexiones de Christian August Crusius, que supo exponer el reproche de manera magistral: la prueba cartesiana —escribe este pensador— «no es correcta *in forma*, sino que es un silogismo con cuatro *termini*. Pues el *terminus* "tener existencia" significa en la conclusión algo distinto que en la premisa mayor. En efecto, en la premisa mayor se habla de la existencia en el entendimiento (*im Verstande*) [...]. Pero en la conclusión se habla de la existencia real fuera del pensamiento (*ausserhalb der Gedanke*). Las premisas son ambas proposiciones ideales (*Ideal-Sätze*) y, sin embargo, la conclusión se supone que es una proposición real (*Real-Satz*)»[2]. De este modo, al examinar Kant en su disertación latina de 1755 el principio de razón suficiente o determinante, considera la aseveración de «recientes filósofos» según la cual «Dios tiene puesta en sí mismo la razón de su existencia» y por ello «postulan que su existencia está determinada». «Pero es fácil de ver» —concluye Kant con palabras cercanas a las de Crusius— «que esto ocurre idealmente (*idealiter*), no en la realidad (*non realiter*)»[3].

Este mismo defecto es precisamente en el que incurren inevitablemente, según señaló más tarde Kant en su *Crítica de la razón pura*, los dos intentos más importantes que se han hecho para probar la realidad objetiva, y aun la inteligibilidad misma, de lo pensado en el concepto de un ser necesario. El primer ensayo consiste en afirmar la

2   Christian August Crusius, *Entwurf der nothwendigen Vernunft-Wahrheiten, wiefern sie den zufälligen entgegengesetzt werden* (1745), Leipzig, in Johann Friedrich Gleditschens Buchhandlung, 1766, § 23, p. 437.

3   Immanuel Kant, *Principiorum primorum cognitionis metaphysicae nova dilucidatio*, in: *Kant's gesammelte Schriften* (hrsg. von der Preussischen, bzw. von der Deutschen Akademie der Wissenschaften), Berlin, Walter de Gruyter, 1902 ss., I, p. 394. Sobre la posición del Kant precrítico respecto del argumento ontológico puede verse: Rogelio Rovira, «La crítica kantiana de la prueba ontológica entre la *Nova dilucidatio* y el *Beweisgrund*: traducción y comentario de la Reflexión 3706», in: Enrique Alarcón, Agustín Echavarría, Miguel García-Valdecasas y Rubén Pereda (eds.), *Opere et veritate. Homenaje al profesor Ángel Luis González*, Pamplona, Eunsa, 2018, pp. 665-677.

existencia del ser necesario apoyándose en la definición nominal de este ser, que lo describe como «algo cuyo no ser es imposible»[4]. Ejemplo de semejante pretensión parece ofrecerlo Espinosa cuando escribe en su *Ethica:* «existe necesariamente aquello de lo que no se da razón ni causa alguna que impida que exista»[5]. La segunda tentativa se basa en la presentación de casos de existencias absolutamente necesarias, para mostrar así, por el hecho mismo, la perfecta inteligibilidad y la validez objetiva del concepto de un ser necesario[6]. Un ensayo de esta clase es el que parecen llevar a cabo Descartes y Espinosa cuando comparan la necesidad de la existencia de Dios con la necesidad de que todo triángulo tenga tres ángulos o de que estos valgan dos rectos[7].

Al primer ensayo le objeta Kant que «el rechazar, por medio de la palabra "incondicionado", todas las condiciones que requiere siempre el entendimiento para considerar algo como necesario, no me hace comprensible ni con mucho si luego pienso algo o acaso nada en absoluto mediante el concepto de un ser incondicionadamente necesario»[8]. Al segundo le opone lo siguiente: «Todos los ejemplos propuestos están tomados, sin excepción, sólo de *juicios,* pero no de *cosas* ni de su existencia. Ahora bien, la necesidad incondicionada de los juicios no es una necesidad absoluta de las cosas. Pues la necesidad absoluta del juicio es sólo una necesidad condicionada de la cosa o del predicado del juicio. La proposición anterior [a saber: un triángulo tiene tres ángulos] no decía que hubiese tres ángulos de una manera absolutamente nece-

---

4   Immanuel Kant, *Kritik der reinen Vernunft,* A 592/B 620.

5   Baruch de Espinosa, *Ethica ordine geometrico demonstrata,* Pars I, Prop. XI, in: *Spinoza Opera* (ed. C. Gebhardt), Heidelberg, Carl Winters, 1924, II, p. 53.

6   Cf. Immanuel Kant, *op. cit.,* A 593/B 621.

7   Cf., por ejemplo, René Descartes, *Principia philosophiae,* XIV, in: *Oeuvres de Descartes* (publiées par Charles Adam et Paul Tannery), Paris, J. Vrin, 1964-1972, VIII, p. 10; Baruch de Espinosa, *loc. cit.*

8   Immanuel Kant, *op. cit.,* A 593/B 621.

saria, sino que, dada la condición de que haya (esté dado) un triángulo, hay también tres ángulos (en él) de modo necesario»[9].

Bien se observa, pues, que en estos dos ensayos se da un tránsito ilícito de la esfera de lo que sólo está en el pensamiento a la esfera de la realidad: ni la *palabra* «incondicionado» puede suprimir las condiciones reales de la existencia de las *cosas,* ni la necesidad *lógica* puede tomarse en modo alguno por una necesidad *real.* De ahí que el filósofo de Königsberg haya ilustrado esta crítica suya del argumento ontológico con este ejemplo, que se ha hecho célebre: «Cualquier hombre estaría tan poco dispuesto a enriquecer sus conocimientos con meras ideas como lo estaría un comerciante a mejorar su posición añadiendo algunos ceros a su dinero en efectivo»[10].

Ha sido, sin embargo, Brentano quien, con particular agudeza, ha puesto de relieve que la raíz del grueso error de esta μετάβασις εἰς ἄλλο γένος se halla en una peculiar confusión: la confusión de un juicio negativo de suyo con un juicio afirmativo. En efecto, según el filósofo germano, la verdad que muestra el argumento ontológico: «Dios existe real y necesariamente», aunque parece estar enunciada por una proposición afirmativa, es, en realidad, una verdad negativa: «No hay ningún Dios que no exista real y necesariamente». Y ahora se echa de ver con claridad que de esta verdad no es lícito inferir positivamente que la existencia real y necesaria pertenece a Dios, sino tan sólo, negativamente, que no puede faltarle en el supuesto de que Dios exista.

El propio Brentano ha mostrado el error que supone esta inadvertencia sirviéndose de una libre formulación del argumento ontológico inspirada en Descartes, que interesa reproducir, junto con los comentarios del filósofo. Dice así:

«Aquello de lo que clara y distintamente conocemos que pertenece a la naturaleza de una cosa (es decir, que está contenido en el concepto de ella), lo podemos decir de esa cosa con seguridad.

9   *Op. cit.,* A 593-594/B 621-622.
10 *Op. cit.,* A 602/B 630.

ROGELIO ROVIRA

»Conocemos clara y distintamente que a la naturaleza del ser máximamente perfecto le pertenece la posesión de la existencia eterna, necesaria de suyo.

»Así, pues, de Dios cabe decir que tiene la existencia de suyo.

»Por consiguiente, Dios existe.

»El riesgo de la confusión se encuentra ya, dentro de la premisa mayor, en la palabra "decir". En efecto, lo que está en el concepto de una cosa no puede, en manera alguna, decirse de ella *a priori* nada más que de un modo puramente hipotético. O lo que es igual: no nos es lícito afirmar *a priori, positivamente,* que esta determinación pertenece al sujeto, sino tan sólo, *negativamente,* que no puede faltarle en el supuesto de que la cosa exista.

»De acuerdo con esta aclaración, no se sigue en el caso presente que Dios posea la existencia necesaria de suyo, sino, por el contrario, tan sólo, que no hay ningún Dios que no posea esa existencia»[11].

El segundo supuesto, antes mencionado, bajo el cual podría hacerse la inferencia de un juicio existencial categórico a partir de un mero juicio analítico no podría ser otro, a la luz del que se acaba de exponer, que el consistente en afirmar que Dios es el único ser que posee en su concepto la nota de existencia real y no meramente pensada. En este caso, en verdad, no se daría un tránsito ilegítimo de lo puramente pensado a lo real, pero se cometería, no obstante, otro evidentísimo y gravísimo error lógico: el de la *petitio principii,* ya que se incluye primero la existencia real en lo pensado para probar luego que, por ello, lo pensado tiene existencia real.

Este es justamente otro de los reproches que Kant dirige contra el argumento ontológico. Ciertamente, afirmar que hay conceptos que incluyen necesariamente la existencia real equivale a sostener «que hay sujetos absolutamente necesarios, lo cual constituye precisamente la suposición cuya legitimidad he puesto en duda y cuya posibilidad pre-

---

11   Franz Brentano, *Vom Dasein Gottes,* Hamburg, Felix Meiner, 1968, 42, pp. 45-46.

tendíais mostrarme»[12]. Por otra parte, defender que en el concepto del
ser realísimo va incluida la existencia, ya que este ser posee la realidad
toda, entraña el error de «introducir —ocultándola bajo el nombre que
sea— la existencia en el concepto de una cosa que pretendíais pensar
desde el punto de vista exclusivo de su posibilidad»[13].

Pero ha sido también Brentano quien ha señalado que la causa
de este nuevo y palmario error se encuentra en otra confusión particular:
la confusión de una definición nominal con una definición real. Según
este filósofo, en efecto, el punto de partida del argumento ontológico
no puede ser: «Dios es un ser que existe real y necesariamente», sino:
«Se entiende por Dios un ser que existe real y necesariamente». Si así
no fuera, el argumento supondría lo que ante todo es preciso probar,
esto es, la existencia de Dios.

Igualmente, Brentano ha mostrado el error al que lleva este descubrimiento tomando pie en una formulación silogística del argumento
ontológico de raigambre cartesiana, que también interesa transcribir,
sin omitir tampoco las reflexiones del filósofo:

«A lo que es un ser infinitamente perfecto le pertenece la existencia necesaria.

»Dios es un ser infinitamente perfecto.

»Así, pues, a Dios le pertenece la existencia necesaria.

»Por consiguiente, Dios existe.

»¿Qué significa aquí "Dios es un ser infinitamente perfecto"?
¿Quiere decir que "hay un Dios que es un ser infinitamente perfecto"?
Mas si esto fuera lo que realmente se entiende, se estaría ya suponiendo
lo que ante todo es menester demostrar, a saber, la existencia de Dios.

»¿O significa simplemente lo mismo que "se entiende por Dios
un ser infinitamente perfecto"? En tal caso, nada habría que objetar a
esta proposición, pero entonces lo único que se podría inferir es que "se

12   Immanuel Kant, *Kritik der reinen Vernunft,* A 595/B 623.
13   *Op. cit.,* A 597/B 625.

entiende por Dios un ser al que le pertenece la existencia necesaria", con lo cual sigue pendiente la cuestión de si este ser existe»[14].

En definitiva, de una proposición analítica —concluye esta objeción— sólo cabe inferir juicios existenciales de carácter hipotético. Tanto el primer error lógico señalado, la μετάβασις εἰς ἄλλο γένος, como el segundo, la *petitio principii*, coinciden en mostrar que, en verdad, lo único que es lícito afirmar es que si hay un ser real que corresponda a lo que Dios es, entonces Dios existe real y necesariamente. Pero, como es manifiesto, este juicio hipotético no constituye en absoluto una mostración de la existencia de Dios.

§ 2. EL VERDADERO PUNTO DE PARTIDA DEL ARGUMENTO ONTOLÓGICO

Sorprende al punto que, a tenor de la objeción expuesta, el argumento ontológico de la existencia de Dios no sea más que un paralogismo de tan grueso calibre. ¿Cómo es, entonces, que esta prueba cuenta entre sus defensores con algunos de los más grandes filósofos de todos los tiempos? ¿Habría que acusar a estos pensadores de carecer de la más elemental formación lógica? ¿Cómo explicar, incluso, que los críticos del argumento hayan concedido tanta importancia a su refutación, si no es más que un burdísimo sofisma? ¿Cómo se entiende, en fin, que hasta hoy mismo, y de un modo casi ininterrumpido desde hace diez siglos, siga discutiéndose este argumento por filósofos de las más diversas tendencias?

Pero esta extrañeza sube de grado al considerar que los mismos partidarios del argumento ontológico aceptan sin reservas —como no podía por menos de ocurrir— lo expuesto en esta objeción: que de una verdad meramente analítica no cabe inferir en ningún caso juicios existenciales categóricos. Aunque, por lo demás, ni Anselmo ni Buena-

---

14   Franz Brentano, *op. cit.*, 41, pp. 44-45.

ventura ni Descartes admiten que su argumento sea una inferencia de ese género. Comprobemos ante todo, aunque brevemente, lo primero. Ya en tiempos de Anselmo de Canterbury se elevó contra el argumento ontológico el primero de los reproches lógicos que hemos considerado: el de la μετάβασις εἰς ἄλλο γένος. Lo propuso de forma anónima Gaunilón, monje benedictino de la abadía de Marmoutier y primer crítico del argumento ontológico. Ilustró su objeción con un ejemplo hoy muy divulgado: del concepto de una isla que reúne todas las perfecciones, incluida la existencia misma, es a todas luces ilegítimo inferir la existencia real de semejante isla. He aquí el conocido pasaje:

«Por ejemplo: se dice que en alguna parte del océano hay una isla que, por la dificultad o, mejor dicho, por la imposibilidad de encontrar lo que no existe, ha sido denominada por algunos "la Perdida". Sobre ella se cuentan muchas más cosas que las que se atribuyen a las Islas Afortunadas: rebosa de una inapreciable fecundidad en riquezas y delicias de toda especie, no tiene poseedor o habitante y supera decididamente a todas las demás tierras que habitan los hombres por la abundancia de sus bienes. Si alguien me dice que esto es cierto, yo entenderé fácilmente sus palabras, en las que no hay ninguna dificultad. Pero si luego agrega y dice, como si fuera una consecuencia: tú no puedes dudar de que esa isla, superior a todas las tierras, existe realmente en algún lugar, lo mismo que no puedes dudar de que está en tu entendimiento; porque vale más estar no sólo en el entendimiento, sino también en la realidad, por lo cual es preciso que exista esa isla, pues, en caso contrario, cualquier otra tierra existente en la realidad sería superior a esta, de manera que una isla que ya has entendido como la suprema, no lo sería. Si, digo yo, por medio de esa argumentación, él quiere convencerme de que ya no debe dudarse de la existencia real de esa isla, creeré que está bromeando o no sabré a quien considerar más necio: si a mí, en caso de cederle, o a él, si cree haberme probado la existencia de esa isla con alguna certidumbre, cuando no me ha demostrado previamente que la superioridad de ella debe estar en mi entendimiento como una cosa que existe real e indudablemente y no como algo falso o dudoso»[15].

De la respuesta de Anselmo, cuya ironía recuerda el burlón ejemplo propuesto por Kant del comerciante que quiere enriquecerse añadiendo ceros en el papel, se echa de ver con toda claridad que ni por un instante ha podido considerar una inferencia de esa clase como legítima desde el punto de vista lógico. «Yo digo confiado» —declara— «que si alguien me descubre algo, fuera de eso mayor que lo cual no se puede pensar, existente bien en la misma realidad, bien en el solo pensamiento, a lo cual pueda aplicarse la concatenación de esa argumentación mía, hallaré y le regalaré la isla perdida, que no habrá de perderse más»[16].

Tampoco Descartes dejó de reconocer, por su parte, la falacia que supone transitar de lo meramente pensado a lo real, como testimonia esta declaración suya: «Del hecho de que yo no pueda pensar un monte sin valle no se sigue, efectivamente, que existan el monte y el valle en alguna parte, sino sólo que el monte y el valle, tanto si existen como si no, no pueden separarse uno de otro»[17]. Y si se recuerda el aviso cartesiano sobre la recta intelección de la similitud de la esencia del triángulo con la de Dios, parece que el filósofo francés no podría por menos que suscribir también el reproche —de haber tenido noticia de él— que hizo Leibniz antes que el mismo Kant. El filósofo de Leipzig, en efecto, aun admitiendo la validez de la prueba ontológica, escribió en una carta a Henning Huthman respecto de la formulación espinosiana del argumento: «Espinosa razona así de acuerdo con Descartes: es lo mismo decir que algo está contenido en la naturaleza o concepto de

---

15   Gaunilón, *Quid ad haec respondeat quidam pro insipiente*, VI, apud: *S. Anselmi Cantuariensis Archiepiscopi Opera Omnia* (ed. Franciscus Salesius Schmitt), Edinburghi, Apud Thomam Nelson et Filios, 1946, I, p. 128.

16   Anselmo de Canterbury, *Quid ad haec respondeat editor ipsius libelli*, cap. III, in: *ed. cit.*, I, p. 133.

17   René Descartes, *Meditationes de prima philosophia*, «Meditatio quinta», in: *Oeuvres de Descartes* (publiées par Charles Adam et Paul Tannery), Paris, J. Vrin, 1964-1972, VII, pp. 66-67.

alguna cosa, y decir que eso mismo es verdadero de esa cosa (lo mismo que en el concepto del triángulo se contiene, o se sigue de su esencia, que sus tres ángulos son iguales a dos rectos). Pues bien, la existencia necesaria se contiene del mismo modo en el concepto de Dios. Luego es verdadero decir de Dios que en él está la existencia necesaria, o que Dios existe. A este razonamiento y otros semejantes cabe oponer: todas esas proposiciones son condicionales, pues decir que en la naturaleza o concepto del triángulo se contienen tres ángulos iguales a dos rectos, no es otra cosa que decir que, si existe un triángulo, entonces tiene esa propiedad; por tanto, del mismo modo, si se concede que la existencia necesaria pertenece al concepto de Dios, de ello sólo se sigue, sin embargo, que si Dios existe, entonces tiene esa propiedad (la existencia necesaria), o que si Dios existe, existe necesariamente. Pero nuestro razonamiento no admite esta dificultad»[18].

A mayor abundamiento, a Descartes también le fue reprochado el haber cometido en su formulación de la prueba el segundo de los errores lógicos antes reseñados: el de la *petitio principii*. La objeción, que renueva uno de los reproches de Tomás de Aquino a la prueba anselmiana, la propuso Caterus, o Johan de Kater, el primero de los críticos de las *Meditationes*. Reza de esta suerte: «Aunque se conceda que el ser supremamente perfecto implica en su solo nombre la existencia, no se sigue, sin embargo, que esa existencia, en la naturaleza, sea algo en acto, sino tan sólo que el concepto o noción del ser supremamente perfecto está inseparablemente unido al de existencia. De lo cual no puede concluirse que la existencia de Dios sea algo en acto, si no se supone que dicho ser supremamente perfecto existe en acto: pues en ese caso contendrá en acto todas las perfecciones y, entre ellas, la de la existencia real»[19].

---

18 Gottfried Wilhelm Leibniz, *Brief für Henning Huthman,* Januar 1678, Annot. (7), in: G.W.L., *Sämtliche Schriften und Briefe* (hrsg. von der Preussischen Akademie der Wissenschaften), Darmstadt, Otto Reichl, 1926, 2. Reihe, 1. Band, p. 393.

19 Caterus, «Primae objectiones», apud: René Descartes, *Meditationes de prima philosophia,* in: *ed. cit.,* VII, p. 99. Cf. Tomás de Aquino, *Summa theologiae,* I, q. 2, a. 1, ad 2. — Sobre la interpretación cartesiana de la objeción tomista de Caterus vid.: Blake

ROGELIO ROVIRA

En su respuesta, Descartes reconoce expresamente que en el enunciado del argumento ontológico que falsamente se le atribuye hay una notoria incorrección formal, pues se confunde una definición nominal con una definición real; y, para mostrarlo, reproduce una desventurada formulación de esta prueba, que se asemeja extraordinariamente a la que propuso Brentano para ilustrar esta misma objeción: «El argumento que él objeta» —escribe— «puede enunciarse así: cuando se entiende lo que significa la palabra *Dios*, se trata de algo cuyo mayor no puede ser concebido; es así que existir en el entendimiento y en la realidad es algo mayor que existir sólo en el entendimiento; luego, cuando se entiende lo que significa la palabra *Dios*, se entiende que Dios existe en el entendimiento y en la realidad. En dicho argumento hay un evidente vicio de forma, pues la conclusión debería ser sólo esta: luego, cuando se entiende lo que significa la palabra *Dios,* se entiende que significa una cosa que existe en el entendimiento y en la realidad; pero eso es lo que la palabra significa, y no parece que una significación, por sí sola, deba tener realidad»[20].

Este inequívoco reconocimiento por parte de los defensores del argumento ontológico de los dos errores lógicos antes señalados pone inmediatamente de relieve que, al menos en la intención de los que la propusieron, esta prueba no puede entenderse en modo alguno como

D. Dutton, «The Ontological Argument: Aquinas's Objection and Descartes' Reply», *American Catholic Philosophical Quarterly* 67/4 (1993), pp. 431-450; Willis Doney, «La réponse de Descartes à Caterus», in: Jean-Marie Beyssade et Jean-Luc Marion (eds.), *Descartes. Objecter et répondre*, Paris, Presses Universitaires de France, 1994, pp. 247-270; Konrad Cramer, «Descartes, interprète de l'objection de saint Thomas contre la preuve ontologique de l'existence de Dieu dans les Premières Réponses», in: Jean-Marie Beyssade et Jean-Luc Marion (eds.), *Descartes. Objecter et répondre*, Paris, Presses Universitaires de France, 1994, pp. 271-291. Konrad Cramer, «Descartes als Interpret des Einwandes des Hl. Thomas gegen den ontologischen Gottesbeweis», in: Andreas Kemmerling und Hans-P. Schütt (Hrsg.), *Descartes nachgedacht*, Frankfurt am Main, Vittorio Klostermann, 1996, pp. 123-169.

20 René Descartes, *op. cit.,* «Responsio authoris ad primas objectiones», in: *ed. cit.,* VII, p. 116.

una inferencia de una proposición existencial categórica a partir de una mera proposición analítica. Analicemos ahora, por tanto, este importante asunto con mayor detenimiento, pues su justificación constituye la defensa más sólida del argumento ontológico contra la primera de sus objeciones.

Cabe afirmar que, a juicio de los partidarios del argumento ontológico, el núcleo de la objeción expuesta —a saber: que la proposición «Dios existe» es una mera proposición analítica— tiene un único supuesto tácito: la consideración injustificada de que el punto de partida de la prueba es un mero concepto o una idea arbitraria de Dios. Ciertamente, si eso fuera realmente lo que ocurre, es evidente que el puro pensamiento no puede imponer necesidad alguna a las cosas o, dicho de otro modo, que de lo pensado no cabe inferir la realidad. Y en nada modifica la imposibilidad lógica de este tránsito el hecho de que, en este caso, lo pensado sea «aquello mayor que lo cual no cabe pensar otro» o «el ser supremamente perfecto». En efecto, si ese pensamiento se mantiene, como es claro, en el terreno lógico, se comete una μετάβασις εἰς ἄλλο γένος al intentar pasar desde él al plano de la existencia real; mas si ese pensamiento nos hace abandonar por sí mismo el terreno lógico, se incurre entonces en una *petitio principii*. La objeción propuesta estaría, pues, perfectamente justificada.

Pero tanto Anselmo como Buenaventura y Descartes insisten reiteradamente en que el punto de partida de su argumento no es en absoluto un mero concepto de Dios, sino, antes bien, un puro conocimiento de la esencia divina[21]. Y, si ello es así, no se da en este caso tránsito alguno de lo pensado a lo real, de lo lógico a lo ontológico, sino que nos movemos desde siempre en el terreno de lo ontológico, de lo real; se trata entonces, concretamente, del paso de la esencia a

---

21 Esta es también la tesis principal, en lo que respecta a las formulaciones de Anselmo y Descartes, de los escritos de Josef Seifert citados en la nota 1 de este capítulo. Vid. asimismo en este sentido Robert G. Miller, «The Ontological Argument in St. Anselm and Descartes», *The Modern Schoolman* 32 (1955), pp. 341-349 y 33 (1955), pp. 31-38.

la existencia. Y ya ha quedado dicho que el descubrimiento que movió primero a Anselmo, y luego a Buenaventura y a Descartes, entre otros, a proponer el argumento ontológico de la existencia de Dios fue sencillamente el advertir que la esencia divina posee la peculiaridad única entre todas las esencias de exigir por sí misma el existir necesariamente: no en vano Dios, a diferencia de todos los otros seres, es el único ser cuya existencia es una con su esencia. De aquí que este tránsito inmediato del conocimiento de la esencia al conocimiento de la existencia, imposible en el caso de todos los seres finitos y contingentes, sea perfectamente lícito cuando se trata del ser mayor que el cual no cabe pensar otro, del ser perfectísimo, del ser que existe por su esencia. Ya hemos tenido ocasión de comprobar estos extremos al estudiar las distintas formulaciones del argumento ontológico, y ahora nos bastará tan sólo con un breve recuerdo.

Al reseñar la doctrina expuesta en el capítulo IV del *Proslogion* se hizo notar que, según el mismo Anselmo, la descripción de la esencia de Dios como el ser mayor que el cual no cabe pensar otro no es un puro concepto, acaso arbitrariamente construido, sino un conocimiento de la esencia de Dios. No se trataba, en efecto, de un mero pensar la significación de la palabra "Dios", sino de un mentar eso mismo que Dios es (*id ipsum quod res est*). Y era precisamente este conocimiento de la esencia de Dios, de lo que la cosa misma es, lo que imponía al pensamiento la imposibilidad de concebir la no existencia de Dios, y no al revés. «Nadie que entiende lo que Dios es» —escribía allí el obispo de Canterbury— «puede pensar que Dios no existe»[22].

También Buenaventura, al hacer suya la distinción anselmiana entre los dos tipos de conocer —que, como se recuerda, el teólogo franciscano denominaba *cogitatio nuda* y *cogitatio cum assensu*—, señaló expresamente que es el conocimiento de la esencia de Dios lo que fuerza a pensar con asentimiento que Dios existe. «Tanta es la verdad del ser divino» —escribía Buenaventura— «que no se puede pensar con

22   Anselmo de Canterbury, *Proslogion,* cap. IV, in: *ed. cit.,* I, p. 104.

asentimiento que no existe»[23]. Y, a mayor abundamiento, las tres imperfecciones posibles del entendimiento por él señaladas como explicación de la duda de la existencia de Dios muestran muy a las claras que el argumento ontológico no se funda en absoluto en un mero concepto de Dios. El defecto en la aprehensión, que impide la comprensión de la naturaleza divina en su totalidad integral, el defecto en la comparación, que dificulta la correcta atribución de los predicados divinos y, en fin, el defecto en la resolución, que frustra la capacidad de intuir la naturaleza incorpórea de Dios, son insuficiencias que sólo pueden tener lugar, como es obvio, cuando se trata del conocimiento de la esencia de Dios. En modo alguno podrían impedir, en verdad, estas deficiencias la fabricación de un concepto, sin duda arbitrario, del ser divino.

Por su parte, no puede dejarse de notar que Descartes ha señalado también repetidamente que el punto de partida de su argumento es el conocimiento de la naturaleza verdadera e inmutable de Dios, conocimiento que no se ha obtenido de la experiencia ni ha sido producido por el espíritu humano. La base de la prueba ontológica es, por tanto, para Descartes, el conocimiento de una esencia trascendente al espíritu: una *idea innata,* no, desde luego, una *idea adventitia,* pero tampoco en modo alguno *factitia,* según la peculiar terminología cartesiana. «Y así entenderemos» —escribe Descartes al responder a ciertas objeciones— «que la existencia necesaria está contenida en la idea de un ser supremamente perfecto, no en virtud de ficción alguna del entendimiento, sino porque el existir pertenece a la verdadera e inmutable naturaleza de un ser tal»[24]. De ahí que sea la naturaleza misma de Dios la que imponga la necesidad de pensar a Dios como existente: «Del hecho» —declara el filósofo— «de que yo no pueda pensar a Dios sino como existente se sigue que la existencia es inseparable de Dios, y

---

23   Buenaventura, *Commentarii in quattuor libros Sententiarum Petri Lombardi,* I, d. 8, p. 1, a. 1, q. 2, concl.

24   René Descartes, *op. cit.,* «Responsio authoris ad primas objectiones», in: *ed. cit.,* VII, p. 119.

por lo tanto que verdaderamente existe; y no porque mi pensamiento haga esto, imponiendo necesidad a la cosa, sino, al contrario, porque la necesidad de la cosa misma, es decir, de la existencia de Dios, me determina a pensarlo»[25].

Finalmente, no será ocioso traer a colación a este propósito, como abreviatura de lo expuesto, una significativa declaración de Leibniz, que se halla también en la carta a Huthman antes citada. En ella se enuncia con admirable claridad el verdadero punto de partida del argumento ontológico: el conocimiento de la esencia de Dios, y la razón de la tergiversación de la prueba en que se funda la objeción estudiada: la confusión del conocimiento de la esencia de Dios con el mero concepto de este ser. Dice así:

«Las esencias, verdades o realidades de los conceptos objetivos no dependen de la existencia de los sujetos ni de nuestro pensamiento, sino que, aunque nadie las piense, y no existan ejemplos, con todo, en la región de las ideas o verdades, como así se dice, esto es, *a parte rei,* sigue siendo verdadero que en acto existen estas posibilidades o esencias, y que de ellas resultan verdades eternas.

»No hay que considerar que las verdades eternas de este lugar son como proposiciones hipotéticas que suponen una existencia actual, pues se caería en un círculo, esto es, supuesta la existencia de Dios, se prueba desde ella su existencia; ciertamente, cuando se dice que la esencia de Dios envuelve la existencia, ello no debe entenderse así: si Dios existe, existe necesariamente; sino de este modo: *a parte rei,* no hecha ninguna condición por ningún cogitante, es absoluta y puramente verdad que en esa región de las esencias o ideas la esencia de Dios y la existencia están conectadas inseparablemente»[26].

* * *

---

25 René Descartes, *op. cit.,* «Meditatio quinta», in: *ed. cit.,* VII, pp. 66-67.

26 Gottfried Wilhelm Leibniz, *op. cit.,* Annot. (3) et (4), in: *ed. cit.,* pp. 391-392.

Puede resultar acaso provechoso traer en este punto a colación el modo en que Mendelssohn trató de explicar en cierta ocasión el verdadero fundamento sobre el que se edifica la prueba ontológica. Con el fin de refutar las objeciones y aclarar ciertos equívocos surgidos a raíz de su formulación de la prueba en el *Tratado sobre la evidencia en las ciencias metafísicas*, Mendelssohn escribió un breve ensayo titulado «La existencia de Dios demostrada *a priori*»[27]. No lo publicó en vida, pero a principios de mayo de 1788 envió una copia a Daniel Schumann, Johann Bernhard Basedow y Marcus Herz. En este escrito inédito propuso una discriminación que recuerda la célebre distinción anselmiana entre *cogitare secundum voces* y *cogitare secundum res* o la correlativa separación bonaventuriana entre *cogitatio nuda* y *cogitatio cum assensu*. Distingue, en efecto, Mendelssohn la *existentia ideal*, o existencia figurada (*bildliches Dasein*), de la *existentia real subjectiva*. La existencia ideal o figurada es la que corresponde al mero concepto de algo; es, en palabras de Mendelssohn, «la presencia de un concepto en el ser pensante». La existencia real subjetiva, en cambio, es la propia del objeto pensado como real y objetivamente existente, esto es, con *existentia real objectiva*. «De la existencia figurada» —escribe Mendelssohn— «no puede inferirse lo objetivo, pero de la existencia subjetiva sí cabe inferir la existencia objetiva». Podemos, pues, decir que no entendemos lo que Dios es cuando lo pensamos como un concepto, vale decir, como algo que simplemente está en nuestro pensamiento. Solo lo entendemos adecuadamente cuando lo concebimos como algo que existe real y objetivamente, «fuera del ser pensante (*ausser dem denkenden Wesen*)», en palabras del propio filósofo[28]. Por tanto, también para Mendelssohn el argumento ontológico de la existencia de

_____

27 Sobre este ensayo llamó por primera vez la atención Alexander Altmann en su monumental *Moses Mendelssohn. A Biographical Study*, Alabama, The University of Alabama Press, 1973, pp. 322-327, y en su estudio «Moses Mendelssohn's Proofs for the Existence of God», *Mendelssohn-Studien* 2 (1975), pp. 23-25.

28 Moses Mendelssohn, «Das Dasein Gottes a priori erwiesen», in: M.M., *Gesammelte Schriften* (Jubiläumsausgabe), *Briefwechsel* (hrsg. v. Bruno Strauss and Alexander Alt-

Dios no se basa en el mero *concepto* de Dios, sino en el conocimiento del caso único de la *esencia* divina.

⋆ ⋆ ⋆

No puede ocultarse, sin embargo, que parece haber otra manera de oponerse a la objeción considerada interpretando esta vez, al menos a primera vista, que la prueba ontológica parte del concepto de Dios y no del conocimiento de su esencia. Tal es la posición de Hegel, que afirma tajantemente: «La prueba ontológica parte del concepto (*Der ontologische Beweis geht vom Begriff aus*)» y que, en consecuencia, describe así el itinerario del argumento anselmiano: «Se presenta el concepto de Dios y se muestra que no puede ser concebido sino de manera tal que incluya en sí el ser. En la medida en que el ser es distinguido del concepto, este es algo meramente subjetivo en nuestro pensar; en cuanto subjetivo es lo imperfecto que sólo pertenece al espíritu finito. Ahora bien, que no es solamente nuestro concepto, sino que también es con independencia de nuestro pensar, es lo que hay que demostrar»[29].

Es célebre, en efecto, la tesis del filósofo alemán según la cual la separación entre el ser y el concepto solo se da en lo finito, pensado por el entendimiento (*Verstand*), pero en modo alguno en el caso de Dios, del ser infinito. Lo que distingue a los entes finitos de Dios, o el ser infinito, es precisamente que en aquellos «son diferentes el concepto y el ser (*Begriff und Sein verschieden [...] sind*)», mientras que en el caso del ser infinito «su concepto y su ser son *inseparados* e *inseparables* (*sein*

---

mann), Berlin 1929 ss.; Stuttgart-Bad Cannstatt, Friedrich Frommann Verlag (Günther Holzboog), 1971 ss., XII/2, p. 119.

29   G.W.F. Hegel, *Vorlesungen über die Beweise vom Dasein Gottes*, «Ausführung des ontologischen Beweises in der Vorlesungen über Religionphilosophie vom Jahre 1831», in: G.W.F. Hegel, *Werke in zwanzig Bänden*. Auf der Grundlage der Werke von 1832-1845 neu ediert. Redaktion: Eva Moldenhauer und Karl Markus Michel. Frankfurt am Main, Suhrkamp, 1969-1971, vol. XVII, p. 529.

Begriff und sein Sein ungetrennt *und* untrennbar *sind*)»[30]. Afirma, en efecto, Hegel: «El entendimiento separa estrictamente ser y concepto, por cuanto cada uno es idéntico a sí; pero, ya según la representación habitual, el concepto sin ser es algo unilateral y no-verdadero, e igualmente el ser, en el que no hay ningún concepto, es el ser no-conceptual. Esta oposición, en la que cae la finitud, no puede encontrarse en modo alguno en lo infinito, en Dios»[31]. En fórmula breve: «Esta inseparabilidad del concepto y del ser es absoluta sólo en el caso de Dios. La finitud de las cosas consiste en que el concepto y la determinación del concepto y su ser según esta determinación son distintos»[32].

Es precisamente esta unidad del ser y el pensar —contrapuesta a la unidad del ser y el pensar bajo la forma del entendimiento (*Verstand*), del pensamiento abstracto— lo que Hegel considera el «verdadero contenido» de la prueba[33]. En la formulación anselmiana, sin embargo, esta unidad sólo se tiene presente bajo la forma del entendimiento y adquiere por ello, de un modo que resulta insatisfactorio, la forma de una presuposición. Pero «la unidad del ser y del concepto no es una presuposición respecto del concepto, una presuposición con la cual habría que medir el concepto». Para el filósofo de la dialéctica, en efecto, «el concepto posee el ser en sí mismo (*an ihm selbst*); él mismo consiste en

---

30 G.W.F. Hegel, *Wissenschaft der Logik* (1832, 1813-1816). Erster Teil. Die objektive Logik. Erster Band. Die Lehre vom Sein, 1. Buch, 1. Absch., 1. Kap. C., 1., Anm. 1, in: *ed. cit.*, vol. V, p. 92.

31 G.W.F. Hegel, *Vorlesungen über die Beweise vom Dasein Gottes*, «Ausführung des ontologischen Beweises in der Vorlesungen über Religionphilosophie vom Jahre 1831» in: *ed. cit.*, vol. XVII, p. 531.

32 G.W.F. Hegel, *Vorlesungen über die Beweise vom Dasein Gottes*, «Ausführung des teleologischen und ontologischen Beweises in den Vorlesungen über Religionsphilosophie vom Jahre 1827», in: *ed. cit.*, vol. XVII, 527.

33 Cf. G.W.F. Hegel, *Vorlesungen über die Geschichte der Philosophie*, Zweiter Teil, Zweiter Abschnitt, B, 1, a., in: *ed. cit*, vol. XIX, p. 558.

superar (*aufheben*) su unilateralidad, y es mera opinión cuando se cree que el ser ha sido alejado del concepto»[34].

Incluso Kant, acaso el oponente más radical de la prueba, discute el argumento, según Hegel, a la luz de un supuesto que convierte su crítica en insuficiente, pues entiende el concepto como algo finito. Afirma, en efecto, Hegel en sus *Lecciones sobre la historia de la filosofía*: «Kant no llega a establecer justo aquella síntesis del concepto y del ser, o sea, a comprender la existencia, a establecerla como un concepto; la existencia sigue siendo para él sencillamente otra cosa que el concepto. Cierto que el contenido, para él, es el mismo en lo existente y en el concepto: pero, como el ser no va implícito en el concepto, resulta fallido todo intento de derivarlo de él»[35]. Por eso mismo Hegel no tiene empacho en reconocer la verdad, entendida en sus justos límites, que encierra la objeción contra el argumento que presenta el autor de la *Crítica de la razón pura*: «Nada puede ser más evidente que esto: que lo que yo pienso o imagino no es por esto mismo todavía *real;* que la representación, o incluso el concepto, no bastan para el ser»[36].

Cabe, por tanto, preguntarse si la afirmación de la unidad del ser y el pensar en el caso de Dios, si este «verdadero contenido» de la prueba ontológica, no supone en última instancia, y salvadas las muchas diferencias que son pertinentes, la clásica diferencia entre el mero concepto y la esencia real de Dios. ¿No ha descrito Hegel la prueba ontológica de Anselmo de Canterbury —y la ha admitido como

---

34 G.W.F. Hegel, *Vorlesungen über die Beweise vom Dasein Gottes*, «Ausführung des ontologischen Beweises in der Vorlesungen über Religionphilosophie vom Jahre 1831», in: *ed. cit.*, vol. XVII, p. 532.

35 Cf. G.W.F. Hegel, *Vorlesungen über die Geschichte der Philosophie*, Dritter Teil, Dritter Abschnitt, B, 1, c., γ, in: *ed. cit.*, vol. XX, p. 361.

36 G.W.F. Hegel, *Encyklopädie der philosophischen Wissenschaften im Grundrisse* (1830), Erster Teil, § 51, in: *ed. cit.*, vol. VIII, pp. 135-136.— Jake McNulty, en su reciente ensayo «Hegel's Ontological Argument: A Reconstruction» (*Hegel Bulletin* 44/2 [2023], pp. 275-296), reconstruye la versión hegeliana del argumento ontológico sobre la base de la «Doctrina del Ser» expuesta en la *Ciencia de la Lógica* y, por tanto, a la luz de la crítica hegeliana de la tesis de Kant según la cual la existencia no es un predicado real.

indudablemente exacta en su contenido, aunque defectuosa en la forma[37]— como aquella que parte de «la idea de la Esencia que resume en
sí misma toda la realidad», que «lleva dentro de sí también la realidad
del ser», como aquella prueba, en fin, que «se deriva del concepto de
Dios según el cual es la esencia general de las esencias»?[38]. Si este fuera
el caso, entonces, a pesar de la primera apariencia en contra, la defensa
hegeliana del argumento ontológico sería a este respecto equiparable a
la de Anselmo de Canterbury, a la de Buenaventura y a la de Descartes,
por no mencionar que también a la de Mendelssohn. Dado que Hegel
concibe a Dios como la identidad de concepto y ser, para él, como para
los mencionados pensadores, «Dios en cuanto concepto no puede ser
captado sin ser (*Gott als Begriff kann nicht gefaßt werden ohne Sein*)»[39].

§ 3. El problema de los universales

La discusión anterior sobre el argumento ontológico revela a las
claras que el punto debatido no es tanto si este argumento comete o
no errores lógicos evidentes, cuanto, sobre todo, si de Dios tenemos
tan sólo un mero nombre o un mero concepto o poseemos también un
verdadero conocimiento de su esencia. Los críticos de la prueba ontológica basaban, en efecto, su objeción en el supuesto de que semejante

---

37   Cf. G.W.F. Hegel, *Vorlesungen über die Geschichte der Philosophie,* Zweiter Teil,
     Zweiter Abschnitt, B, 1, a., in: *ed. cit,* vol. XIX, p. 557.

38   *Op. cit.,* p. 556.

39   G.W.F. Hegel, *Vorlesungen über die Beweise vom Dasein Gottes,* «Ausführung des
     ontologischen Beweises in der Vorlesungen über Religionphilosophie vom Jahre 1831»,
     in: *ed. cit.,* vol. XVII, p. 532. — Sobre la rehabilitación hegeliana de la prueba on-
     tológica vid. Markus Enders, «Der ontologische Gottesbeweis als die „unmittelbare
     Darstellung der Selbstbestimmung Gottes" als des absoluten Begriffs „zum Sein":
     Rekonstruktion und Kritik von Georg Wilhelm Friedrich Hegels Rehabilitierung des
     ontologischen Gottesbeweises», in: Christoph Böhr und Hanna-Barbara Gerl-Falko-
     vitz (Hrsg.), *Gott denken. Zur Philosophie von Religion. Richard Schaeffler zu Ehren,*
     Wiesbaden, Springer VS, 2018, pp. 71-102.

argumento toma como punto de partida el mero nombre de Dios o el mero concepto de este ser; sus defensores, en cambio, sostenían que la prueba se funda sobre un auténtico conocimiento de la esencia de Dios.

Bien se advierte, pues, que esta cuestión particular no es sino trasunto de uno de los más graves problemas de la metafísica: el llamado problema de los universales. Planteado de un modo muy simple, trátase en él de saber, en efecto, si al predicar de una cosa *lo que* es y al incluirla, por tanto, en el conjunto de las cosas que decimos que son de la misma clase —es decir, cuando llevamos a cabo lo que podríamos llamar una designación universal—, lo hacemos únicamente utilizando un mero nombre común, o asociando a ese nombre un concepto, o remitiéndonos a algo real que, de alguna forma, se halla en la cosa misma. Con otras palabras, se busca saber el estatuto ontológico de los universales: si existen como meras significaciones o como simples representaciones, o si pueden existir también en sí mismos.

A esta cuestión se ha dado, como es sabido, una larga serie de respuestas. Recordemos brevemente las principales, siguiendo el hilo mismo del planteamiento anterior y prescindiendo de las distintas variedades en que puede presentarse cada una de ellas, ya que estas modalidades dependen, por lo común, de la respuesta que se dé al problema necesariamente conexo de la relación de lo singular con lo universal, que no es menester considerar ahora.

El *nominalismo* es la posición filosófica que defiende que la designación universal de lo que una cosa es no es nada más que un mero nombre, esto es, una mera significación universal: sólo existen universales *in significando*. Por su parte, el *conceptualismo* es la doctrina filosófica que sostiene que la designación universal de lo que una cosa es se funda sobre todo en una representación universal: además de los universales semánticos, existen también universales *in repraesentando*. Finalmente, el *realismo,* tomado en general, es la postura filosófica que mantiene que la designación universal de lo que una cosa es se basa en algo real que es universal en sí mismo o de suyo: además de las anteriores especies de universales, existen también los universales *in essendo,* por otro nombre, las esencias[40].

A la luz de este recuerdo, se echa de ver con nitidez que sólo una discusión detallada de estos extremos podrá aclarar suficientemente lo que se discute en esta objeción contra el argumento ontológico. Si se defiende, en efecto, una postura nominalista o conceptualista, habrá de admitirse necesariamente que la verdad descubierta por Anselmo y aceptada a su modo por Buenaventura y Descartes, y aun por Leibniz y Hegel, es una verdad puramente analítica que nada informa sobre la realidad, ya que las significaciones y las representaciones sólo tienen una existencia mental. Las referidas objeciones de Kant y de Brentano se apoyan, ciertamente, en concepciones ontológicas de esta índole. El idealismo trascendental del filósofo de Königsberg, con su distinción de las cosas tal como se nos aparecen (como *phaenomena*) y tal como son en sí mismas (como *noumena*), constituye un célebre y hondo exponente del conceptualismo: lo universal del fenómeno depende exclusivamente de nuestros conceptos; la cosa en sí, inaccesible mediante los conceptos, no es de suyo universal (ni tampoco singular)[41]. Por su parte, Brentano mantuvo, en la última etapa de su reflexión, una doctrina —que algunos

---

40 En la discusión escolástica, debido a ciertos principios platónicos y aristotélicos universalmente admitidos, el problema de los universales, planteado muy sencillamente, consiste en buena medida en discutir la cuestión de si las esencias, o naturalezas universales o comunes, existen realmente (realismo de los universales), o si, por el contrario, sólo son universales los nombres (nominalismo) y, además de ellos, los conceptos (conceptualismo). En cierta medida —aunque quizá por otras razones— este planteamiento del problema puede también aplicarse al caso del pensamiento de Descartes. En cambio, en la filosofía analítica contemporánea, el problema de los universales no se centra en la cuestión de las esencias, sino más bien en la pregunta de si los universales, como las propiedades o las relaciones, existen realmente como entidades independientes de la mente (realismo), o si, por el contrario, solo los individuos y sus características particulares, o "tropos" (*tropes*), existen realmente (nominalismo o conceptualismo). — Sobre el problema de los universales en la ontología analítica puede verse el libro de J. P. Moreland, *Universals*, Chesham, Acumen Publishing, 2001.

41 Sobre la posición de Kant ante el problema de los universales puede verse el ensayo de Michael Oberst, «Kant on Universals», *History of Philosophy Quarterly* 32 (2015),

han llamado luego «reísmo»— cuya tesis principal es: sólo las cosas, esto es, los individuos, pueden existir y sólo ellos son representables; los llamados entes abstractos o universales no son, en consecuencia, más que meras ficciones lingüísticas[42].

Por el contrario, si se admite un realismo de las esencias, o sea, si se defiende que lo universal existe en sí mismo —bien con independencia del ser individual, bien en dependencia, necesaria o sólo posible, con él— cabría admitir que la verdad descubierta por el obispo de Canterbury no es una mera tautología, ya que las esencias existen extramentalmente, esto es, en la realidad, con independencia del pensar. Tal es, como hemos visto, la tesis general en que coinciden los partidarios del argumento ontológico. Ninguno de ellos, aunque acaso por razones distintas, tendría, en verdad, reparo en seguir a Anselmo en su rechazo de aquellos dialécticos de su tiempo «que piensan que las sustancias universales no son sino un soplo de la voz (*flatus vocis*)»[43].

Es preciso notar, sin embargo, que la admisión de algún tipo de realismo de las esencias no supone necesariamente aceptar la validez de la prueba ontológica, pues, como es claro, en este caso quedaría aún por discutir si es realmente viable un auténtico conocimiento de la esencia de Dios. Precisamente este asunto es uno de los que aparecen en la consideración del segundo grupo de objeciones posibles contra el argumento ontológico, y será tratado en el capítulo noveno de este libro.

---

pp. 335-52, y también: Rogelio Rovira, «Bering and Kant on Hundred Actual and Possible Thalers», *Kantian Review* 26/2 (2021), pp. 209-234

42   Sobre esta doctrina vid., sobre todo, los siguientes trabajos de Franz Brentano: los apéndices al segundo volumen de la *Psychologie vom empirischen Standpunkt*, Leipzig, Felix Meiner, 1925, 3. Aufl., y la correspondencia con sus discípulos y los dictados que se recogen en *Wahrheit und Evidenz*, Leipzig, Felix Meiner, 1930 y en *Die Abkehr vom Nichtrealen*, Bern und München, Francke, 1966.— Una importante discusión de esta posición brentaniana se halla en Antonio Millán-Puelles, *Teoría del objeto puro* (1990), in: A.M.-P., *Obras Completas*, Madrid Asociación de Filosofía y Ciencia Contemporánea–Ediciones Rialp, 2015, vol. VIII, pp. 155-166.

43   Anselmo de Canterbury, *Epístola de incarnatione verbi*, cap. I, in: *ed. cit.*, II, p. 9.

En suma, cabe afirmar que contestar a la pregunta: ¿es la existencia de Dios una verdad de evidencia inmediata?, conduce ineludiblemente a responder a esta otra: ¿qué tipos de realidades hay? No parece, en verdad, posible admitir ni rechazar el argumento ontológico sin pronunciarse, en último término, sobre el capital problema ontológico de si sólo hay individuos o puede haber también universales en sí mismos.

Capítulo VIII

Segundo grupo de objeciones contra el argumento ontológico: objeción fundada en el carácter contradictorio del concepto de «Dios»

§ 1. La tesis del carácter contradictorio del concepto del ser mayor que el cual no cabe pensar otro

A diferencia del anterior reproche contra el argumento ontológico, las críticas que se incluyen en el segundo grupo de objeciones posibles coinciden todas ellas en negar que la verdad de la proposición «Dios existe» sea evidente de suyo y, en consecuencia, que quepa mostrar desde ella la existencia de Dios. Entre esas objeciones hay una que apoya la negación de la evidencia inmediata de la verdad de la proposición en cuestión en la tesis de que el concepto de «Dios» es contradictorio. Considerémosla con algún detenimiento.

Dos son, en principio, las razones más importantes que cabe alegar en favor de que el concepto de «Dios» es contradictorio. La primera puede exponerse del modo siguiente. La noción del ser mayor que el cual no cabe pensar otro ha de incluir inevitablemente, por definición, todas las perfecciones pensables. Ahora bien: entre las perfecciones pensables hay algunas que, o bien por definición o bien por las consecuencias a que

ROGELIO ROVIRA

conducen, resultan incompatibles entre sí, tales como la inmutabilidad y la acción creadora, o la eternidad y la vida, etc. Luego en el concepto de «Dios», del ser mayor que el cual no cabe pensar otro, se han de pensar por fuerza notas mutuamente contradictorias.

Esta tesis ha sido defendida en nuestros días, entre otros autores, por el filósofo Anthony Kenny en su libro *El Dios de los filósofos*. Examinando este pensador sobre todo los atributos de la omnisciencia, de la omnipotencia y de la bondad infinita, que tradicionalmente se atribuyen a Dios, llega a este resultado: «Si el argumento expuesto en los capítulos anteriores es correcto, no hay un ser tal como el Dios de la teología natural tradicional: el concepto de Dios propuesto por los teólogos escolásticos y por los filósofos racionalistas es un concepto incoherente. Si Dios ha de ser omnisciente, decía mi argumentación, entonces no puede ser inmutable. Si Dios ha de tener un conocimiento infalible de las futuras acciones humanas, entonces el determinismo tiene que ser verdadero. Si Dios ha de escapar a la responsabilidad de la debilidad humana, entonces el determinismo tiene que ser falso. De aquí se sigue que en la noción de un Dios que prevé todos los pecados, pero que no es el autor de ninguno, se oculta una contradicción. La omnipotencia, tomada aisladamente, puede ser capaz acaso de recibir una formulación coherente; pero la omnipotencia, si bien es capaz de dar cuenta de algunas doctrinas históricas de la predestinación, es inadecuada como fundamento de la precognición divina de la conducta humana indeterminada. Por tanto, si nuestro argumento es fundado, no puede haber un ser atemporal, omnisciente, omnipotente y plenamente bueno»[1].

---

1   Anthony Kenny, *The God of the Philosophers,* Oxford, Clarendon Press, 1979, X, p. 121. Vid. también J. N. Findlay, «Can God's Existence Be Disproved?», *Mind* 57 (1948), pp. 108-118 [reimpreso en Alvin Plantinga (ed.), *The Ontological Argument. From St Anselm to Contemporary Philosophers,* London, MacMillan, 1968, pp. 111-122] y David Blumenfeld, «On the Compossibility of the Divine Attributes», in: Thomas V. Morris (ed.), *The Concept of God,* Oxford, Oxford University Press, 1987, pp. 201-215.

La segunda razón en que toma pie la afirmación de que el concepto del ser mayor que el cual no cabe pensar otro es contradictorio reza de esta suerte. Aun prescindiendo de la incompatibilidad de ciertas perfecciones divinas entre sí, es claro que, por definición, cada perfección particular contenida en el concepto de Dios ha de ser pensada en un grado infinito. Ahora bien: el concepto mismo de perfección infinita es imposible. Por una parte, en efecto, este concepto es tan contradictorio como el concepto de «velocidad infinita» o el de «número infinito», pues, dada la posesión de una perfección en cualquier grado o medida, es siempre *lógicamente* posible poseerla en mayor grado o medida; o lo que es lo mismo: no hay un máximo intrínseco de perfección. Pero, además, por otra parte, las perfecciones infinitas que habrían de corresponder a Dios se muestran *de hecho* incompatibles con los datos que nos ofrece nuestro conocimiento del mundo si lo consideramos como creado por Dios: un mundo en el que habita el mal, por ejemplo, no puede proceder de un ser infinitamente bueno. Luego el concepto de Dios, del ser mayor que el cual no cabe pensar otro, es un concepto necesariamente imposible.

Esta última tesis ha sido sostenida, en efecto, por John Stuart Mill. Este filósofo, apoyándose en el conocimiento de la naturaleza y en la presencia en ella del bien y del mal, llega a la conclusión de que la omnipotencia, la omnisciencia y la bondad infinita tradicionalmente atribuidas a Dios son incompatibles con esos datos. Y de ello se sigue, a su vez, que la única manera de escapar a esta contradicción —si es que hay que seguir afirmando la existencia de un Dios que sea la causa del mundo— es negar que Dios sea omnisciente, omnipotente e infinitamente bueno. Así lo afirma expresamente el pensador británico al término de la parte de su ensayo sobre el teísmo dedicada a los atributos divinos: «Estos son, pues, los resultados netos de la teología natural sobre la cuestión de los atributos divinos. Un ser de poder grande pero limitado; cómo o por qué limitado, no podemos siquiera conjeturarlo; de inteligencia grande y quizás ilimitada, pero quizás, también, más estrechamente limitada que su poder: que desea la felicidad de sus criaturas, y presta a ello alguna atención, pero parece tener otros motivos de acción de los que se preocupa más, y del que difícilmente cabe suponer que haya creado el universo con ese único propósito. Tal es la deidad a la que se refiere la religión natural; y una idea de Dios más atractiva que esta sólo procede de deseos humanos o de la enseñanza de una revelación real o imaginaria»[2].

Es fácil advertir que de estas consideraciones, de ser fundadas, se desprende inmediatamente una objeción capital contra el argumento ontológico. En efecto, tanto si se afirma que el concepto del ser mayor que el cual no cabe pensar otro es contradictorio (porque incluye o bien notas que son en sí mismas lógicamente imposibles, o bien notas que son lógicamente incompatibles entre sí), como si se sostiene que ese concepto se revela incompatible con otros datos de la realidad y que el concepto de Dios no puede ser, por tanto, el de un ser mayor que el cual no cabe pensar otro, de todo ello resulta, cuando menos, que la verdad de la proposición «Dios existe» no es inmediatamente evidente. En consecuencia, no cabe inferir de ella en modo alguno la existencia de Dios.

Fue justamente la conciencia de estas dificultades la que forzó a confesar primero a Duns Escoto y luego a Leibniz que, por lo menos, uno de los requisitos previos que habrían de ser satisfechos para que el argumento ontológico resultara concluyente es que se probara la no contradicción o la no imposibilidad del concepto de Dios, ya que, según hacen notar estos filósofos, si Dios es posible, entonces existe[3].

---

2   John Stuart Mill, *Theism,* Part II, *ad finem,* in: *Collected Works of John Stuart Mill* (edited by F.E.L. Priestley and J.M. Robson), Toronto-London, University of Toronto Press-Routledge and Kegan Paul, 1965 ss., X, p. 459.

3   También Mersenne señaló esta dificultad del argumento en las objeciones que recogió de boca de diversos teólogos y filósofos contra las *Meditationes de prima philosophia* de Descartes: de que no quepa concebir la esencia de Dios sin la existencia «no se sigue que Dios existe efectivamente, sino sólo que debe existir si su naturaleza es posible o no contradictoria *(si illius natura sit possibilis, seu non repugnet)*» (Marin Mersenne, «Secundae objectiones», apud: René Descartes, *Meditationes de prima*

El Doctor Sutil, en efecto, investigando los sentidos en que se afirma la primacía del ser divino o, para utilizar su misma expresión, del Primer Principio, declara: «Si aquello a cuya razón repugna el poder existir por otro, puede existir, entonces puede existir por sí. [...] Así, pues, si puede existir, porque no contradice a la entidad, puede existir por sí y, por tanto, existe por sí»[4]. Y, por su parte, el filósofo de Leipzig, refiriéndose expresamente a la prueba ontológica, afirma: «Concedo que es una demostración, pero imperfecta, que requiere o supone una verdad que debe aún demostrarse. Pues se supone tácitamente que *Dios* o el *Ser perfecto* es posible. Si este punto fuera demostrado a su vez como es debido, podría decirse que la existencia de Dios se habría demostrado geométricamente a *priori*»[5].

§ 2. LA DOCTRINA DE LAS PERFECCIONES PURAS

Frente a las anteriores dificultades, los partidarios del argumento ontológico, y, en general, los teístas, pueden oponer una serie de razones que, en última instancia, se basan precisamente en una de las más célebres investigaciones del propio Anselmo de Canterbury. Se trata de las reflexiones, expuestas en el capítulo XV del *Monologion*, que han dado lugar a la luego llamada doctrina de las perfecciones puras, y que,

philosophia, in: Oeuvres de Descartes (publiées par Charles Adam et Paul Tannery), Paris, J. Vrin, 1964-1972, vol. VII, p. 127).

4   Juan Duns Escoto, Tractatus de primo principio, cap. III, Quarta conclusio.

5   G. W. Leibniz, Ohne Überschrift, enthaltend ein Schreiben Leibnizens in Betreff des Beweises für die Existenz Gottes vom Benedictiner Lamy, in: Die philosophischen Schriften von G.W.L. (Hrsg. von C.I. Gerhardt), Hildesheim, Georg Olms, 1960-1961, IV, p. 405. Cf. G. W. Leibniz, De veritatibus, de mente, de Deo, de universo (1676), in: G.W.L., Sämtliche Schriften und Briefe (hrsg. von der Preussischen Akademie der Wissenschaften), Darmstadt, Otto Reichl, 1923 ss., 6. Reihe, 3. Band, pp. 510-511; Nouveaux essais sur l'entendement humain (1710), in: ed. cit., 6. Reihe, 6. Band, pp. 438.

por lo demás, hubo ya que examinar por menudo al explicar el sentido de la fórmula anselmiana[6].

Como se recuerda, Anselmo se propuso buscar un criterio para discernir, de entre las diversas cualidades que cabe predicar de las cosas, qué atributos convienen de suyo a la esencia de Dios. Con este fin, distinguió dos tipos fundamentales de predicación: la relativa, que es aquella en la que se estima la perfección que se atribuye a una cosa en razón de la cantidad y la excelencia en que el objeto posee dicha cualidad; y la absoluta, que es aquella en la que se juzga una cualidad predicada de un ser a tenor de la dignidad ontológica de la perfección en cuestión. Como la predicación relativa supone la comparación de un atributo respecto de la cantidad y la excelencia en que es poseído por dos o más entes, es claro que ningún predicado relativo o comparativo describirá de modo adecuado la naturaleza divina. Es, pues, en el seno de la predicación absoluta de perfecciones donde habrá de buscarse la regla para hallar los atributos que convienen de modo cabal a la esencia de Dios. Y es justamente en los predicados absolutos donde Anselmo descubrió una diferencia capital: la diferencia entre las «perfecciones limitadas» (*perfectiones limitatae*) y las «perfecciones puras» o «perfecciones simplemente tales» (*perfectiones simpliciter*). Las primeras son aquellas que, en algún ser (*in aliquo*), su no posesión es mejor que su posesión, aun cuando estas perfecciones se consideren en su máximo grado posible. Las segundas, en cambio, son aquellas cuya posesión es absolutamente mejor (*omnino melius*) que su no posesión. Son sólo, por tanto, según concluía Anselmo, las perfecciones de esta índole las que corresponden de suyo a Dios en grado máximo.

Ha sido mérito indiscutible tanto de Duns Escoto, en la Edad Media, como de Leibniz, en la época moderna, el haber retomado y prolongado por cuenta propia, y con diversos matices e inflexiones, estas

---

6   Cf. Anselmo de Canterbury, *Monologion,* cap. XV, in: *S. Anselmi Cantuariensis Archiepiscopi Opera Omnia* (ed. Franciscus Salesius Schmitt), Edinburghi, Apud Thomam Nelson et Filios, 1946, I, pp. 28-29. Vid. el cap. III, § 6, del presente libro.

consideraciones y distinciones de Anselmo. En el caso presente, es menester comprobar de qué modo estas contribuciones pueden fundar una defensa del argumento ontológico frente a las críticas antes enunciadas. Comencemos, pues, con la exposición de las razones del Doctor Sutil. Duns Escoto recoge la descripción de la naturaleza de las perfecciones puras ofrecida por Anselmo en estos términos: «Se llama perfección pura la que en cualquier ser es mejor eso que no eso (*Perfectio simpliciter dicitur quae in quolibet est melius ipsum quam non ipsum*)»; o aun en estos otros: «Perfección pura es la que en cualquier ser que la tiene es mejor tenerla que no tenerla (*Perfectio simpliciter est quae in quolibet habente ipsam melius est ipsam habere quam non ipsam habere*)». No deja de advertir, sin embargo, enseguida el Doctor Sutil que estas fórmulas anselmianas están sujetas a dos posibles tergiversaciones[7].

El primer equívoco posible señalado por Duns Escoto se refiere, en general, a aquello que ha de considerarse o no considerarse como

---

7   La primera definición se halla en: *Tractatus de primo principio,* cap. IV, Tertia conclusio; la segunda, en: *Quaestiones Quodlibetales,* q. 5, n. 13. Para lo que sigue, además de estos dos pasajes citados de las obras de Duns Escoto, que son acaso los fundamentales a este respecto, cf. Mariano Fernández García, *Lexicon Scholasticum philosophico-theologicum in quo termini, definitiones, distinctiones et effata a Joanne Duns Scoto exponuntur, declarantur* (Nachdruck der Ausgabe Quaracchi, 1910), Hildesheim, Georg Olms, 1974, pp. 482-483; Allan B. Wolter, *The Transcendentals and Their Function in the Metaphysics of Duns Scotus,* St. Bonaventure-New York, The Franciscan Institute, 1946, pp. 162-166; Wolfgang Kluxen, «Kommentar», in: Johannes Duns Scotus, *Abhandlung über das erste Prinzip* (herausgegeben und übersetzt von W.K.), Darmstadt, Wissenschaftliche Buchgesellschaft, 1987, 2. Aufl., pp. 194-196; Josef Seifert, *Essere e Persona. Verso una fondazione fenomenologica di una metafisica classica e personalistica* (traduzione di Rocco Buttiglione), Milano, Vita e Pensiero, 1989, II, cap. 5, pp. 211-249. — No es exagerado afirmar que Josef Seifert es el principal defensor contemporáneo de esta teoría metafísica de las perfecciones *simpliciter simplices* y el pensador que ha logrado extraer las mayores riquezas filosóficas de ella, también respecto de la discusión del argumento anselmiano. Vid. Rogelio Rovira, «Perfection and Imperfection of Josef Seifert's Theory of Pure Perfections», *The Journal of East-West Thought* 7 (2017), pp. 53-71; Josef Seifert, «A Reply to Rovira: Can the "Imperfection" of My Philosophy of Pure Perfections Be Overcome?», *The Journal of East-West Thought* 7 (2017), pp. 73-80.

perfección pura y, en cierto modo, ya tuvo que ser denunciado, como se recuerda, cuando en su momento se expuso este mismo pensamiento de Anselmo. Se trata de que la oposición entre «eso» (*ipsum*) y «no eso» (*non ipsum*) no puede entenderse como una oposición contradictoria, como en efecto lo sería si fuese una oposición entre algo positivo y algo negativo. No es, en verdad, una oposición entre una perfección y su respectiva imperfección. Si así se concibiera, a la descripción anselmiana se le haría decir, por una parte, que todo lo positivo es mejor que lo negativo, lo cual es falso, porque en sí misma la afirmación no es mejor que la negación; y, por otra parte, que todo lo positivo, esto es, toda perfección, por ser mejor que su negación opuesta contradictoriamente, es perfección pura, lo que anula la diferencia entre las perfecciones de esta índole y las llamadas perfecciones limitadas. La oposición de «eso» (*ipsum*) y «no eso» (*non ipsum*) ha de entenderse, ante todo, como una oposición por contrariedad, es decir, como una incompatibilidad entre algo positivo, «eso» (*ipsum*), y otro algo positivo, al que sólo por razón de dicha incompatibilidad, y no por el modo de la oposición por contradicción, se le califica de «no eso» (*non ipsum*). Se trata, por tanto, de una oposición entre una perfección y su respectiva ausencia o privación. Si se quieren, pues, evitar esos posibles errores de interpretación, es más adecuado caracterizar la perfección pura como aquella que, en cualquier ser, es mejor que toda otra cosa incompatible con ella (*in quolibet melior quocumque sibi incompossibili*).

La segunda posible tergiversación mencionada se refiere a aquello de lo que se predica una perfección pura. Se trata de que la expresión «en cualquier ser» (*in quolibet*) que aparece en la descripción anselmiana de las perfecciones puras no se puede interpretar en el sentido de «para cualquier ser» (*cuilibet*), porque, en este caso, dicha declaración sería falsa: para el perro, según el ejemplo de Duns Escoto, la sabiduría no es mejor que su negación. Y es que, en efecto, si se entiende de este modo la anterior locución, se mienta entonces la relación de una perfección pura con una naturaleza determinada, que, por su limitación misma, puede ser incompatible con dicha perfección: la excelencia de la perfección de que se trate destruye a la naturaleza en cuestión como tal naturaleza. La expresión «en cualquier ser» ha de tomarse, por tanto, en el sentido de la relación entre una perfección pura y una naturaleza todavía no determinada, que es a lo que el Doctor Sutil, siguiendo la tradición escolástica, llama *supósito* (*suppositum*), es decir, algo subsistente (*subsistens*) cuya subsistencia se considera independientemente de la naturaleza en la que o de la que es supósito. Para evitar, pues, este equívoco, puede definirse más propiamente la perfección pura como aquella que, en cualquier supósito como tal, o sea, prescindiendo de su subsistencia como determinada en una naturaleza particular, es mejor que cualquier cosa incompatible con ella.

Bien se advierte, pues, la necesidad de establecer dos tesis capitales sobre la atribución de las perfecciones puras. La primera sostiene que, cuando se predica una perfección pura, no se compara en su dignidad ontológica la posesión de algo positivo con la de algo negativo, sino, más bien, la posesión de algo positivo con la de otro algo positivo que es incompatible con aquel primero. La segunda tesis afirma que, cuando se atribuye una perfección pura, no se pone primariamente en referencia una perfección pura con la naturaleza que posee dicha perfección, sino que, antes bien, se relaciona una perfección pura con otra perfección que es incompatible con ella. De aquí que el Doctor Sutil pueda resumir el fruto de sus indagaciones sobre este tema con una nueva caracterización de la esencia de las perfecciones puras, que considera más adecuada a la cosa misma y menos equívoca que la propuesta por Anselmo. Dice así: «La perfección pura es la que es simple y absolutamente mejor que cualquier cosa incompatible con ella (*Perfectio simpliciter est quae est simpliciter et absolute melius quocumque incompossibili*)[8].

Apoyados en estas consideraciones, los defensores del argumento ontológico pueden ofrecer ya una primera razón en contra de la tesis de que el concepto de «Dios» es contradictorio. Por su misma definición, el concepto de «Dios» sólo puede contener perfecciones puras, esto es, per-

---

8   Juan Duns Escoto, *Tractatus de primo principio*, cap. IV, Tertia conclusio.

fecciones que es mejor absolutamente poseerlas que no poseerlas o, si se prefiere, perfecciones cuya posesión es absolutamente mejor que lo que es incompatible con ellas. Ciertamente, si no fuera ese el caso, no se concebiría al ser mayor que el cual no cabe pensar otro: si ese ser no poseyera todas las perfecciones puras, tendría que ser, según la definición escotista comentada, necesariamente peor que esas perfecciones, lo que contradice el concepto mismo de Dios. Y, a mayor abundamiento, cada perfección pura que corresponde a Dios tiene que convenirle en su grado máximo y de una manera absolutamente necesaria, pues sólo en el grado supremo y en el modo de la necesidad es compatible la perfección pura con la naturaleza del ser mayor que el cual no cabe pensar otro[9]. De aquí se deduce, pues, que, aun cuando se admita la posibilidad de una contradicción en el hecho de que un ser posea simultáneamente ciertas perfecciones limitadas, o aun la incompatibilidad de todas las perfecciones limitadas con el grado de lo infinito, queda abierta la posibilidad de que ni esa contradicción ni esa incompatibilidad se den en el caso de Dios, esto es, del ser que sólo tiene perfecciones puras y en absoluto perfecciones limitadas.

Y justo a dar razón de que, en el caso de Dios, no sólo está abierta la posibilidad de que se den juntas todas las perfecciones puras en su grado máximo, sino de que es imposible lo contrario, se enderezan los argumentos que propone Duns Escoto para probar, primero, que todas las perfecciones puras son mutuamente compatibles y, segundo, que cada una de ellas es compatible con el modo de lo infinito. Consideremos, pues, estas dos nuevas razones, en principio, definitivas, que cabe alegar contra la afirmación del carácter contradictorio del concepto de Dios[10].

El razonamiento aducido por el Doctor Sutil para probar la mutua compatibilidad de las perfecciones puras puede exponerse de este modo. Supongamos, por hipótesis, que dos perfecciones puras no son

---

9   Cf. *loc. cit.*

10   Cf. respectivamente los núms. 8 y 9 de la cuestión 5 de las *Quaestiones Quodlibetales* de Duns Escoto. Vid., además, las páginas 167-168 del libro de A. B. Wolter citado en la nota 7.

mutuamente compatibles. En este supuesto, por definición, una y la misma perfección pura tendría que ser, a la vez, mejor y peor que la otra perfección pura considerada. En efecto, tendría que ser mejor, porque toda perfección pura es mejor que lo que es incompatible con ella. Pero tendría que ser también peor, porque, en este caso, lo que es incompatible con ella es otra perfección pura. Esto, como es fácil ver, es contradictorio. Luego, si se ha de evitar el absurdo, es preciso declarar que todas las perfecciones puras son mutuamente compatibles.

La argumentación de Duns Escoto para demostrar la compatibilidad de cada perfección pura con el modo de lo infinito es esta. Si una perfección pura fuera incompatible con lo infinito, tendría que exceder o ser mejor que lo que es infinito, ya que una perfección pura es mejor que lo que es incompatible con ella. Pero nada puede exceder o ser mejor que lo que es infinito, porque, de lo contrario, lo infinito no sería infinito. Luego toda perfección pura es compatible con el modo de lo infinito.

Se entiende, pues, a la luz de estas razones, que el Doctor Sutil haya propuesto la siguiente «coloración» (*coloratio*), esto es, complementación o interpretación de la fórmula anselmiana del argumento ontológico: «"Dios es algo tal", pensado sin contradicción, "que no puede pensarse mayor" sin contradicción»[11]. Es decir: el ser mayor que el cual no cabe pensar otro no es ni intrínseca ni extrínsecamente contradictorio. Intrínsecamente no se halla contradicción alguna en su concepto, por las razones antedichas; tampoco extrínsecamente, porque el concepto de un ser mayor que el ser mayor que el cual no cabe pensar otro es contradictorio.

Como ha quedado dicho, se debe a Leibniz el haber introducido, en cierto modo, en el pensamiento moderno, esta doctrina de las perfecciones puras y el haber hecho uso de ella sobre todo para fundamentar la validez del argumento ontológico. Consideremos, pues, las reflexiones del filósofo de Leipzig sobre este asunto, que han de servir de complemento de lo expuesto.

---

11   Juan Duns Escoto, *Tractatus de primo principio,* cap. IV, Nona conclusio (Quinta via).

Es sabido que Leibniz reserva el nombre de «perfección» para designar aquellas formas o naturalezas que son simples, positivas y susceptibles de un máximo. Las perfecciones simplemente tales o perfecciones puras —si se quiere seguir utilizando esta denominación—, por no poderse descomponer, por expresar algo y por expresarlo absolutamente, esto es, sin límite alguno, se oponen, en consecuencia, a las cualidades compuestas, que no expresan algo enteramente positivo y que no alcanzan un grado máximo, porque lo impide su propia composición, negatividad y limitación[12]. El problema que, en el caso presente, ocupa a Leibniz es el de mostrar que Dios, el ser absolutamente perfecto, posee a la vez todas las perfecciones en sentido estricto y que cada una de ellas le pertenece en su más alto grado. Y, para resolverlo, el filósofo de Leipzig se propone probar, al igual que hizo Duns Escoto, que ninguna de las perfecciones que corresponden a Dios son lógicamente incompatibles y que ninguna de dichas perfecciones implica una contradicción tomada en su grado supremo de realidad.

Leibniz ofrece en un breve escrito[13] una prueba indirecta y apagógica de la compatibilidad de las perfecciones absolutas. Su argumento puede exponerse así. La proposición que afirma que dos perfecciones puras son incompatibles no puede ser ni evidente de suyo ni demostrable. Esta proposición no es, en efecto, inmediatamente verdadera, porque, en ese caso, sería preciso que una de las dos perfecciones consideradas fuera la negación de la otra, y a ello se opone el carácter positivo y absoluto de las perfecciones. Pero no es tampoco una proposición mediatamente verdadera, porque, para demostrarla, habría que descomponer las dos perfecciones puras consideradas, lo cual es imposible dado que son simples. Por tanto, la proposición que afirma que dos perfecciones cualesquiera son incompatibles es una proposición imposible y de ello se sigue, *per contrarium,* que es verdad que todas las perfecciones puras son mutuamente compatibles.

---

12   Cf. G.W. Leibniz, *Discours de métaphysique,* § 1, in: *ed. cit.,* IV, pp. 427; *Quod Ens perfectissimum existit,* in: *ed. cit.,* VII, pp. 261.

13   Cf. G.W. Leibniz, *Quod Ens perfectissimum existit,* in: *ed. cit.,* VII, pp. 261-262.

Los siguientes pasajes de la *Monadología* pueden acaso considerarse como la prueba que ofrece Leibniz de que las perfecciones propiamente tales no implican contradicción en su último grado de realidad y de que Dios las posee justamente en ese grado. Se transcriben sin comentario, pues las razones que expresan no son sino consecuencia directa tanto de lo que el filósofo entiende por perfección como de lo que se piensa en la idea de Dios:

«Puede también juzgarse que esa sustancia suprema, única, universal y necesaria, fuera de la cual nada hay que sea independiente de ella, y que es una consecuencia simple del ser posible, debe ser incapaz de admitir límites y ha de contener tanta realidad cuanta sea posible.

»De donde se sigue que Dios es absolutamente perfecto, no siendo la perfección sino la magnitud de la realidad positiva, tomada precisamente, poniendo aparte los límites o linderos en las cosas que los tienen. Y donde no hay límites, es decir, en Dios, la perfección es absolutamente infinita»[14].

En definitiva, si en el concepto del ser mayor que el cual nada cabe pensar se piensa un ser que sólo posee perfecciones puras en grado infinito, y estas perfecciones, si damos por buenos los argumentos de Duns Escoto y de Leibniz, son mutuamente compatibles entre sí y con lo infinito, entonces semejante concepto no encierra contradicción. Y, de esta forma, el argumento ontológico encuentra un nuevo apoyo: «Así, pues, sólo Dios (o el Ser necesario)» —escribe Leibniz— «posee el privilegio de que basta que sea posible para que tenga que existir. Y como nada puede oponerse a la posibilidad de lo que no tiene límites, ni negación, ni, por consiguiente, contradicción, esto es suficiente para que conozcamos *a priori* la existencia de Dios»[15].

* * *

---

14   G.W. Leibniz, *Monadologie*, §§ 40-41, in: *ed. cit.*, VI, p. 613.
15   G.W. Leibniz, *op. cit.*, § 45, in: *ed. cit.*, VI, p. 614.

No puede dejarse de señalar que, en los tiempos recientes, ha habido un ensayo de defender el carácter no contradictorio del concepto de Dios en el que se abandona la noción anselmiana de perfección pura y se hace entrar en el concepto del ser supremo las perfecciones limitadas. Es el intento debido a Charles Hartshorne, quien lo ha expuesto en los muchos estudios que ha dedicado a la defensa del argumento ontológico.

Según este autor, el teísmo clásico ha defendido la perfección de Dios excluyendo de ella todo respecto cuantitativo o que implicara mutabilidad, ya que el concepto de «cantidad infinita» es necesariamente contradictorio y, además, un ser perfecto no puede, por necesidad, cambiar. Sin embargo, para este filósofo, la cantidad, y aun la unidad en la variedad, tiene un valor que es imposible conseguir si prescindimos de ellas. De ahí que, apoyándose en la metafísica de Whitehead, haya abogado por lo que llama un «teísmo neoclásico», que se habría de caracterizar por el abandono del «concepto monopolar» de Dios y su sustitución por un «concepto bipolar» de Dios, esto es, por un concepto de Dios que incluya tanto la perfección cualitativa como la cuantitativa y sea sujeto de cambio. No habría en ello, según Hartshorne, contradicción ninguna, ni aun habría que abandonar la noción anselmiana del «algo mayor que lo cual no cabe pensar», con tal de que se entienda en el sentido de que no es posible pensar «ningún individuo mayor». En este caso, en efecto, aun cuando habría que afirmar que Dios no es un ser perfecto y que es, por tanto, superable, Dios sólo sería superable por sí mismo. De otro modo: Dios no es el ser infinitamente perfecto, sino el ser infinitamente perfectible, sólo superable por él mismo.

He aquí un largo pasaje de una de las obras más conocidas de Hartshorne, la titulada *El descubrimiento de Anselmo,* que expresa bien este peculiar ensayo:

«¿Hay algún modo de escapar del dilema según el cual la "máxima cantidad pensable" es imposible y la máxima cualidad pensable exenta de cantidad es, por lo que podemos ver, también imposible? Afortunadamente la hay, y para encontrarla no es necesario abandonar la definición de la deidad propuesta por Anselmo. Sólo es preciso notar la siguiente ambigüedad: "nada mayor puede pensarse" puede significar: "ningún individuo mayor", o puede querer decir: "ninguna cosa o entidad mayor". Si lo último, entonces ni siquiera otro individuo puede pensarse que sea superior; el mismo individuo no puede ser pensado superior a sí mismo, esto es, todo incremento está excluido, por definición, de la deidad. Este fue, en verdad, el viejo argumento platónico: lo perfecto, siendo completo o máximo en su valor, sólo podría cambiar para lo peor; pero, siendo un defecto la capacidad para semejante cambio, lo perfecto no puede cambiar en absoluto. [...] Adorar a Dios es, en verdad, exaltarlo sobre toda posible rivalidad *de parte de otros individuos;* no se puede pensar que sean capaces de superarlo. [...] Con esta condición todos pueden respetar a Dios y adorarlo. Pero si Dios supera a Dios, esto no implica de suyo que otro individuo pueda superarlo.

»Si Dios es superable, aun cuando sólo por sí mismo, entonces puede incluir la cantidad en su cualidad, sin ser la cantidad esa cosa probablemente imposible: una cantidad insuperable. La cantidad divina será superable, pero sólo por Dios mismo. Ahora no tenemos ninguna de las contradicciones que nos preocupaban. Dios no tiene por qué ser esa patente imposibilidad: una cualidad totalmente independiente de la cantidad, ni esa otra imposibilidad: una cantidad insuperable. Ni tiene por qué actualizar todos los valores posibles. No obstante, puede todavía merecer plenamente adoración por superar a todos sus rivales pensables.

»Esta resolución de la doble ambigüedad inherente en la definición de la grandeza es lo que yo llamo "teísmo neoclásico" (ya que como doctrina técnica es ampliamente una creación de los cuatro últimos siglos), mientras que el modo esencialmente griego en que Anselmo (o Agustín o Filón) lo resuelven lleva la etiqueta de "teísmo clásico". Creo que los temas planteados por Anselmo no se pueden clarificar a no ser en función del contraste entre estas dos clases de teísmo»[16].

16   Charles Hartshorne, *Anselm's Discovery. A Re-examination of the Ontological Argument for God's Existence,* Lasalle (Ill.), Open Court, 1965, Part One, 5, pp. 28-31.

Al lado de esta «resolución neoclásica del dilema de la definición de Dios», coloca Hartshorne su peculiar distinción entre «existencia» y «actualidad», para explicar así lo que, a su entender, descubrió Anselmo de Canterbury al proponer su célebre argumento de la existencia de Dios. Según este pensador, la clásica dicotomía de esencia y existencia resulta insuficiente y se hace preciso introducir una tercera noción, a la que llama «actualidad». El punto en cuestión lo explica en estos términos, ya en el prólogo de la obra citada: «Una esencia existe si hay alguna realidad concreta que la ejemplifica; "existencia" es sólo *que* una esencia está concretada; "actualidad" es *cómo,* o en qué forma particular, está concretada. La forma particular, la actualidad, es siempre contingente —en este punto los oponentes de la prueba han tenido razón—, pero de ahí no se sigue —y en este punto han estado equivocados— que la existencia es contingente. Pues la existencia sólo requiere que la clase apropiada de actualidades no esté vacía, y una clase puede ser necesariamente no vacía aun cuando sólo tenga miembros contingentes»[17].

A la luz de esta distinción y de las anteriores consideraciones, se echa de ver, al decir de Hartshorne, lo que constituye el descubrimiento capital que se halla en la base de la formulación anselmiana del argumento ontológico: el ser mayor que el cual no cabe pensar otro es el único ser cuya existencia —aunque no su actualidad— es absolutamente necesaria. «Lo que Anselmo ha descubierto, o casi descubierto» —escribe Hartshorne— «fue que existencia y actualidad (o concreción) son en principio distintas, y que cabe concebir dos tipos de individuos: aquellos cuya existencia y actualidad, aunque distintas, son ambas contingentes, y aquellos —o ese— cuya actualidad, pero no su existencia, es contingente, siendo este segundo tipo superior a todos los otros. Según este parecer, todo individuo, no importa cuán superior

---

Para una caracterización más detallada del llamado «teísmo neoclásico», vid. la obra de Hartshorne titulada *A Natural Theology for Our Time,* Lasalle (Ill.), Open Court, 1967.

17 Charles Hartshorne, *Anselm's Discovery. A Re-examination of the Ontological Argument for God's Existence, ed. cit.,* Preface, pp. X-XI.

sea, existe por virtud de estados concretos contingentes; pero mientras con usted o conmigo es siempre posible que no haya tales estados en absoluto, con Dios, aunque cada uno de tales estados es contingente, es necesario que haya alguno de tales estados»[18].

Esta parece ser, por lo demás, la base metafísica de que, según Hartshorne, Dios pueda ser rival de sí mismo, al pasar por estados contingentes cada vez mayores que los anteriores, y de que, sin embargo, ningún otro individuo que no sea el ser mayor que el cual no cabe pensar otro pueda ni siquiera igualarlo.

§ 3. El problema de la predicación del ser

La discusión anterior sobre el argumento ontológico revela, si se mira bien, que el punto debatido no es tanto si el concepto de Dios es o no es contradictorio cuanto, sobre todo, en qué sentido se predican de Dios ciertas perfecciones que también se atribuyen a otros seres. Ciertamente, en esa polémica, los defensores del argumento y sus críticos compartían un mismo supuesto básico: que tanto de Dios como de los otros seres cabe predicar ciertos atributos o propiedades comunes; diferían tácitamente, en cambio, en el distinto sentido en que conciben esta atribución.

Y no puede dejarse de advertir que esta cuestión sobre los tipos de predicados que convienen a Dios no es sino trasunto particular de un problema metafísico fundamental: el problema de la predicación del ser. Recordemos brevemente algunas nociones elementales y declaremos luego el nudo de esta cuestión.

Según doctrina de larga tradición[19], hay tres modos posibles de atribuir un predicado a varios objetos: *unívocamente,* o sea, según una

---

18 *Op. cit.,* Part One, 8, p. 40.
19 Cf. Tomás de Aquino, *In duodecim libros Metaphysicorum expositio,* lib. IV, lect. 1, n. 535.

significación enteramente idéntica, como cuando se predica «animal» del caballo y del toro; *equívocamente*, esto es, conforme a términos totalmente diversos, como «gato» aplicado al animal doméstico y al artefacto para elevar moles; y, en fin, *analógicamente*, es decir, a tenor de significados que en parte son diversos, porque suponen modos diferentes de ser, y en parte, idénticos, porque esas distintas maneras de ser se refieren a algo uno e idéntico. En el seno de la predicación analógica suelen distinguirse todavía dos especies principales: la de atribución y la de proporcionalidad, según la terminología más en uso[20]. La predicación analógica de atribución es aquella en la que los diversos objetos de los que se predica un atributo guardan relación con algo único, que recibe el nombre de primer analogado o analogado principal: en el ejemplo clásico, con respecto a una sola salud se dice «sano» del animal en tanto que sujeto propio de la salud, del medicamento a título de causa de ella, y del alimento como conservador del estado saludable. La segunda especie de predicación analógica, la de proporcionalidad, es, en cambio, aquella en la que las cosas a las que se atribuye un predicado tienen un orden o una relación entre sí, y no ya con otra tercera cosa: los varios objetos se comparan entre sí, en este caso, según una razón, que se llama análoga, de la que todos participan; la vida, suele aducirse como ejemplo, se predica proporcionalmente del animal y de la planta.

A tenor de la antedicha tradición, la predicación unívoca tiene su fundamento lógico en la identidad perfecta de la palabra y del significado, y su fundamento ontológico, en que las cosas significadas tienen una índole por completo idéntica. La predicación equívoca, en cambio, se basa en el hecho casual de que hay palabras iguales que, sin embargo, tienen significados absolutamente diversos: nada hay, pues, en la realidad de las cosas que dé razón de esta predicación. Por último, la predicación analógica se basa, desde el punto de vista lógico, en el hecho de que hay palabras iguales que tienen significaciones diversas,

---

20   Cf. Tomás de Aquino, *Summa contra gentiles*, 1, c. 34, *Summa theologiae*, 1, q. 13, a. 5.

las cuales, no obstante, tienen en común o bien el referirse a una tercera significación o bien el incluir una significación a la otra; desde el punto de vista metafísico, el fundamento de esta predicación es, pues, la semejanza real de las cosas significadas, ya que participan de algo idéntico.

Aun sin entrar en las ulteriores distinciones y aclaraciones que requeriría el tratamiento completo de estos asuntos, puede apreciarse ya con claridad que el problema que nos ocupa consiste en lo siguiente. El término «ser» se predica de Dios y de todos los otros seres; ahora bien: ¿se predica este término de aquel ser y de los otros entes en sentido totalmente diverso, en sentido enteramente idéntico o en sentido en parte idéntico y en parte diverso? De otro modo: ¿entre el ser de Dios y el de los otros seres hay total diversidad, plena identidad o cierta semejanza?

Un rápido examen de este asunto revela dos hechos. El primero, muy elemental, es que las principales respuestas posibles a esta cuestión, tal como vienen señaladas por el planteamiento mismo del problema, pueden agruparse fácilmente en dos corros: el formado por los que niegan que entre Dios y los otros entes haya alguna semejanza respecto del ser y el constituido por las que afirman tal semejanza. El segundo hecho, más importante y decisivo, es que sólo las respuestas de la segunda especie pueden defender el carácter no contradictorio del concepto del ser mayor que el cual no cabe pensar otro. Comprobemos brevemente este punto.

Sabemos que la negación de una cierta semejanza respecto del ser entre Dios y los otros entes puede apoyarse: ora en la tesis de que entre dichos seres hay una entera diversidad y que el nombre «ser» es, por tanto, equívoco; ora en la afirmación de que entre tales seres se da una plena identidad y que la palabra «ser» es unívoca, es decir, que tiene el mismo y cabal significado cuando se aplica a Dios y a los otros entes. Si la primera razón es correcta, entonces es forzoso declarar que la discusión sobre si el concepto de «Dios» es o no es contradictorio es absolutamente irresoluble, ya que el ser, como término equívoco, no representa nada de lo que haya positiva y formalmente en Dios. Esta parece ser, en verdad, la posición expresamente defendida por Kenny en un trabajo sobre la prueba anselmiana: Dios es literalmente inefable, aunque metafóricamente describible; de ahí que no pueda haber, en rigor, *ciencia* teológica alguna. Aludiendo a la teoría wittgensteiniana de los juegos del lenguaje *(Sprachspiele)*, escribe, en efecto, este pensador: «Algunos filósofos creen que hay un especial juego de lenguaje religioso. Yo creo, por el contrario, que no hay un juego de lenguaje religioso, y que hablamos de Dios en metáfora. Y usar una metáfora es usar una palabra en un juego de lenguaje que no es su casa». Y aún: «He dicho que la teología habla en metáfora. Los teólogos han preferido decir que el lenguaje teológico es analógico, y el discurso analógico no es necesariamente metafórico. Sin embargo, los intentos teológicos de explicar cómo se aplica a Dios la analogía no-metafórica han sido, a mi parecer, infructuosos»[21].

Si es verdadera, en cambio, la segunda razón, entonces no sería difícil probar o bien que la cuestión antedicha se soluciona negativamente, esto es, en favor del carácter contradictorio del concepto de «Dios», o bien que esa discusión sólo se puede resolver positivamente si se admite que Dios no es un ser sumamente perfecto. Tal parece ser, efectivamente, el fundamento común de las respectivas tesis, antes examinadas, de Mill y de Hartshorne. En el caso de este último pensador, nos es ya conocido que lo que él llama la actualidad de Dios, esto es, la forma en que se ejemplifica en una realidad concreta la esencia divina, es siempre contingente y que en ello coincide irrenunciablemente con todos los otros seres. El hecho de que, según Hartshorne, frente a la esencia de los otros entes, la esencia de Dios está necesariamente actualizada de alguna forma, no parece establecer más que una diferencia sobre el mismo plano, según el más y el menos, entre Dios y los otros seres, lo que no es sino univocidad genérica. Así, pues, si se admite que el ser es un término unívoco que conviene, por tanto, a Dios en sentido perfectamente idéntico con los otros seres, se acepta también implícitamente

---

21   Anthony Kenny, «Anselm on the Conceivability of God», *Archivio di Filosofia* 58 (1990), p. 77.

que, en último término, conocemos a Dios del mismo modo en que conocemos a los otros seres; y como el tener todas las perfecciones, y aun tener algunas de ellas en grado infinito, es algo contradictorio en los seres que conocemos, también habrá de serlo en el caso de Dios, a no ser que se afirme que Dios no es el ser infinitamente perfecto.

Por su parte, la afirmación de una cierta semejanza respecto del ser entre Dios y los otros seres se ha defendido sobre todo de dos modos principales —cuya recíproca compatibilidad o incompatibilidad es cosa que merece investigarse— en el curso del pensar occidental. Se trata de los modos propuestos respectivamente por Tomás de Aquino y por Juan Duns Escoto, y a este respecto se hacen necesarias todavía algunas explicaciones complementarias, si bien forzosamente escuetas[22].

Según el primer modo aludido, el dilucidado particularmente por Tomás de Aquino, de Dios y de los otros entes cabe predicar el término «ser» según una cierta analogía. Se trata, por cierto, de la analogía más ínfima que puede darse entre dos cosas: como no hay participación de una misma forma, entre Dios y los otros seres no se da ninguna coincidencia genérica o específica. Dios es el ser mismo, es decir, a Dios le conviene el ser por esencia; en cambio, los otros seres tienen el ser, esto es, son entes, seres por participación.

Por el contrario, según el segundo modo mencionado, el descrito por Duns Escoto, tanto a Dios como a los otros entes cabe atribuir el nombre «ser» en razón de la univocidad del concepto significado por

---

22 Vid. sobre este asunto y para lo que sigue: Gonsalvus Scheltens, «Die thomistische Analogielehre und die Univozitätslehre des J. Duns Scotus», *Franziskanische Studien* 47 (1965), pp. 315-338, especialmente pp. 322-328 y 333-336. Cf., entre otros, los siguientes textos fundamentales del Aquinate y del Doctor Sutil: Tomás de Aquino, *Summa theologiae,* 1, q. 13; Juan Duns Escoto, *Ordinatio,* 1, dist. 3, pars 1, q. 1-2.— Gonsalvus Scheltens, en el trabajo citado, mantiene que la doctrina tomista de la analogía y la teoría escotista de la univocidad son mutuamente irreconciliables. No obstante, cabe señalar que en el capítulo 7, pp. 279-303, del libro de Josef Seifert citado en la nota 7 se propone «una solución fenomenológica de la conocida controversia entre Duns Escoto y Tomás de Aquino sobre el ser y el concepto de ser», según reza el texto de dicho capítulo.

dicho término. Conviene no tergiversar esta declaración y entenderla a la luz de dos factores. El primero es la afirmación del Doctor Sutil según la cual un concepto unívoco es aquel que tiene tal unidad de significado que resulta contradictorio afirmarlo y negarlo simultáneamente de una y la misma cosa, o que puede servir de término medio de un silogismo válido. El segundo factor es la célebre tesis escotista de que el concepto «ente» es neutral o indiferente respecto del modo de la finitud y de la infinitud, es decir, que no es un concepto genérico y que, por trascender formalmente toda diferencia, incluye tanto al ser por esencia como al ser por participación.

Bien se advierte que Tomás de Aquino afirma la semejanza respecto del ser entre Dios y los otros entes dando más peso en su explicación a la diversidad que a la identidad: para el Aquinate es inexcusable atender al hecho de que, puesto que sólo podemos conocer a Dios a través de las criaturas y dada la limitación intrínseca de nuestro entendimiento, lo que significamos al atribuir a Dios el término «ser» nos resulta siempre algo no del todo comprendido y que excede la significación del nombre. En cambio, Duns Escoto defiende la semejanza entre Dios y los otros entes respecto del ser haciendo más hincapié en sus razones sobre la identidad que sobre la diversidad: para el Doctor Sutil, toda inquisición sobre Dios supone que el entendimiento humano tiene un concepto neutral y unívoco del ser que puede aplicarse tanto a Dios como a las criaturas.

Es importante notar, sin embargo, que estas dos posturas, a pesar de sus diferencias, por admitir esa cierta semejanza, que no es ni diversidad total ni plena identidad, entre Dios y los demás entes respecto del ser, pueden sostener claramente que el concepto del ser mayor que el cual no cabe pensar otro no es contradictorio. En efecto, como ambas posiciones afirman que el término «ser» conviene intrínseca y formalmente a Dios y a los otros seres y se divide en miembros que se diferencian infinitamente, no es imposible probar que tanto el ser como las otras perfecciones puras pueden atribuirse a Dios sin contradicción, aun si se piensan en grado infinito. Tal parece ser, en verdad, el fundamento común de los argumentos aducidos por Duns Escoto y por

Leibniz en favor de la compatibilidad de las perfecciones simplemente tales entre sí y con el modo de lo infinito.

En resumen, puede decirse que responder a la cuestión: ¿es la existencia de Dios una verdad de evidencia inmediata?, lleva inevitablemente a contestar a esta otra: ¿de qué modo se predica el ser? Ciertamente, no parece posible aceptar ni recusar el argumento ontológico de la existencia de Dios sin discutir, en última instancia, el problema ontológico capital de si «ser» es un término equívoco, unívoco o análogo.

CAPÍTULO IX

SEGUNDO GRUPO DE OBJECIONES

CONTRA EL ARGUMENTO

ONTOLÓGICO: OBJECIÓN FUNDADA

EN EL CARÁCTER INCOGNOSCIBLE

DE LA ESENCIA DE DIOS

§ 1. La tesis de la incognoscibilidad de la esencia divina

Aun si se dan por buenas las razones, expuestas en el capítulo precedente, que adujeron Duns Escoto y Leibniz para mostrar el carácter no contradictorio del concepto del ser mayor que el cual no es posible concebir otro, cabe todavía pensar, sin embargo, que la esencia de Dios nos sigue siendo realmente desconocida. En verdad, las mencionadas razones, por ser demostraciones apagógicas, dejan necesariamente a oscuras el modo en que de hecho posee Dios las perfecciones puras y las integra en su ser. Y aún más: como esos razonamientos se fundan en último término, según se ha visto, en la distancia infinita que separa al ser de Dios del de los demás entes, puede afirmarse que el conocimiento de la esencia divina misma está vedado a *fortiori* a un entendimiento finito como el del hombre.

Esta incognoscibilidad de la esencia de Dios ha dado pie a proponer una nueva objeción —y, por cierto, de las más sagaces y pertinentes— contra el argumento ontológico. Este reparo se apoya, en efecto, en el inevitable desconocimiento por nuestra parte del sujeto de la proposición «Dios existe», para negar así que la verdad de esa proposición nos sea conocida inmediatamente y que, por ello, queda probada la existencia de Dios: si la esencia del sujeto de una proposición nos es incognoscible, la presunta verdad de esa proposición no nos puede ser, desde luego, evidente de suyo, y todavía menos podemos inferir de ella la existencia del sujeto de la proposición en cuestión.

La objeción la propuso por vez primera el genio de Tomás de Aquino en varios lugares de sus obras[1] y, en esencia, puede exponerse del modo siguiente. Según el Aquinate, en el argumento de Anselmo se halla entrañada una cierta verdad, que consiste en que en él se afirma —ciertamente de forma implícita— algo innegable, a saber: que la verdad de la proposición «Dios existe» es de evidencia inmediata, esto es, conocida por sí misma (*per se nota*). Sin embargo, esta declaración requiere enseguida una puntualización capital, que parece haber pasado inadvertida al obispo de Canterbury y que hace que, en definitiva, los razonamientos expuestos en los capítulos segundo y tercero del *Proslogion* no tengan fuerza probativa.

Se trata, a tenor de las explicaciones de Tomás de Aquino, de que la expresión «conocida por sí misma» encierra un doble sentido cuando se considera la índole del entendimiento humano que conoce. Sabemos, en efecto, que una proposición es evidente de suyo cuando el predicado es de la razón del sujeto, de tal modo que no se puede pensar el sujeto sin que aparezca incluido en él el predicado. Pero esto no quiere decir en manera alguna que baste con que la verdad de una proposición sea evidente de suyo para que el entendimiento humano la aprehenda inmediatamente como tal: hace falta también entender los términos de la proposición que la enuncia de un modo que baste para

---

1   Tomás de Aquino critica el argumento anselmiano en los siguientes textos, que se citan por orden cronológico: *In quattuor libros Sententiarum*, 1, dist. 3, q. 1, a. 2, 4 et ad 4; *In librum Boethii De Trinitate expositio*, Prooem, q. 1, a, 3, 6 et ad 6; *Quaestiones disputatae de veritate*, q. 10, a. 12, 2 et ad 2; *Summa contra gentiles*, 1, cap. 10-11; *Summa theologiae*, 1, q. 2, a. 1, 2 et ad 2.

comprender la conexión necesaria del predicado con el sujeto. Por tanto, es menester notar que no todas las proposiciones evidentes de suyo absolutamente o en sí mismas (*per se notae simpliciter vel secundum se*) son también proposiciones evidentes de suyo para nosotros (*per se notae quoad nos*). Por ejemplo, la verdad expresada en la proposición: «Si de dos cosas iguales quitamos cosas iguales, las que quedan son iguales», es inmediatamente evidente en sí misma, pues el predicado es de la razón del sujeto, y también para nosotros, que conocemos sus términos. En cambio, la verdad de la proposición: «Lo incorpóreo no ocupa lugar», según el ejemplo que Tomás de Aquino toma de Boecio, aunque es inmediatamente evidente en sí misma, no lo es para quien no capta la naturaleza de lo incorpóreo de un modo suficiente para comprender la no conveniencia del predicado con el sujeto[2]. De modo semejante, cabe decir que la verdad de la proposición «Dios existe» es evidente de suyo absolutamente, pues el existir de Dios es su propia esencia, pero no lo es para nosotros, que no conocemos suficientemente lo que Dios es.

De aquí se sigue, según Tomás de Aquino, que, aunque la verdad de la proposición «Dios existe» es realmente evidente de suyo en sí misma, como no lo es para nosotros, no cabe discernir desde ella la existencia de Dios. De este modo, frente a las tesis del obispo de Canterbury, se puede alegar, por una parte, que, aun entendiendo que Dios es el ser mayor que el cual no cabe pensar otro, es posible afirmar sin contradicción que este ser sólo existe en el entendimiento y no en la realidad. Pues, como no conocemos la esencia de Dios, sino sólo la

---

2   Cf. Tomás de Aquino, *Summa theologiae*, 1, q. 2, a. 1, c. Vid. Boecio, *De hebdomadibus*, lect.1. En su *Expositio libri Boetii De ebdomadibus* (lect. 1), explica el Aquinate la razón de que sólo los sabios capten la evidencia inmediata de la verdad que Boecio pone como ejemplo: «Pero sólo el entendimiento de los sabios se eleva a comprender lo incorpóreo; pues los entendimientos de los hombres del vulgo no trascienden la imaginación, que versa sólo sobre lo corpóreo: por este motivo, lo que es propio de los cuerpos, pongamos: estar circunscritos a un lugar, el entendimiento de los sabios lo quita inmediatamente de los seres incorpóreos, cosa que el vulgo no puede hacer».

significación del nombre «Dios», quien niega que exista el ser mayor que el cual no cabe pensar otro entiende que es siempre posible pensar algo mayor que cualquier algo dado: no supone contradicción ninguna no fijar límites a la posibilidad de pensar cada vez algo mayor[3]. Por otra parte, cabe también aducir ante las afirmaciones de Anselmo que, desde el solo conocimiento de lo que significa el nombre de Dios, es posible pensar sin caer en ningún absurdo que no es necesario que exista el ser mayor que el cual no cabe pensar otro, porque esta afirmación, lejos de revelar una imperfección de Dios, muestra únicamente una deficiencia del entendimiento humano, que es incapaz de conocer intuitivamente la esencia divina y ha de convencerse de la existencia de Dios por otros medios.

Pero no será ocioso comprobar la fuerza de esta crítica del argumento ontológico atendiendo a las mismas palabras de quien la propuso.

---

3   Naturalmente, sólo incurriría en contradicción quien no pusiera tales límites y, a la vez, admitiera de antemano que el ser mayor que el cual no cabe pensar otro existe en la realidad. Pero esta admisión supondría, a los ojos del Aquinate, incurrir o bien en el error lógico de la μετάβασις εἰς ἄλλο γένος, al transitar desde el plano de la significación al terreno de la realidad, o bien en el de la *petitio principii*, al sostener que la significación misma del concepto del ser mayor que el cual no cabe pensar otro incluye la existencia real. Cf. Tomás de Aquino, *Summa theologiae*, 1, q. 2, a. 1, 2 et ad 2. De estos errores lógicos se ha tratado con detalle en el capítulo séptimo de este libro. En esta ocasión puede añadirse a lo expuesto el modo en que Cayetano explica la raíz de estos errores. El célebre comentarista de la *Summa* advierte que la confusión que conduce a atribuir la existencia al mayor que todo lo pensable (*maius omni cogitabili*) nace de la ignorancia de la distinción entre el acto signado o significado y el acto ejercido (*ex ignorantia inter actum signatum et exercitum*). Y así afirma: «Se concede, por tanto, que lo mayor que todo lo pensable es pensado como poseyendo toda perfección, incluso la perfección de existir de hecho en la realidad (*in rerum natura*), pero en acto significado (*significato*). Pero de lo que es significado y pensado al ser no vale el argumento (*Sed a significari et cogitari ad esse non valet argumentum*). Y así en el texto se dice que por esta razón nada se concluye» (Thomae de Vio Caietani *Commentaria in Summam theologicam angelici doctoris sancti Thomae Aquinatis*. Rursus edita ac perutilibus illustrata summariis cura studioque H. Prosperi. Lyrae, ex typographia Joseph van In et S., 1893, tomus I, in q. 2, a.1. G, p. 26).

He aquí un pasaje de la *Summa theologiae* que expresa bien el núcleo del reparo en cuestión:

«Ocurre que algo puede ser conocido por sí mismo de dos maneras: de un modo, en sí mismo y no para nosotros; de otro modo, en sí mismo y para nosotros. Pues una proposición es conocida por sí misma cuando el predicado está incluido en la razón del sujeto; por ejemplo, *el hombre es animal,* pues *animal* es de la razón del hombre. Por tanto, si lo que es el predicado y el sujeto fuera conocido por todos, esa proposición sería conocida en sí misma por todos, como lo son los primeros principios de la demostración, cuyos términos, ser y no ser, todo y parte, y otros parecidos, son tan comunes que nadie los ignora. Pero si lo que es el predicado y el sujeto no es conocido por algunos, la proposición será, sin duda, conocida de suyo en sí misma, pero no para aquellos que ignoran el predicado y el sujeto de la proposición. [...] Por consiguiente, esta proposición, *Dios existe,* es conocida de suyo en sí misma, porque el predicado se identifica con el sujeto, pues Dios es su mismo existir. [...] Pero como nosotros no conocemos lo que Dios es, no es evidente de suyo para nosotros: requiere ser demostrada por lo que conocemos más, aunque, según su naturaleza, sea menos conocido, a saber, por los efectos»[4].

De esta distinción no puede sino resultar, como ya sabemos, una suerte de apología del insensato, que también conviene conocer por las propias palabras de quien la ofreció. En efecto, frente a las conclusiones del capítulo segundo del *Proslogion,* Tomás de Aquino declara expresamente en su *Summa contra gentiles:* «Supuesto que todos entiendan por este nombre *Dios* algo mayor que lo cual no cabe pensar, no se sigue necesariamente que algo mayor que lo cual no cabe pensar existe en la realidad (*in rerum natura*). Pues es preciso que estén puestas del mismo modo la realidad y la razón del nombre. Ahora bien, de lo que la mente concibe cuando piensa este nombre *Dios,* no se sigue que Dios exista, a no ser en el entendimiento. Por tanto, no es necesario

---

4   Tomás de Aquino, *Summa theologiae,* 1, q. 2, a. 1.

que exista eso mayor que lo cual no se puede pensar, si no es en el entendimiento. De aquí no se sigue que exista en la realidad algo mayor que lo cual no quepa pensar. Y así no se presenta ningún inconveniente para los que sostienen que Dios no existe: pues no hay inconveniente en pensar algo mayor que algo dado en la realidad o en el entendimiento, excepto para el que concede que existe en la realidad algo mayor que lo cual no cabe pensar». Y a lo que Anselmo de Canterbury declara en el capítulo tercero de su opúsculo, el Aquinate opone lo siguiente en esa misma primera *Summa*: «Tampoco es admisible [...] que se podría pensar algo mayor que Dios si pudiera pensarse que no existe. Pues el que se pueda pensar que no existe no se debe a una imperfección de su ser o a una incertidumbre, ya que su ser es evidentísimo en sí mismo, sino que se debe a la debilidad de nuestro entendimiento, que no puede intuir a Dios en sí mismo, sino por sus efectos, y así, razonando, llega al conocimiento de su ser»[5].

Más cercanos en el tiempo a nosotros, Franz Brentano y Edith Stein han renovado esta misma objeción. «Quien se imagine» —afirma el filósofo alemán en sus lecciones sobre la existencia de Dios— «que la posesión de cualquiera de los conceptos adecuados y positivos atribuibles a Dios nos capacita inmediatamente para conocer *a priori* su posibilidad y, en virtud de esta, su existencia, juzgaría en una forma bastante precipitada. Pues para ello habría que disponer de una adecuada representación de Dios, completamente determinada y perfecta, una intuición de su ser, con la que ciertamente no contamos». Y añade todavía: «La proposición "Dios existe" es *en sí* y *por sí* tan evidente *per se* como la proposición "no existe ningún triángulo redondo", y el hecho de que no la conozcamos de ese modo no se debe a otra cosa sino a que no tenemos una representación suficiente de Dios»[6]. Esta es, pues, la «verdad latente» que Brentano —al igual que Tomás de Aquino— reconoce en el argumento propuesto por Anselmo: la existencia de Dios

---

5   Tomás de Aquino, *Summa contra gentiles,* 1, c. 11.
6   Franz Brentano, *Vom Dasein Gottes,* Hamburg, Felix Meiner,1929, 51, pp. 55 y 58.

es una verdad en sí y por sí inmediatamente evidente, pero, a pesar de ello, esa verdad requiere de una demostración para que el limitado entendimiento humano pueda captar su esplendor.

Por su parte, la filósofa de origen judío abunda muy agudamente en este mismo reparo en su magistral investigación *Ser finito y ser eterno*. Apoyándose en la distinción elaborada por Husserl, en la sexta de sus *Investigaciones Lógicas,* entre mención (*Meinung*) o intención (*Intention*) y cumplimiento (*Erfüllung*), escribe Edith Stein: «Cuando decimos: el ser de Dios es su esencia, a ello podemos atribuir muy bien un cierto sentido. Pero no logramos una "intuición cumplida" de aquello que mentamos. No podemos comprender una esencia que no es otra cosa que ser. Y si llegamos precisamente a ello es porque nuestro espíritu apunta más allá de todo lo finito —y es conducido por lo finito mismo a apuntar más allá— hacia algo que comprende en sí todo lo finito, sin agotarse en ello. Nada finito puede colmarlo, ni tampoco todo lo finito tomado en conjunto. Pero nuestro mismo espíritu no es capaz de comprender lo que podría colmarlo. Ello se sustrae a su intuición». Y de aquí se sigue este juicio sobre el argumento ontológico, que —como en el caso de los dos pensadores anteriores— pondera tanto la parte de verdad que contiene como la razón que, en último término, lo hace inválido: «Quien ha penetrado hasta el pensamiento del ser divino —del Ser Primero, del Eterno, del Infinito, del *Acto Puro*— no puede sustraerse a la necesidad del ser que se halla incluida en él. Pero cuando busca captar al ser divino como se suele captar algo cognoscitivamente (*erkenntnismäßig*), entonces este se aleja de él y no se le presenta ya como un fundamento suficiente para edificar una prueba»[7].

---

7   Edith Stein, *Endliches und ewiges Sein. Versuch eines Aufstiegs zum Sinn des Seins,* Freiburg, Herder, 1986, 3. unver. Aufl., III, § 12, pp. 106 y 107.

ROGELIO ROVIRA

Frente a la crítica expuesta, los que proponen el argumento on-tológico no pueden oponer más que una sola razón en favor de la legitimidad de su empresa, a saber: que el hombre posee en realidad un cierto conocimiento de la esencia de Dios, que es suficiente para hacerle evidente la existencia de este ser. Esta defensa requiere, ciertamente, algunas puntualizaciones, pero puede intentar ofrecer también, cuando menos, una contraprueba de su verdad.

Ante todo, es menester notar que los partidarios de la prueba ontológica coinciden con sus adversarios anteriores en la tesis de que al hombre le es imposible, por los límites de su capacidad intelectiva, obtener un conocimiento directo, exhaustivo y perfectamente adecua-do de la esencia de Dios. Ni Anselmo de Canterbury ni Buenaventura ni Descartes, a pesar de afirmar que tenemos una cierta noticia de la esencia de Dios, tendrían reparo alguno en admitir la sentencia de Agustín de Hipona ya citada en otro lugar: *De Deo loquimur, quid mirum si non comprehendis? Si enim comprehendis, non est Deus*[8]. La razón de ello estriba en que estos pensadores han hecho suya, de una manera u otra, la distinción, también agustiniana, entre ver (*videre*) y comprender todo viendo (*totum videndo comprehendere*), o sea: entre tener presente cognoscitivamente un objeto de algún modo y entender un objeto plenamente, sin que nada de él quede oculto al que conoce[9]. Confirmemos este punto en cada caso.

Anselmo señala expresamente en el capítulo XV de su *Proslogion* que, si bien Dios es aquello mayor que lo cual nada puede pensarse, Dios es, sin embargo, mayor que lo que se puede pensar: *Ergo domine, non solum es quo maius cogitari nequit, sed es quiddam maius quam cogitari possit*[10]. La esencia de Dios, aunque designada y conocida in-

---

8   Agustín de Hipona, *Sermo* 117, 3, 5.

9   Cf. Agustín de Hipona, *De videndo Deo liber, seu epistola* 147, 9, 21.

10   Anselmo de Canterbury, *Proslogion*, cap. XV, in: *S. Anselmi Cantuariensis Archiepiscopi Opera Omnia* (ed. Franciscus Salesius Schmitt), Edinburghi, Apud Thomam Nelson et

directamente mediante la locución *id quo nihil maius cogitari nequit,* no es expresada ni entendida directamente por esas palabras, ya que, como enseña el obispo de Canterbury en un lugar de su *Monologion:* «Muchas veces decimos cosas que no expresamos propiamente tal como son, sino que mediante otra cosa significamos aquello que propiamente o no queremos o no podemos pronunciar; como cuando hablamos por enigmas. Y muchas veces vemos algo no propiamente, del modo que la cosa misma es, sino mediante alguna semejanza o imagen; como cuando miramos el rostro de alguien en un espejo. Por tanto, de una y la misma cosa decimos y no decimos, vemos y no vemos. Decimos y vemos mediante otra cosa (*per aliud*), no decimos y no vemos mediante su propiedad (*per suam proprietatem*). Así, pues, según esta razón, nada impide tanto que sea verdad lo que se ha discutido hasta ahora sobre la naturaleza suprema, como que esta misma naturaleza siga siendo, sin embargo, inefable: con tal de que en modo alguno se considere expresada mediante la propiedad de su esencia (*per essentiae suae proprietatem expressa*), sino designada por otra cosa (*per aliud designata*)»[11]. Conocer, pues, que Dios es el ser mayor que el cual no cabe pensar otro no significa en modo alguno disponer de una representación perfectamente adecuada y completamente determinada del ser divino.

Buenaventura, por su parte, explica la posibilidad y el tipo de conocimiento que, como seres finitos, poseemos del ser infinito recurriendo a una doble distinción. Separa, por un lado, el conocimiento por aprehensión (*cognitio per apprehensionem*) del conocimiento por comprensión (*cognitio per comprehensionem*): el primero consiste en la manifestación al entendimiento de la verdad de la cosa conocida; el segundo, en la inclusión de toda la cosa conocida en el entendimiento[12]. Distingue también, por otro lado, lo infinito de cantidad o de mole

Filios, 1946, I, p. 112.

11   Anselmo de Canterbury, *Monologion,* cap. LXV, in: *ed. cit.,* I, p. 76.

12   Cf. Buenaventura, *Commentarii in quattuor libros Sententiarum Petri Lombardi,* I, d. 3, p. 1, a. un., q. 1 ad 1.

ROGELIO ROVIRA

(infinitum molis), que implica composición y multiplicidad, de lo infinito absoluto, que supone simplicidad y ubicuidad. Y afirma, en consecuencia: «Este infinito [el que tiene la infinidad con la simplicidad, como Dios], porque es simple, está todo en todas partes, y porque es infinito, no está en ninguna parte de tal modo que no esté fuera de ella. Así se ha de entender en el caso del conocimiento de Dios. Por esto, de que se conozca todo, no se sigue que se comprenda, porque el entendimiento no encierra su totalidad, al igual que la criatura no encierra su inmensidad»[13]. Conocer por aprehensión al ser infinito no quiere decir, por tanto, obtener una «intuición cumplida» de Dios, pues es verdad que no podemos comprender una esencia que no es otra cosa que ser.

Descartes, en fin, afirma lo siguiente de la esencia de Dios en tanto que representada por nosotros: «Es también la más clara y distinta, pues todo lo que clara y distintamente percibo que es real y verdadero y que tiene alguna perfección está íntegramente contenido en esa idea Y no importa que yo no comprenda lo infinito, o que haya en Dios otras innumerables cosas que no puedo comprender de ningún modo, y quizás ni siquiera vislumbrar con el pensamiento; pues es propio de lo infinito el que yo, que soy finito, no lo comprenda»[14].

En esta declaración se enuncian algunas tesis básicas del pensamiento de Descartes. Es notorio que la formulación cartesiana del argumento ontológico, por apoyarse en el criterio de la claridad y distinción de las ideas, requiere que la idea de Dios sea clara y distinta. Ahora bien: es preciso entender que el conocimiento de la claridad y la distinción propias de la idea divina no está en absoluto en contradicción con la naturaleza finita del entendimiento humano. En esta supuesta incompatibilidad se funda, en verdad, una de las objeciones propuestas por Gassendi, según la cual «quien dice *cosa infinita* atribuye a algo

---

13 Buenaventura, *op. cit.*, I, d. 3, p. 1, a. un., q. 1 ad 3.
14 René Descartes, *Meditationes de prima philosophia*, «Meditatio tertia», in: *Oeuvres de Descartes* (publiées par Charles Adam et Paul Tannery), Paris, J. Vrin, 1964-1972, VII, p. 46.

que no comprende un nombre que tampoco entiende, puesto que, como la cosa se extiende más allá de cuanto él puede abarcar, esa infinitud, o negación de límites, atribuida a dicha extensión, no puede ser entendida por alguien cuya inteligencia está siempre presa dentro de ciertos límites»[15].

A este propósito, Descartes se cuida muy bien de distinguir dos tipos de conocimiento: el saber (*savoir*), que es un entender atenido a los límites de nuestro espíritu o un tocar con el pensamiento; y el comprender (*comprendre*) o concebir (*concevoir*), que es un entender completo y perfecto, un abrazar con el pensamiento. He aquí como aplica el filósofo francés esta distinción al caso del conocimiento de los atributos divinos: «Se puede saber que Dios es infinito y todopoderoso, aunque nuestra alma, siendo finita, no lo puede comprender ni concebir; así como podemos tocar con las manos una montaña, pero no abrazarla, como haríamos con un árbol o con cualquier otra cosa que no exceda el tamaño de nuestros brazos: comprender es abrazar con el pensamiento; pero, para saber una cosa, basta con tocarla con el pensamiento»[16]. De esta forma, cabe decir que, a pesar de la debilidad de nuestro entendimiento, podemos *saber* que Dios es el ser perfectísimo y el ser necesario.

Se advierte, en definitiva, que lo que pretenden los defensores del argumento ontológico es que ese conocimiento indirecto, incompleto y deficiente que, como seres finitos, poseemos —según afirman— de la esencia de Dios, que esa intuición no cumplida de lo que Dios es, bastan por sí solos para conocer que Dios existe. Nuestra oscura noticia del ser supremamente perfecto y absolutamente necesario no nos permite, en efecto, captar íntegra y directamente la esencia de Dios, pero sí nos muestra una verdad irrefutable: que Dios existe; es más: que el ser divino

---

15   Pierre Gassendi, «Objectiones quintae», apud: René Descartes, *Meditationes de prima philosophia*, in: *ed. cit.*, VII, p. 286.

16   René Descartes, *Lettre au Père Mersenne*, 27 mai 1630, in: *ed. cit.*, I, p. 152. Cf. *Meditationes de prima philosophia*, «Quintae responsiones», in: *ed. cit.*, VII, pp. 364-365.

no puede no existir. En este sentido, el ensayo en que consiste la prueba ontológica parece querer sacar verdaderas estas palabras de Hugo de San Víctor, muchas veces citadas por Buenaventura: «Pues Dios moderó desde el comienzo la noticia que de él tiene el hombre de tal modo, que así como nunca pudiera comprender todo lo que es, así también nunca pudiese ignorar del todo que existe (*Deus enim sic ab initio notitiam sui ab homine temperavit, ut sicut nunquam quid esset totum poterat comprehendi, sic quia esset nunquam prorsus posset ignorari*)»[17].

Pero, ¿poseemos realmente ese conocimiento, aunque colateral, imperfecto y limitado, de la esencia divina?

Los partidarios del argumento ontológico pueden acaso responder a esta pregunta con una contraprueba: la condición de posibilidad de afirmar que la verdad de la proposición «Dios existe» es evidente en sí absolutamente, pero no para nosotros, es poseer un conocimiento, colateral, imperfecto y limitado, de la esencia de Dios, que consiste en existir.

En efecto, según esta contraobjeción, si no tuviéramos noticia alguna de la esencia divina, lo que en rigor habría que declarar es que la verdad de la proposición «Dios existe» no es en absoluto evidente. Ahora bien, si poseemos ese conocimiento de la esencia de Dios, que nos resulta imprescindible para afirmar que la existencia de este ser es evidente en sí, entonces hay que admitir que ese mismo conocimiento basta para conocer inmediatamente la existencia de este ser, o sea, para declarar que la verdad de la proposición «Dios existe» es evidente también para nosotros. La distinción, de raíz aristotélica, entre «lo evidente en sí mismo» y «lo evidente en sí y no para nosotros» no parece que pueda aplicarse correctamente al caso de la verdad de la proposición que afirma la existencia de Dios: sin un conocimiento, por indirecto y deficiente que se suponga, de la esencia de Dios, no cabe proponer en modo alguno la objeción contra el argumento ontológico que se basa

---

17   Hugo de San Víctor, *De sacramentis christianae fidei*, I, 3, 1, in: *Patrologia Latina* (acc. J.-P. Migne), 176, p. 217.

en dicha distinción; con ese conocimiento, sin embargo, el reparo en cuestión resulta insostenible[18].

§ 3. El problema del origen del conocimiento de la esencias

Como se ve, la referida discusión sobre el argumento ontológico gira, en el fondo, en torno a la cuestión de si la calidad de nuestra noticia de Dios es o no es fundamento suficiente para establecer una prueba de la existencia del ser supremo. En efecto, aun cuando las dos partes en litigio admiten que al hombre le es imposible un conocimiento directo, adecuado y exhaustivo del ser divino, los que defienden la prueba ontológica sostienen que nuestro conocimiento indirecto, deficiente e incompleto de la esencia de Dios basta para conocer la existencia de este

---

18 En su *Ordinatio* (1, dist.2, pars 1, q. 2), Duns Escoto argumenta que la ignorancia de la verdad de una proposición evidente de suyo no es razón suficiente para distinguir una *propositio per se nota in se* de una *propositio per se nota in nobis*, porque la diferencia entre ambas proposiciones solo radica en la comprensión, por parte de algún entendimiento, de los términos de que consta la proposición, lo que en nada afecta a la evidencia misma de la verdad enunciada, que ni es evidente por ser conocida ni deja de serlo por ser ignorada: «Ex hic patet quod nulla est distinctio de per se nota in se et in nobis, quia quaecumque est in se et per se nota cuicumque intellectui est per se nota, licet non actu cognita; tamen quantum est ex terminis est evidenter nota si termini concipiantur». Vid. el estudio de Peter C. Vier, *Evidence and Its Function According to John Duns Scotus*, St. Bonaventure-New York, The Franciscan Institute, 1951, esp. p. 89. — En este punto conviene señalar, siquiera sea someramente, que, en las *Disputationes metaphysicae*, XXIX, III, 33-34, Francisco Suárez indica las razones de su acuerdo con la tesis tomista de que la existencia de Dios es evidente en sí, pero no para nosotros, y cita tanto a los escolásticos que siguen al Aquinate en este punto como a los autores que no admiten que sea evidente en sí una proposición que no lo sea para nosotros. — También en la escolástica del barroco la discusión del argumento anselmiano se halla condicionada por la doctrina tomista de las proposiciones *per se notae quoad se* y *per se notae quoad nos*, como se muestra en el estudio de Ramón Ceñal, «El argumento ontológico de la existencia de Dios en la Escolástica de los siglos XVII y XVIII», in: *Homenaje a Xavier Zubiri*, Madrid, Editorial Moneda y Crédito, 1970, I, pp. 245-325.

ser, mientras que los críticos del argumento no conceden a ese pobre conocimiento un alcance tan extraordinario.

No podrá dejar de advertirse que esta cuestión particular remite necesariamente a un problema más general, y también más básico, de la metafísica: el problema del origen del conocimiento de las esencias. Se trata en él de saber si ciertos conocimientos que parecen dotados de determinados rasgos lógicos se han obtenido de la experiencia sensible o se han logrado, más bien, con independencia de ella. La calidad lógica de ciertos conocimientos se toma, pues, como resultado y, por tanto, como signo revelador del origen de dichos conocimientos.

Consideremos en concreto este problema examinando brevemente un único caso, que, por muchas razones, es ejemplar y que resulta, además, en extremo pertinente al propósito que nos ocupa. ¿Cuál es el origen de la noción del ser mayor que el cual no cabe pensar otro o, si se quiere, de la idea de lo infinito que pensamos como característica necesaria del ser divino? Expongamos en sus rasgos esenciales las dos respuestas básicas contrapuestas que, en principio y sin mayores puntualizaciones, cabe proponer.

La primera respuesta sostiene, respecto de los rasgos lógicos de la idea de lo infinito con que concebimos a Dios, que tal idea es de suyo negativa: lo infinito es, simplemente, lo que no tiene límites, lo carente de fin. Esta es, en verdad, la tesis de Tomás de Aquino, que enseña lo siguiente en la primera de sus *Quaestiones disputatae de potentia*:«El infinito se dice de dos modos. *De un modo,* privativamente; y así se dice infinito lo que es apto de tener fin y no lo tiene: pues tal infinito no se encuentra sino en las cantidades. *De otro modo,* el infinito se dice negativamente, esto es, lo que no tiene fin. Admitido el infinito del primer modo, a Dios no puede convenirle, no sólo porque Dios está fuera de la cantidad, sino también porque toda privación designa imperfección, lo que está muy lejos de Dios. En cambio, el infinito dicho negativamente conviene a Dios cuanto a todo lo que está en él»[19].

---

19   Tomás de Aquino, *Quaestiones disputatae de potentia*, q. 1, a. 2.

En consecuencia, como la negación de algo sólo puede entenderse desde el conocimiento de ese algo, esta primera respuesta defiende, a propósito del origen de la idea de lo infinito que corresponde a Dios, que esta idea procede en última instancia de la experiencia sensible: a partir del conocimiento de lo finito y lo limitado nos formamos, por negación y por abstracción, la noción de lo infinito. Por tanto, el conocimiento del ser mayor que el cual no cabe pensar otro, o sea, en esta interpretación, del ser cuya esencia no está limitada por nada, no supera el género de conocimiento que parte de las cosas sensibles[20].

Por el contrario, la segunda respuesta posible mantiene, respecto de la calidad lógica de la idea de lo infinito que atribuimos a Dios, que esta idea representa algo puramente positivo: lo infinito es lo amplísimo, lo realísimo, lo simplicísimo. Esta es la tesis, por ejemplo, de Buenaventura y de Descartes. El Doctor Seráfico establece, en efecto, una serie de distinciones, que conviene considerar brevemente. Separa, por una parte, como también hizo Tomás de Aquino, el infinito privativo, que corresponde a lo que es apto para tener fin pero no lo tiene actualmente, del infinito negativo, que es el que excluye todo fin. En el infinito negativo distingue todavía dos especies, a tenor del doble sentido que tiene la palabra «fin»: el infinito que excluye el fin como complemento y el infinito que excluye el fin como término. Este último puede ser, a su vez, infinito según la cantidad material, la cual se llama cantidad de mole, e infinito según la cantidad espiritual, la cual recibe el nombre de cantidad de virtud: el primero de estos infinitos, por ser complejo, implica imperfección; el segundo, en cambio, por ser simple, supone perfección, y aun perfección suma. Y es precisamente en el sentido de negación de término en la cantidad de virtud en el que se dice que Dios es infinito, como declara Buenaventura: «El ser divino es infinito, porque es sumamente simple y simplemente sumo»[21]. Descartes, por su lado, afirma tajantemente: «Es preciso observar que yo no me sirvo

---

20   Cf. Tomás de Aquino, *Summa contra gentiles*, 3, c. 47.
21   Buenaventura, *Quaestiones disputatae de Mysterio Trinitatis*, q. 4, a. 1, concl. et resp.

jamás de la palabra *infinito* para significar solamente el no tener fin, lo que es negativo y a lo que he aplicado la palabra *indefinido*, sino para significar una cosa real que es incomparablemente más grande que todas las que tienen algún fin»[22].

En consecuencia, como lo finito, por contener la idea de límite, sólo puede entenderse en el trasfondo de lo infinito, de lo que está más allá de todo límite, esta segunda respuesta sostiene, a propósito del origen de la idea de lo infinito con que pensamos a Dios, que esta idea se logra con independencia de la experiencia sensible: no cabe reconocer lo finito como finito sin un conocimiento de lo infinito, como no cabe reconocer lo curvo como curvo sin una idea de lo recto. El conocimiento de lo finito no puede, pues, preceder al de lo infinito: ambos se obtienen en una co-intuición, si cabe expresarlo así, aun cuando la experiencia sensible de lo finito sea ocasión de esos conocimientos mutuamente implicados[23]. Por tanto, el conocimiento del ser mayor que el cual no cabe pensar otro, o sea, en esta versión, del ser mayor que todo otro ser que tenga fin, pertenece a un género de conocimiento diverso del que se origina de las naturalezas sensibles: el entendimiento humano tiene una cierta noticia impresa o innata del ser divino[24].

A la vista de estas breves consideraciones, es manifiesto que sólo la discusión tanto de las razones que avalan las tesis que conforman las dos respuestas enunciadas, como de la diversa teoría general sobre el origen del conocimiento de las esencias en que cada una de esas soluciones se apoya, podrá resolver el anterior punto debatido en el argumento ontológico. Se entiende ahora, en efecto, que una teoría del origen del

---

22   René Descartes, *Lettre à Clerselier,* 23 avril 1649, in: *ed. cit.,* V, p. 356. Cf. *Responsio ad Hyperaspistem,* août 1641, 13, in: *ed. cit.,* III, pp. 426-427.

23   Cf. Buenaventura, *Collationes in Hexaëmeron,* coll. 5, nn. 29-30; *Itinerarium mentis in Deum,* c. 3, n. 3; René Descartes, *Meditationes de prima philosophia,* «Meditatio tertia», in: *ed. cit.,* VII, pp. 45-46.

24   Cf. Buenaventura, *Commentarii in quattuor libros Sententiarum Petri Lombardi,* I, d. 3, p. 1, a. un., q. 1 ad 5; René Descartes, *Meditationes de prima philosophia,* «Meditatio tertia», in: *ed. cit.,* VII, p. 51.

conocimiento de las esencias que, como la de Tomás de Aquino, admite como principio básico la tesis aristotélica: *Nihil est in intellectu quod non prius fuerit in sensu,* niegue validez demostrativa a la prueba ontológica: una noticia de Dios meramente negativa y abstracta, un puro concepto, no puede mostrar inmediatamente la evidencia de la verdad enunciada por la proposición «Dios existe». En esa última razón, en efecto, se funda a este respecto el rechazo de dicho argumento por parte de Franz Brentano y de Edith Stein. Es sabido que el pensador alemán se declaró, ya desde el comienzo de su actividad filosófica, miembro de la escuela empírica[25]. Por su lado, la discípula de Husserl consideró expresamente compatibles la tesis tomista de que todo conocimiento comienza con los sentidos con el modo en que el autor de las *Investigaciones lógicas* concibe la intuición de las esencias[26].

En cambio, una teoría del conocimiento de las esencias que acepte algún tipo de conocimiento independiente de la experiencia sensible, adquirido *sine adminiculo sensuum exteriorum,* por utilizar una expresión bonaventuriana[27] —sea que lo fundamente con la tesis de la iluminación (como acaso hace Anselmo y sin duda Buenaventura), o mediante una doctrina innatista (como es el caso de Descartes), o en virtud de una intuición intelectual de las esencias, o de cualquier otro modo posible—, podrá acaso defender la pretensión del argumento ontológico: el conocimiento humano de Dios, por indirecto e imperfecto que sea, tiene quizás suficiente contenido eidético como para revelar

---

25   Cf. Franz Brentano, *Habilitationsthese n. 4,* in: F.B., *Über die Zukunft der Philosophie,* Hamburg, Felix Meiner, 1929, pp. 136-137.

26   Cf. Edith Stein, «Husserls Phänomenologie und die Philosophie des hl. Thomas v. Aquino. Versuch einer Gegenüberstellung», in: *Festschrift Edmund Husserl zum 70. Geburstag gewidmet,* Halle a. d. Saale, Max Niemeyer, 1929, p. 330. [Hay traducción española debida a Melchor Sánchez de Toca Alameda: «La fenomenología de Husserl y la filosofía de santo Tomás de Aquino», *Diálogo filosófico* 17 (1990), pp. 148-169].

27   Buenaventura, *Commentarii in quattuor libros Sententiarum Petri Lombardi,* II, d. 39, a. 1, q. 2, concl.

desde su sola consideración la evidencia inmediata de la verdad que afirma la existencia de Dios.

En definitiva, puede afirmarse que responder a la pregunta: ¿es la existencia de Dios una verdad de evidencia inmediata?, lleva ineluctablemente a contestar a esta otra: ¿cuál es el origen de nuestro conocimiento de la esencia de Dios y, en general, de nuestro conocimiento de las esencias? No parece posible, en efecto, aceptar ni rechazar el argumento ontológico sin debatir, en el fondo, el problema metafísico capital de si todo nuestro conocimiento proviene o no de la experiencia sensible.

CAPÍTULO X

SEGUNDO GRUPO DE OBJECIONES
CONTRA EL ARGUMENTO
ONTOLÓGICO: OBJECIÓN FUNDADA
EN EL CARÁCTER NO PREDICABLE
DE LA EXISTENCIA

§ 1. La tesis del carácter no predicable de la existencia

La negación del carácter evidente de suyo de la verdad de la proposición «Dios existe» puede fundarse también, según se ha señalado al clasificar las objeciones posibles contra el argumento ontológico, en el carácter del predicado de esta proposición. Este reproche, en efecto, se apoya en la célebre tesis sobre la existencia, propuesta primero por Hume y desarrollada luego por Kant, y aun por otros filósofos contemporáneos, según la cual la existencia no es un predicado real, esto es, una determinación de la cosa misma. Pero, bien mirado, de esta tesis general pueden inferirse, en principio, dos objeciones fundamentales diferentes, aunque mutuamente enlazadas, contra el argumento ontológico. A pesar de que sus autores no suelen distinguirlas explícitamente, conviene acaso separarlas y examinarlas en capítulos distintos.

La primera objeción contra la prueba ontológica basada en la peculiaridad de la existencia puede exponerse brevemente como sigue. No hay duda de que, al predicar de una cosa la existencia, no decimos

ROGELIO ROVIRA

nada sobre la esencia de esa cosa: afirmar que un objeto existe, no nos informa en absoluto ni sobre qué objeto es ese ni sobre cómo es ese objeto. Y, a mayor abundamiento, cuando declaramos que algo existe, no predicamos de ese algo ni una relación espacial, ni temporal, ni causal, ni siquiera intencional. De aquí se sigue, pues, que la existencia no es un predicado real, esto es, una determinación de la cosa misma. Ahora bien, la existencia, por no ser un predicado real, no puede añadir nada al concepto o a la esencia de un ser. Por tanto, no puede haber contradicción alguna en negar que al concepto o a la esencia de Dios le pertenezca la existencia. Dicho de otra manera, la verdad de la proposición «Dios existe» no es evidente de suyo, porque su negación no implica contradicción.

Este es, ciertamente, el primer reproche que se deduce de la concepción negativa de la existencia que se formaron Hume y Kant. Para el filósofo escocés, en efecto, la idea de existencia no difiere en absoluto de la idea de un objeto: «La idea de existencia es, pues,» —escribe en el libro I de su *Tratado sobre la naturaleza humana*— «exactamente la misma idea que lo que concebimos como existente. Reflexionar sobre una cosa simplemente y reflexionar sobre ella como existente no difieren nada entre sí. Esa idea, cuando se une a la idea de cualquier objeto, no le añade nada a ella»[1]. «Es evidente» —se lee unas páginas más adelante— «que la idea de existencia no es en nada diferente de la idea de un objeto, y que cuando después de la simple concepción de algo queremos concebirlo como existente, en realidad no añadimos nada a nuestra primera idea ni la alteramos»[2].

Esto es justamente lo que ocurre en el caso de la existencia de Dios: «Cuando afirmamos que Dios existe» —declara también Hume— «nos formamos simplemente la idea de un ser tal como nos es repre-

---

1   David Hume, *A Treatise of Human Nature*, Book I, Part II, Section VI, in: *The Philosophical Works of David Hume* (ed. T.H. Green and T.H. Grose), Aalen, Scientia Verlag, 1964 (Reprint of the new edition London 1886), I, p. 370.

2   *Op. cit.*, Book I, Part III, Section VII, in: *ed. cit.*, p. 394.

sentado, y la existencia que le atribuimos no es concebida por una idea particular que unamos a la idea de sus otras cualidades y que pueda nuevamente ser separada y distinguida de ellas». Y todavía: «Cuando yo pienso en Dios, cuando yo lo pienso como existente y cuando creo que existe, mi idea de él ni aumenta ni disminuye»[3]. Si esto es así, si pensar a Dios como existente no añade ni quita nada a lo que Dios es, entonces pensarlo como no existente tampoco puede poner o sustraer ninguna determinación real de Dios. Por consiguiente, la negación de la existencia de Dios no puede implicar contradicción. Así lo confirma este filósofo en sus *Diálogos sobre la religión natural:* «Nada que sea concebible implica una contradicción. Todo lo que concebimos como existente podemos también concebirlo como no existente. No hay ningún ser, por lo tanto, cuya no existencia implique una contradicción»[4].

Como ha señalado Brentano, esta concepción humeana de la existencia constituye el más claro precedente de la tesis de Kant sobre el ser y, por tanto, de una de sus más conocidas objeciones contra el argumento ontológico: en este sentido, sin Hume no hay Kant (*Ohne Hume kein Kant*)[5].

Es, en efecto, conocidísima la declaración que el filósofo de Königsberg realiza en su *Crítica de la razón pura:* «Evidentemente, "ser" no es un predicado real, es decir, el concepto de algo que pueda añadirse al concepto de una cosa»[6]. Ya en su obra precrítica *El único fundamento posible de una demostración de la existencia de Dios* mantuvo Kant esta

---

3   *Op. cit.*, Book I, Part III, Section VII, in: *ed. cit.*, pp. 394-395.

4   David Hume, *Dialogues Concerning Natural Religion,* Part IX, in: *ed. cit.,* II, p. 432. Cf. David Hume, *An Enquiry Concerning Human Understanding*, Section XII, Part III, in: *ed. cit.*, II, pp. 134-135.

5   Franz Brentano, *Vom Dasein Gottes,* Hamburg, Felix Meiner, 1929, 25, p. 30.— El influjo de Hume sobre la crítica de Kant a la teología racional fue ya señalado por Schopenhauer en su «Crítica de la filosofía kantiana». Vid. Arthur Schopenhauer, *Die Welt als Wille und Vorstellung. Vier Bücher nebst einem Anhang, der die Kritik der kantischen Philosophie enthält,* in: A. S., *Sämtliche Werke* (hrsg. von Arthur Hübscher), Wiesbaden, Brockhaus, 1950 ss, I, pp. 605-606.

6   Immanuel Kant, *Kritik der reinen Vernunft,* A 598/B 626.

misma posición, que ilustró de un modo particularmente claro: «Tomad un sujeto, el que queráis, por ejemplo Julio César. Juntad en él todos sus posibles atributos, sin omitir siquiera las circunstancias de tiempo y lugar y pronto os daréis cuenta de que, con todas estas determinaciones, este sujeto puede existir o también no existir. El ser que dio la existencia a este mundo y a este ilustre varón en él podía conocer todos esos atributos sin exclusión de uno solo y, sin embargo, considerarlo como una cosa meramente posible que, a falta de su decreto, no existe»[7].

Esta tesis general tiene una fácil aplicación al caso de la proposición «Dios existe», que no ha dejado de hacer el propio Kant en su obra principal: «Si tomo el sujeto ("Dios") con todos sus predicados [...] y digo "Dios es", o "Hay un Dios", no añado un nuevo predicado al concepto de Dios»[8].

En consecuencia, no puede haber contradicción ninguna en decir que Dios no existe, porque esa negación no implica sustraer un predicado necesario de Dios, sino quitar a Dios mismo. Así lo afirma expresamente el filósofo: «Si en un juicio idéntico suprimo el predicado y conservo el sujeto, surge una contradicción, y por ello digo que el primero corresponde al segundo de modo necesario. Pero si suprimo el sujeto junto con el predicado, no surge contradicción alguna; pues *ya no hay nada* susceptible de contradicción. Es contradictorio poner un triángulo y suprimir sus tres ángulos; pero no es ninguna contradicción suprimir el triángulo junto con sus tres ángulos. Exactamente lo mismo ocurre con el concepto de un ser absolutamente necesario. Si suprimís su existencia, suprimís la cosa misma con todos sus predicados; ¿de dónde ha de venir entonces la contradicción? Externamente no hay nada a lo que contradecir, pues la cosa no tiene que ser necesaria externamente;

---

7   Immanuel Kant, *Der einzig mögliche Beweisgrund zu einer Demonstration des Daseins Gottes,* 1. Abt., 1. Betrach., 1, in: *Kant's gesammelte Schriften* (hrsg. von der Preussischen, bzw. von der Deutschen Akademie der Wissenschaften zu Berlin), Berlin, Walter de Gruyter, 1902 ss., II, p. 72.

8   Immanuel Kant, *Kritik der reinen Vernunft,* A 598/B 626.

tampoco hay nada internamente, pues, con la supresión de la cosa misma, habéis suprimido a la vez todo lo interno»[9].

Algunos cultivadores de la filosofía analítica del lenguaje han renovado hoy en día esta misma objeción contra el argumento ontológico sobre la base de la concepción de la existencia que se formaron, sobre todo, Gottlob Frege y Bertrand Russell. He aquí, expuesto en sus rasgos esenciales, el fundamento desde el que, de modo diverso, se ensaya la recuperación actual de este célebre reproche contra la prueba ontológica.

Como se sabe, Frege, en virtud de su teoría de la función, establece, ante todo, una tajante diferencia entre *concepto* y *objeto*. A la luz de la noción matemática de «función», este filósofo considera que el rasgo esencial de una función es su no saturación (*Ungesättigtheit*) o necesidad de complemento (*Ergänzungsbedürftigkeit*): la expresión de una función muestra, por su índole propia, un lugar vacío, que tiene que llenar un argumento[10]. Un tipo particular de función es, según Frege, el concepto, que describe de este modo: «Un concepto es una función cuyo valor es siempre un valor de verdad». A la función, y, por tanto, al concepto, se opone el objeto: «Objeto es todo lo que no es función, cuya expresión, por tanto, no lleva consigo un lugar vacío»[11]. El concepto es, pues, significación de un predicado, mientras que el objeto tiene como referente a un nombre[12].

También distingue Frege, por otra parte, entre las características o notas (*Merkmale*) y las propiedades (*Eigenschaften*) de un concepto. Las características que componen un concepto son las propiedades del objeto que cae bajo el concepto, y las propiedades del concepto, por su lado, no son ni las características de tal concepto ni, en consecuencia, las propiedades del objeto que cae bajo el concepto en cuestión: «rectángulo», por ejemplo, no es una propiedad del concepto «triángulo

9   *Op. cit.,* A 594/B 622.
10 Cf. Gottlob Frege, *Funktion und Begriff,* in: G.F., *Kleinere Schriften* (hrsg. von I. Angelelli), Hildesheim, Georg Olms, 1967, p. 128.
11 *Op. cit.,* in: *ed. cit.,* pp. 133 y 134.
12 Cf. Gottlob Frege, *Über Begriff und Gegenstand,* in: *ed. cit.,* p. 168.

rectángulo», sino la característica de dicho concepto, o sea, la propiedad de un triángulo rectángulo; en cambio, el enunciado de que no hay ningún triángulo rectángulo, rectilíneo y equilátero afirma una propiedad del concepto «triángulo rectángulo, rectilíneo y equilátero», pero no una característica de semejante concepto ni, por tanto, una propiedad del triángulo de esa índole[13].

A tenor de estos breves recuerdos, se entiende fácilmente la tesis de Frege sobre la existencia. La existencia no es una propiedad de los objetos y, por tanto, no puede ser tampoco una de las notas o características que componen el concepto de un objeto. La existencia no es sino una propiedad de un concepto o, si se quiere, un predicado de segundo nivel (*zweiter Stufe*): un concepto al que se subordina otro concepto bajo el cual cae algún objeto[14]. Afirmar que algo existe equivale, pues, a declarar que el concepto de dicho algo tiene casos. «La existencia» —escribe Frege— «expresada por "existe" ("*es gibt*") no puede ser una característica del concepto del que es una propiedad, precisamente porque es una propiedad suya. En el enunciado "Existen hombres" ("*Es gibt Menschen*") parece que se habla de los individuos que caen bajo el concepto "hombre", cuando, en realidad, sólo se habla del concepto "hombre". El contenido de la palabra "existir" ("*existieren*") no se puede tomar como la característica de un concepto, porque "existir", tal como se utiliza en el enunciado "Existen hombres" ("*Menschen existieren*"), no tiene contenido»[15]. De ahí que, como el contenido de un enunciado existencial no se halla en la palabra «existencia», este contenido sólo puede encontrarse, al decir de Frege, en la forma del juicio particular: «Todo juicio particular es un juicio existencial que puede verterse con la forma "hay" ("*es gibt*"). Por ejemplo: "Algunos cuerpos son ligeros"

13 Cf. Gottlob Frege, *Die Grundlagen der Arithmetik. Eine logisch-mathematische Untersuchung über den Begriff der Zahl,* Hildesheim, Georg Olms, 1961, (Nachdruck der Ausgabe Breslau 1934), § 53, p. 64.
14 Cf. Gottlob Frege, *Über Begriff und Gegenstand,* in: *ed. cit.,* p. 174.
15 Gottlob Frege, *Dialog mit Pünjer über Existenz,* in: G.F., *Nachgelassene Schriften* (hrsg. von H. Hermes, F. Kambartel y F. Kaulbach), Hamburg, Felix Meiner, 1969, p. 74.

es lo mismo que "Hay cuerpos ligeros". "Algunos pájaros no pueden
volar" es lo mismo que "Hay pájaros que no pueden volar", etc.»[16].
Una posición muy semejante a esta es la que defiende Russell en
La filosofía del atomismo lógico sobre la base de su doctrina de las fun-
ciones proposicionales (*propositional functions*). Según el pensador británico, es preciso distinguir una función proposicional de una proposición:
«Una *función proposicional* es simplemente *una expresión que contiene*
un componente indeterminado, o varios componentes indeterminados,
y que se convierte en una proposición tan pronto como se determinan
los componentes indeterminados»[17]. Una proposición, enseña Russell,
sólo puede ser verdadera o falsa, pero una función proposiocional puede ser o necesaria, cuando es siempre verdadera, o posible, cuando es
verdadera a veces, o imposible, cuando nunca es verdadera. Desde esta
perspectiva, la existencia no es más que la propiedad de una función
proposicional de ser verdadera al menos en un caso. «Cuando toman
ustedes» —escribe Russell— «una función proposicional y afirman de
ella que es posible, que es verdadera a veces, esto les proporciona el
significado fundamental de "existencia". Pueden expresarlo diciendo
que hay al menos un valor de *x* para el que esa función proposicional
es verdadera. Tomemos "*x* es un hombre": hay al menos un valor de
x para el que esto es verdadero. Esto es lo que se significa cuando se
dice que "Hay hombres", o que "Los hombres existen". La existencia
es esencialmente una propiedad de una función proposicional. Significa
que dicha función proposicional es verdadera al menos en un caso. Si
dicen ustedes: "Hay unicornios", esto querrá decir que "Hay un *x* tal,
que *x* es un unicornio"»[18].

No dejará de advertirse el parentesco esencial de esta interpretación de la existencia propuesta por Frege y Russell con las concepciones

---

16 *Op. cit.,* in: *ed. cit.,* p. 70.
17 Bertrand Russell, *The Philosophy of Logical Atomism,* V, in: B.R., *Logic and Knowledge.*
    Essays 1901-1950 (ed. by R.Ch. Marsh), London, Georg Allen and Unwin, 1956, p. 230.
18 *Op. cit.,* V, in: *ed. cit.,* p. 232.

de Hume y de Kant antes expuestas. De hecho, en la obra precrítica de Kant citada más arriba se encuentran afirmaciones muy próximas a las de estos dos filósofos contemporáneos. Así, por ejemplo, Kant declara explícitamente que «la existencia [...] no es tanto un predicado de la cosa misma cuanto, más bien, del pensamiento que se tiene de ella». Y aun corrige de este modo la forma habitual en que se enuncian los juicios existenciales: «No es una expresión totalmente correcta» —escribe— «decir: un unicornio marino es un animal existente, sino al revés: a un cierto animal marino existente le corresponden los predicados que pienso conjuntamente en un unicornio. No hay que decir: en la naturaleza existen hexágonos regulares, sino: a ciertas cosas de la naturaleza, como las celdillas de las abejas o el cristal de roca, le corresponden los predicados que se piensan juntos en un hexágono»[19].

Sin embargo, además de la originalidad propia de la tesis sobre la existencia de Frege y Russell, es preciso reconocer también, como ya se ha apuntado, que esta concepción ha servido de punto de partida de la discusión del argumento ontológico en el seno de la filosofía analítica de nuestros días. Es fácil, en verdad, inferir la objeción fundamental contra la prueba ontológica que se deriva de esta interpretación de la existencia, y su consideración ahorrará otros comentarios.

La afirmación de que la verdad de la proposición «Dios existe» es evidente de suyo —dice esta nueva formulación de la objeción considerada— sólo puede apoyarse en dos supuestos, si se atiende al predicado de esa proposición: o bien en que la existencia es una propiedad de una cosa, en este caso, de la esencia de Dios; o bien en que la existencia es una nota o característica del concepto de una cosa, es decir, del concepto de «Dios». Sólo así, en efecto, cabría inferir inmediatamente desde el conocimiento de la esencia divina o desde el concepto de «Dios» la existencia del ser supremo. Ahora bien, a tenor de la tesis de Frege y Russell recordada, ambos supuestos son falsos. Luego la verdad de la

---

19 Immanuel Kant, *Der einzig mögliche Beweisgrund zu einer Demonstration des Daseins Gottes,* 1. Abt., 1. Betrach., 1, in: *ed. cit.,* II, pp. 72-73.

proposición «Dios existe» no es inmediatamente evidente: su negación, pues, no puede implicar contradicción ninguna. «Porque la existencia es una propiedad del concepto,» —declara tajantemente Frege— «la prueba ontológica de la existencia de Dios no alcanza su objetivo»[20]. No otro es el juicio de Russell sobre el argumento ontológico: «Creo que puede decirse de un modo enteramente decisivo que, como resultado del análisis del concepto de "existencia", la lógica moderna ha probado que este argumento es inválido»[21].

§ 2. La afirmación según la cual la existencia es el predicado ontológico fundamental

No puede negarse que la anterior objeción contra el argumento ontológico se basa en una dificultad real: la dificultad de entender con propiedad qué sea la existencia y qué se predica de un ser al decir que existe. Es verdad, como afirman los críticos de la prueba ontológica, que la predicación de la existencia no determina ni el qué ni el cómo de un objeto. Sin embargo, los defensores del argumento ontológico pueden oponer algunas razones generales en contra de la tesis de que la existencia —aunque no es un predicado quiditativo— no predica *nada* de una cosa, es decir, de que no es en absoluto un predicado real de la cosa. Y aun pueden añadir todavía una razón particular que habría de justificar la validez de su intento de mostrar que la verdad de la proposición «Dios existe» es de evidencia inmediata.

---

20 Gottlob Frege, *Die Grundlagen der Arithmetik. Eine logisch-mathematische Untersuchung über den Begriff der Zahl*, ed. cit., § 53, p. 65. Cf. Gottlob Frege, *Über den Begriff der Zahl: 2. Eine kritische Auseinandersetzung mit Kerry*, in: G.F., *Nachgelassene Schriften, ed. cit.*, p. 111.

21 Bertrand Russell, *A History of Western Philosophy and its Connection with Political and Social Circumstances from the Earliest Times to the Present Day,* London, Georg Allen and Unwin, 1946, Book 3, Part 2, chap. XXVII, p. 814. Cf. también *op. cit.,* Book 3, Part 1, chap. XI, p. 609.

Ante todo, cabe decir, en efecto, que de la dificultad de encontrar lo que se predica de algo al atribuirle la existencia no se sigue lógicamente, en modo alguno, que con la existencia no se «añade» nada a la cosa, esto es, que la existencia no es en este sentido un predicado real, una determinación de la cosa, por muy peculiar que sea ese predicado o esa determinación.

Es más, la afirmación de que la existencia no es un predicado real resulta patentemente falsa por las razones siguientes.

En primer lugar, si la existencia no «añadiera» nada a la cosa de que se predica, habría que declarar que las proposiciones existenciales afirmativas no tienen significación alguna, lo cual es un manifiesto error. El filósofo contemporáneo Josef Seifert ha explicado este asunto del modo siguiente:

«Supongamos, por ejemplo, que oímos una conversación en la que se describe y se trata con gran detalle la personalidad de un hombre. Dado que no estamos seguros de si se habla de un personaje de una obra literaria o de una persona existente, es plenamente significativa la pregunta: "¿El hombre de quien habláis es una persona realmente existente o sólo un personaje ficticio de una obra literaria?".

»Esta pregunta se plantea a menudo y es manifiestamente significativa; sin embargo, el mismo hecho de que sea significativa implica que las proposiciones sobre la existencia son también significativas. Implica que la existencia es un predicado, en el que "se dice" algo cuando se atribuye a una cosa el predicado de la existencia real, como cuando se dice, por ejemplo: "Tu primera insinuación era acertada. La persona de la que hablamos es una persona realmente existente". Esta pregunta y esta respuesta sólo pueden tener significación porque la existencia es verdaderamente un predicado»[22].

---

22 Josef Seifert, «Essence and Existence. A New Foundation of Classical Metaphysics on the Basis of "Phenomenological Realism", and a Critical Investigation of "Existentialist Thomism", *Aletheia. An International Journal of Philosophy* I, 1 (1977), chap. 2, 2, c, p. 119.

Lo mismo puede decirse de las proposiciones existenciales nega-

tivas: si la no existencia no «quitara» nada a la cosa de que se predica, las proposiciones existenciales negativas no podrían tener sentido alguno. Como señala el propio Seifert a continuación del texto citado, el filósofo Georg Edward Moore ha ilustrado elocuentemente este asunto. He aquí, en efecto, el pasaje de su célebre escrito «¿Es la existencia un predicado?» en el que el pensador británico explica convenientemente el significado de los enunciados existenciales negativos:

«El significado que tiene a veces una expresión como "algunos tigres domesticados no existen" es el que posee cuando se usa para significar lo mismo que "algunos tigres domesticados son imaginarios" o "algunos tigres domesticados no son reales". Creo que no se puede negar que "algunos tigres domesticados son imaginarios" puede expresar realmente una proposición, sea verdadera o falsa. Si, por ejemplo, se han escrito dos narraciones diferentes, cada una de ellas sobre un tigre domesticado e imaginario diferente, de ello se sigue que al menos hay dos tigres domesticados imaginarios; y no se puede negar que la proposición "hay dos tigres domesticados diferentes en la ficción" es significativa, aunque no tengo la menor idea de si es verdadera o falsa [...] Además, si ocurriese que en este momento dos personas diferentes están teniendo cada una de ellas una alucinación de un tigre domesticado diferente, se sigue que en este momento hay dos tigres imaginarios diferentes; y la afirmación de que ahora tienen lugar estas dos alucinaciones es ciertamente significativa, aunque acaso pudiera ser falsa. Por tanto, la proposición "hay algunos tigres domesticados que no existen" es ciertamente significativa, si significa únicamente que hay algunos tigres imaginarios en uno de los dos sentidos que he intentado poner de manifiesto. Pues significa o bien que algunas personas reales han escrito narraciones sobre tigres imaginarios, o bien que están teniendo o han tenido recientemente alucinaciones de tigres

domesticados, o bien, quizás, que sueñan o han soñado con tigres domesticados particulares»[23].

En segundo lugar, la tesis de que la existencia no «añade» nada a una cosa supone en ciertos casos una petición de principio: no añade nada porque se da tácitamente por supuesto que la cosa existe. Esto se advierte con claridad cuando se considera el ejemplo aducido por Norman Malcolm para ilustrar su afirmación de que la existencia no es una perfección de las cosas:

«Un rey puede desear que su próximo canciller tenga conocimiento, juicio y resolución; pero es ridículo añadir que el deseo del rey es tener un canciller que exista. Supongamos que a dos consejeros reales, A y B, se les hubiera pedido que elaboraran por separado descripciones del canciller más perfecto que puedan pensar, y que las descripciones que han confeccionado son idénticas, con la excepción de que A ha incluido la existencia en su lista de atributos de un canciller perfecto y que B no lo ha hecho. (No quiero decir que B haya puesto la no existencia en su lista). Una y la misma persona podría satisfacer ambas descripciones. Con más precisión, cualquier persona que satisficiera la descripción de A, satisfaría *necesariamente* la descripción de B y *vice versa*. Esto quiere decir que A y B no han elaborado descripciones que difieran en modo alguno, sino que, más bien, han propuesto una y la misma descripción de las cualidades necesarias y deseables de un canciller. A sólo ha fingido introducir una cualidad deseable que B ha dejado de incluir»[24].

El paréntesis del texto citado es significativo: la no inclusión explícita de la no existencia equivale a la inclusión implícita de la existencia. Pero la existencia es precisamente lo que hace que puedan darse todos los demás atributos: es, por así decir, la perfección de las otras perfecciones. Parece, en efecto, como si Malcolm no hubiese reparado en que

---

23   Georg Edward Moore, «Is Existence a Predicate?» (1936), in: G.E.M., *Philosophical Papers*, London, George Allen & Unwin, 1959, p. 120.

24   Norman Malcolm, «Anselm's Ontological Arguments», *The Philosophical Review* 69 (1960), reimpreso en: Alvin Plantinga (ed.), *The Ontological Argument. From St Anselm to Contemporary Philosophers,* London, MacMillan, 1968, pp. 139-140.

el pasaje de las objeciones de Gassendi a las *Meditationes* de Descartes, que él mismo trae a colación como precedente de su propia tesis, contiene, paradójicamente, si se mira bien, una crítica de su ejemplo de las cualidades del canciller. Ciertamente, Gassendi objetó a Descartes que la existencia no es una perfección, ni en Dios ni en ningún otro ser. Pero añadió —y esto es lo interesante— que la existencia es, más bien, aquello sin lo cual no hay perfección alguna: *neque in Deo, neque in ulla alia re existentia perfectio est, sed id, sine quo non sunt perfectiones*[25]. Y si esto es así, entonces, más que afirmar que la existencia no añade nada a las propiedades de un perfecto canciller, hay que declarar que la existencia es el predicado que, por así decir, *pone* radicalmente todos los otros predicados del ente en cuestión.

Así, pues, a la luz de estas consideraciones, los partidarios del argumento ontológico pueden decir que la existencia, aunque no es un predicado de la esencia de un ente, es un predicado real o, si se quiere, una perfección. Leibniz acertó, en verdad, a dar una razón de raigambre anselmiana para justificar esta tesis: es más o mejor existir que no existir (*cum plus maiusve sit existere quam non existere*)[26]. Entiéndase bien, por tanto, que la existencia es aquello en virtud de lo cual el ente que tiene una determinada esencia se pone o hace presente en la realidad. Y, en este sentido, la existencia, más que «añadir» algo a un ente, lo «pone» a todo él en la realidad: de ahí que quepa afirmar que la existencia es el predicado ontológico fundamental[27].

---

25   Cf. Pierre Gassendi, «Objectiones quintae», apud: René Descartes, *Meditationes de prima philosophia*, in: *Oeuvres de Descartes* (publiées par Charles Adam et Paul Tannery), Paris, J. Vrin, 1964-1972, VII, p. 323. Vid. Norman Malcolm, *op. cit.*, pp. 140-141.

26   G. W. Leibniz, *Animadversiones in partem generalem Principiorum cartesianorum*, I, ad art. 14, in: *Die philosophischen Schriften von G.W.L.* (hrsg. von C.I. Gerhardt), Hildesheim, Georg Olms, 1965, IV, p. 359.

27   Vid. el cap. 2, págs. 115-127, del estudio de Josef Seifert citado en la nota 22, en el que, además de una crítica de la tesis y el ejemplo de Malcolm semejante a la que aquí se consigna, se hallará tanto una dilucidación del sentido en que la existencia es un

Pero los defensores del argumento ontológico pueden añadir todavía una razón particular para justificar su ensayo de mostración de la existencia de Dios. Se trata de la razón que alegó el propio Descartes frente a la crítica de Gassendi antes mencionada: dejando a un lado el hecho de que cabe llamar «propiedad» o «perfección», o sea, «predicado real», a todo lo que se atribuye a una cosa, y tal es el caso de la existencia, es menester declarar que, aun cuando fuera verdad que la existencia no es un predicado real, esto no valdría en absoluto para el caso de Dios[28]. Ciertamente, la prueba ontológica intenta mostrar la evidencia de que Dios, el ser mayor que el cual no cabe pensar otro, es el único ser que existe por su esencia, pues, de lo contrario, habría que afirmar que Dios no es Dios, esto es, que el puro ser tiene el no ser propio de lo imperfecto y lo contingente. Por tanto, al menos en el caso de Dios, es preciso reconocer que en él la existencia es un predicado real, una determinación real de su esencia. Y, si esto es así, la verdad de la proposición «Dios existe» se descubre inmediatamente, o, lo que es lo mismo, la negación de esta verdad supone una contradicción.

§ 3. El problema de los sentidos del ser

En la discusión sobre si la existencia es o no es un predicado real, y, por tanto, sobre si el argumento ontológico es o no es, en razón de ello, una prueba válida de la existencia de Dios, se trata de saber si cabe mentar la existencia en el mismo o análogo sentido en que se mienta la esencia. La solución de este punto supone, pues, plantear, en última instancia, un problema metafísico fundamental: el problema del sentido del ser o existencia. Parece, en efecto, que tanto los que critican la

---

predicado como una indicación de otros modos posibles de captar que la existencia es un predicado real.

28   Cf. René Descartes, *Meditationes de prima philosophia*, «Quintae responsiones», in: *ed. cit.*, VII, pp. 382-383.

prueba ontológica como los que la defienden en virtud de sus respectivas posiciones sobre la existencia, mantienen puntos de vista respecto del existir que, en principio, quizás no son radicalmente incompatibles ni mutuamente excluyentes. En todo caso, la verdad que contengan esas diversas posturas, así como el juicio sobre el argumento ontológico que implica cada una de ellas, sólo podrá apreciarse cabalmente tras un análisis de los sentidos del ser o existir.

Entre los pensadores que han insistido en la necesidad de distinguir dos sentidos del ser, ocupa un lugar preeminente Tomás de Aquino. La consideración de este doble significado de la existencia puede, pues, servir muy bien como punto de partida para el esclarecimiento del asunto que nos ocupa. Por lo demás, esta doctrina tomista se utilizó ya en el capítulo primero de este libro para caracterizar las pretensiones de toda prueba de la existencia de Dios, y particularmente las del argumento ontológico. Se trata, como se recuerda, de la distinción entre el ser (*esse*) en el sentido del acto de ser (*actus essendi*) y el ser en el sentido de la verdad o de la composición de la proposición (*veritas propositionis* o *compositio propositionis*): «El ser se dice de dos maneras: de un modo significa el acto de ser; de otro significa la composición de la proposición, que el espíritu descubre uniendo un predicado a un sujeto»[29].

El ser en el sentido de la verdad de la proposición se refiere a aquello que se enuncia cuando se responde afirmativamente con verdad a la cuestión de si hay o existe algo[30]. Ciertamente, como en toda proposición afirmativa verdadera se expresa el ser o el haber de un estado de cosas, el ser o la existencia en el sentido de la *veritas propositionis* no significa sino el hecho de que algo existe o de que hay algo, la presencia de algo en la realidad. La existencia, en esta acepción, se refiere,

29 Tomás de Aquino, *Summa theologiae*, 1, q. 3, a. 4, ad 2.— Cf. para las explicaciones siguientes: Eudaldo Forment Giralt, «El "esse" en santo Tomás», *Espíritu* 32 (1983), pp. 59-70; Norbert Bathen, *Thomistische Ontologie und Sprachanalyse*, Freiburg-München, Karl Alber, 1988, 2. Teil, I., pp. 117-138.
30 Cf. Tomás de Aquino, *Summa theologiae*, 1, q. 48, a. 2, ad 2.

por tanto, al hecho de que un ente existe, en oposición a lo que es el ente en cuestión.

El ser en tanto que acto de ser mienta, en cambio, la existencia misma de la cosa, la actualidad del ente. Como se sabe, Tomás de Aquino concibe al ente (*ens*) como la esencia (*essentia*) que tiene ser o existencia (*esse*). La existencia en el sentido de *actus essendi* es, en efecto, un acto que es tenido por una esencia (*actus essentiae* lo llama también el Aquinate), en virtud del cual el ente se constituye como tal y, por decirlo así, se hace presente en la realidad. «El ser (*esse*)» —escribe Tomás de Aquino— «se dice acto del ente (*actus entis*) en cuanto que es ente, o sea, aquello por lo que se llama a algo ente en acto en la realidad (*ens actu in rerum natura*)»[31].

Es importante señalar, siquiera sea someramente, que, al describir al ser, en este último sentido, como el acto en virtud del cual un ente real y todo lo que está en él son reales, el Aquinate afirma con ello, sobre todo, que la existencia es el acto primero y fundamental, el acto de los actos. Por eso, el ser no sólo es lo más perfecto de todo, sino también lo más formal y simple de todo, a la vez que lo más íntimo de todo. «El mismo ser» —escribe Tomás de Aquino— «es lo más perfecto de todo, pues se compara a todo como acto. Nada tiene, en efecto, actualidad sino en tanto que es: de donde el mismo ser es la actualidad de todas las cosas, y aun de las mismas formas»[32].

En dos razones se apoya fundamentalmente Tomás de Aquino para justificar esta distinción del doble significado del ser como verdad

---

31   Tomás de Aquino, *Quaestiones quodlibetales,* 9, q. 2, a. 2 c. Cf. *In quattuor libros Sententiarum,* 1, d. 33, q. 1, a. 1, ad 1.

32   Tomás de Aquino, *Summa theologiae,* 1, q. 4, a. 1, ad 3. Cf. *op. cit.,* 1, q. 8, a. 1; *Quaestiones disputatae de potentia,* q. 7, a. 2, ad 9; *In quattuor libros Sententiarum,* 2, d. 1, q. 1, a. 4.— Vid. los análisis sobre el ser como acto que, desde la base del realismo fenomenológico, lleva a cabo Josef Seifert en el estudio citado en la nota 22: I, 1,2 (1977), chap. 5, 2, pp. 379-385. Esta investigación ha sido también recogida, en lo esencial, en su libro *Essere e Persona. Verso una fondazione fenomenologica di una metafisica classica e personalistica* (traduzione di Rocco Buttiglione), Milano, Vita e Pensiero, 1989, II, cap. 6, pp. 253-255.

de la proposición y como acto de ser. Una es la afirmación de la existencia de las privaciones; la otra, ya comentada en el capítulo primero de este libro, es la afirmación de la existencia de Dios. En ambos casos, en efecto, la afirmación de estas existencias —tan ontológicamente diversas, por lo demás— sólo tiene sentido si se entiende el ser o el existir como hecho, esto es, como verdad de la proposición. En el primer caso, porque las privaciones, por ser faltas o carencias que se dan en los entes reales, no tienen propiamente un acto de ser. En el segundo caso, porque el acto de ser de Dios, que es Dios mismo, nos es necesariamente desconocido. Así explica estas razones el Aquinate: «El ente y el ser se dicen de dos modos, como manifiesta claramente Aristóteles en el libro V de la *Metafísica*. Pues unas veces significa la esencia de la cosa, o sea, el acto de ser; y otras veces significa la verdad de la proposición, aun respecto de las cosas que no tienen ser; como cuando decimos que existe la ceguera, porque es verdad que un hombre es ciego. Cuando el Damasceno dice que el ser de Dios nos es manifiesto, se toma el ser de Dios en el segundo modo, y no en el primero. Pues en el primer modo, el ser de Dios es lo mismo que su sustancia: y así como su sustancia es desconocida, así también su ser. En cambio, en el segundo modo, sabemos que Dios existe, porque concebimos esta proposición en nuestro entendimiento, a partir de sus efectos»[33].

Nótese, en fin, que entre los dos sentidos del ser distinguidos se da una jerarquía muy estricta: el ser entendido como acto de ser es el sentido propio y primario del ser o de la existencia; el ser o la existencia como verdad de la proposición es, pues, ser en sentido derivado y secundario. Ciertamente, esta relación jerárquica no puede sino basarse en el hecho de que, según Tomás de Aquino, el criterio de la verdad de la proposición sólo puede ser la adecuación del juicio con el ser mismo de las cosas. «El ser que significa la verdad de la composición en las

---

33   Tomás de Aquino, *Quaestiones disputatae de potentia*, q. 7, a. 2, ad 1.

proposiciones [...]» —escribe el Aquinate— «se funda en el ser de la cosa, que es el acto de la esencia»[34].

A la luz de esta distinción, es claro que la anterior objeción contra el argumento ontológico sólo parece reconocer un sentido de la existencia: el ser como hecho. Ciertamente, como señalaron, primero, Hume y Kant y, luego, Frege y Russell, el hecho de existir no es una propiedad que se añada a lo que una cosa es. Resulta claro, por tanto, que si se toma la existencia exclusivamente en el sentido de la verdad de la proposición, hay que declarar que la prueba ontológica de la existencia de Dios es inválida. La tesis de que la existencia no es un predicado real habría de significar en este caso que el que sea verdad que una cosa existe, el que haya una cosa, no forma parte en absoluto de la esencia de dicha cosa; y por ello no puede haber una proposición existencial cuya negación suponga una contradicción. En consecuencia, a partir del conocimiento de la esencia de Dios no cabe inferir en modo alguno el hecho de que Dios existe, o sea, la verdad de la proposición que afirma la existencia de Dios; y de la negación de esta proposición no puede resultar, pues, ningún absurdo.

En este punto, sin embargo, es de justicia señalar que algunos cultivadores actuales de la filosofía analítica —herederos, por tanto, de la tesis de Frege y Russell sobre la existencia— han ensayado una nueva justificación del doble sentido del ser distinguido por Aristóteles y hecho suyo por Tomás de Aquino. Acaso los dos pensadores más representativos a este respecto son Peter Thomas Geach y Anthony Kenny. Conviene considerar brevemente sus esfuerzos[35].

---

34 Tomás de Aquino, *In quattuor libros Sententiarum,* 1, d. 33, q. 1, a. 1, ad 1.

35 La explicación que sigue se atiene a la investigación de Norbert Bathen citada en la nota 29, particularmente a la expuesta en: 2. Teil, II, pp. 139-159. El estudio de Bathen a este propósito se centra en los siguientes escritos: Peter Thomas Geach, *Aquinas,* in: G.E.M. Anscombe and P.T. Geach, *Three Philosophers: Aristotle, Aquinas, Frege,* Oxford, Basil Blackwell, 1973, pp. 65-125; P.T. Geach, *Form and Existence,* in: P.G., *God and the Soul,* London, Routledge and Kegan Paul, 1969, pp. 42-64; Anthony Kenny, *Aquinas,* Oxford, Oxford University Press, 1980, pp. 49-53.

Tanto Geach como Kenny tratan de establecer el doble sentido del ser como acto y como verdad de la proposición con el auxilio del análisis lógico-lingüístico de los enunciados existenciales. El punto de partida obligado de estos intentos no puede ser otro que la discusión de las tesis de Frege y de Russell sobre la forma lógica de las proposiciones existenciales, tesis que parecen seguirse necesariamente de la concepción de la existencia que se formaron ambos pensadores. En efecto, la afirmación de Frege según la cual la existencia no es una propiedad de un objeto equivale a sostener que, en las proposiciones existenciales, el predicado no es la existencia, sino, más bien, aquello de lo que se dice que existe. Ahora bien, este predicado no puede ser un nombre, que es el referente de un objeto, esto es, de algo singular, sino sólo un concepto, que es precisamente la significación de un predicado, o sea, de algo universal. Por tanto, las proposiciones existenciales singulares (es decir, las construidas con nombres propios) carecen de sentido: la única forma lógica legítima de las proposiciones existenciales es la propia del juicio particular, que enuncia algo general. Russell, por su parte, sostiene también, aunque por otra razón, que las proposiciones existenciales construidas con nombres propios (las proposiciones existenciales atómicas, en su terminología) no tienen sentido. Y es que, según Russell, un nombre propio, al reemplazar inmediatamente al objeto que nombra, incluye ya la significación de la existencia. Por tanto, las proposiciones existenciales atómicas son meras tautologías. Aunque es preciso señalar también que, según el filósofo británico, lo que habitualmente se utiliza en el lenguaje vulgar como nombres propios no son, en realidad, sino «descripciones» («*descriptions*»), esto es, enunciados generales predicativos.

Frente a estas conclusiones, Geach y Kenny se afanan en mostrar, cada uno por su lado, que el análisis lógico-lingüístico revela que no todas las proposiciones existenciales tienen la misma forma lógica y que este descubrimiento permite sacar verdadera la distinción tomista de los dos sentidos del ser.

Geach, en efecto, distingue, en última instancia, dos tipos de proposiciones existenciales. Uno es el integrado por las proposiciones en las que no aparece un nombre propio; en ellas, como sostienen Frege y Russell, la existencia no es un predicado: «Los dragones no existen», o incluso «Cerbero no existe» (pues «Cerbero» no es un nombre propio, sino un término que sólo nosotros hacemos creer que tiene referencia) son ejemplos de proposiciones existenciales negativas que pertenecen a esta primera clase de enunciados. El otro tipo, en cambio, es el formado por proposiciones en las que la existencia es un genuino predicado de individuos: «José no existe y Simón no existe» es un ejemplo de una proposición negativa de esta índole. Según Geach, sostener que este segundo género de proposiciones no tiene sentido supone cometer el error de confundir la referencia del nombre con el poseedor del nombre. A la luz de estas consideraciones, Geach establece dos sentidos del ser. A la primera clase de proposiciones le corresponde el ser en el sentido de «hay» («*there is*»), o sea, de la verdad de la proposición, único sentido de la existencia, por tanto, que reconocen Frege y Russell. Al segundo corro de enunciados pertenece, por el contrario, el ser en el sentido de lo que Geach llama «actualidad presente» («*present-actuality*»), que hace equivaler al significado del *actus essendi* dilucidado por Tomás de Aquino.

Por su parte, Kenny, siguiendo a Geach en este punto, propone también una separación de dos géneros de proposiciones existenciales: el constituido por las proposiciones que versan sobre una especie de objetos (es decir, sobre algo que corresponde a cierta especificación, que ejemplifica una determinada especie), como, por ejemplo, «En Brasil hay una planta que devora insectos»; y el formado por las proposiciones que tratan de un individuo, como, por ejemplo, «César ya no existe». Parejamente, según Kenny, las proposiciones del primer tipo se refieren al ser en el sentido de lo que este filósofo llama «existencia específica» («*specific existence*»), equivalente a la significación del ser como «haber» o como verdad de la proposición. A las proposiciones de la segunda clase pertenece el ser en el sentido de la «existencia individual» («*individual* existence»), en la terminología de Kenny, que habría de corresponder al significado del ser como *actus essendi* o «actualidad de ser» («*actuality of being*»), según la traducción de este pensador. Kenny sostiene que la tesis que afirma que la existencia no es un predicado no significa sino que los enunciados de existencia específica no han de considerarse como predicaciones sobre un individuo; aunque es verdad, por otra parte, según sostiene este autor, que los enunciados de existencia individual se refieren auténticamente a lo que nombra su sujeto.

No es necesario entrar, para los fines que se persiguen, en la discusión de la viabilidad de estas justificaciones del sentido del ser como acto que se sirven del análisis lógico del lenguaje. Únicamente se precisa examinar las pretensiones del argumento ontológico en el supuesto de que se acepte semejante significado de la existencia. Al punto se hace manifiesto que el reconocimiento del sentido del ser como acto no fuerza por sí solo, en absoluto, a admitir la validez de dicho argumento: ni Tomás de Aquino ni Geach ni Kenny tienen por válida esta prueba de la existencia de Dios. No obstante, los defensores de este argumento, tomando sobre todo en consideración este sentido más fundamental de la existencia, pueden quizás alegar que el anterior reproche desatiende el hecho de que el significado de la existencia como verdad de la proposición se funda en la actualidad misma de la cosa y que, por tanto, no hace justicia a la novedad que intenta poner de relieve el argumento ontológico de la existencia de Dios[36]. Pues el hecho

---

36 A lo que parece, el hecho de que el conocimiento de la verdad de una proposición existencial ha de fundarse necesariamente en el conocimiento de lo que designan los términos de la proposición en cuestión, ha llevado incluso a Duns Escoto a sostener que, en el caso de Dios, no es preciso separar la cuestión de la verdad de la proposición «Dios existe» de la cuestión de la existencia divina. Escribe, en efecto, el Doctor Sutil al plantear el problema de si el entendimiento humano puede conocer a Dios naturalmente en esta vida: «En tercer lugar, no es preciso distinguir respecto de "si [Dios] existe" entre la cuestión de la verdad de la proposición (*quaestio de veritate propositionis*) y la cuestión de la existencia de Dios (*quaestio de esse Dei*), porque si puede haber una cuestión sobre la verdad de una proposición en la que la "existencia" se predica de un sujeto, para concebir la verdad de aquella cuestión o proposición, es

de existir —dirían los partidarios de la prueba— no es, en verdad, un predicado de la esencia de una cosa siempre que se pueda mentar dicha esencia sin tener que mentar al mismo tiempo su acto de ser. Pero el descubrimiento fundamental en que se basa el argumento ontológico consiste en que es enteramente imposible —y, por cierto, sólo en este caso— mentar la esencia de Dios, del ser mayor que el cual no cabe pensar otro, sin mentar a la vez el acto de ser de Dios o, lo que es lo mismo, sin reconocer inmediatamente la verdad de la proposición que afirma la existencia de Dios. «En toda la esfera del conocimiento humano» —reconocía ya Moses Mendelssohn al proponer en sus *Horas matinales* lo que denomina el argumento *a priori* de la existencia de Dios— «no hay ningún ejemplo de esta especie de inferencia».[37] Y es que, a tenor de los que propugnan el llamado argumento ontológico, nuestro conocimiento del acto de ser de Dios —tan indirecto, imperfecto y limitado como lo es nuestro conocimiento de su esencia— no es otra cosa que el reconocimiento inmediato de que la negación de la verdad enunciada en la proposición «Dios existe» es un contrasentido.

En resolución, cabe declarar que contestar a la pregunta: ¿es la existencia de Dios una verdad de evidencia inmediata?, supone necesariamente responder a esta otra: ¿qué es el ser? No resulta posible, en verdad, afirmar o negar la validez del argumento ontológico sin dilucidar previamente el capital problema metafísico de los diversos sentidos de existencia.

---

preciso concebir previamente los términos de aquella cuestión» (Juan Duns Escoto, *Ordinatio,* 1, dist. 3, pars 1, q. 2, n. 12).

37   Moses Mendelssohn, *Morgenstunden, oder Vorlesungen über das Daseyn Gottes* (hrsg v. Leo Strauss), in: M.M., *Gesammelte Schriften* (Jubiläumsausgabe), Berlin 1929 ss.; Stuttgart-Bad Cannstatt, Friedrich Frommann Verlag (Günther Holzboog), 1971 ss., III/2, p. 148.

Capítulo XI
Segundo grupo de objeciones contra el argumento ontológico: objeción fundada en el carácter no conceptualizable de la existencia

§ 1. La tesis del carácter no conceptualizable de la existencia

La segunda objeción contra el argumento ontológico que se funda en la singularidad de la existencia se halla estrechamente relacionada con la examinada en el capítulo anterior, hasta el punto de que, como quedó apuntado, ni sus mismos proponentes suelen separarlas. No obstante, cabe apreciar la novedad que introduce esta nueva objeción si se la formula concisamente de esta manera. La existencia, por no ser un predicado real, no forma parte del concepto ni de la esencia de ningún ente. Por tanto, para conocer la existencia de Dios es menester ir más allá del concepto o de la esencia de este ser. Dicho de otro modo, la verdad de la proposición «Dios existe» no es evidente de suyo, porque no puede ser conocida inmediatamente, a partir de sus términos.

Este es, en efecto, el reproche común que nace de la diversa concepción positiva —y no ya meramente negativa— de la existencia que defendieron Hume y Kant. Comprobémoslo brevemente en ambos casos.

Par el filósofo escocés, la existencia, no siendo —como sabemos— una idea añadida a la concepción del objeto, sólo puede ser una manera peculiar de concebir un objeto: la manera que Hume denomina *creencia,* y que consiste, según sus palabras, en «una concepción fuerte y firme de una idea, concepción que se aproxima, en alguna medida, a la impresión inmediata». Y el filósofo se cuida enseguida de señalar que la creencia en la existencia de un objeto no forma parte del concepto o de la esencia del objeto: «Voy aún más lejos,» —escribe en su obra principal— «y no contento con afirmar que la concepción de la existencia de un objeto no es una adición a su simple concepto, mantengo igualmente que la creencia en la existencia no aporta una nueva idea para unirla con las que componen la idea del objeto»[1].

Es fácil ver que esta concepción supone necesariamente la aceptación de la tesis siguiente: que la existencia no puede ser nunca conocida por la mera razón, mediante simples relaciones de ideas, sino únicamente recurriendo a la experiencia, a la impresión inmediata; o, expuesta de otro modo, que los juicios existenciales no expresan nunca verdades analíticas. Aplicada esta doctrina al caso de Dios, es claro que no cabe conocer inmediatamente, por su solo concepto o por la mera consideración de su esencia, la verdad de la proposición «Dios existe», que es precisamente lo que pretende el argumento ontológico. Y en este punto no cabría objetar que Dios posee la existencia necesaria y que, por tanto, se puede conocer *a priori* que existe, porque, según Hume, el concepto mismo de «existencia necesaria» no puede ser consecuentemente otra cosa que un puro absurdo. Escribe, en sus *Diálogos sobre la religión natural:* «El espíritu no podrá verse nunca en la necesidad de suponer que un objeto permanece siempre en la existencia de la misma manera que se ve en la necesidad de concebir siempre que dos por dos son cuatro. Por consiguiente, las palabras *existencia necesaria*

---

1   David Hume, *A Treatise of Human Nature,* Book I, Part III, Section VII, note, in: *The Philosophical Works of David Hume* (ed. T.H. Green and T.H. Grose), Aalen, Scientia Verlag, 1964 (Reprint of the new edition of London 1886), I, pp. 394-395.

no tienen ningún significado o, lo que es igual, no tienen un significado coherente»[2].

Por su parte, es sabido que Kant determina positivamente la existencia como «simplemente la posición de una cosa o de ciertas determinaciones en sí»[3]. El filósofo prusiano también se preocupa de indicar que la existencia, entendida como posición absoluta de un objeto, no forma parte ni del concepto ni de la esencia del objeto en cuestión. Lo señaló ya, en efecto, de manera muy gráfica en su escrito *El único fundamento posible de una demostración de la existencia de Dios:* «Si me imagino que Dios pronuncia sobre un mundo posible su omnipotente ¡Hágase!, entonces al todo representado en su entendimiento no otorga Dios ninguna nueva determinación, no le añade un nuevo atributo, sino que pone absoluta o simplemente, con todos los predicados, esa serie de cosas, en las que antes todo estaba puesto sólo relativamente respecto de ese todo. Las relaciones de todo predicado con su sujeto no designan nunca algo existente, pues el sujeto tendría que estar puesto previamente como existente»[4]. Y volvió a insistir en ello en su *Crítica de la razón pura* con un nuevo ejemplo, que se ha hecho muy célebre: «Nada puede añadirse al concepto, que únicamente expresa la posibilidad, por el hecho de que piense su objeto (mediante la expresión "él es") como absolutamente dado. Y así lo real no contiene nada más que lo meramente posible. Cien táleros reales no contienen en absoluto más que cien táleros posibles. Pues, como los táleros posibles indican el concepto y, en cambio, los táleros reales significan el objeto y su posición en sí misma, en el caso de que el objeto contuviera más

---

2   David Hume, *Dialogues Concerning Natural Religion,* Part IX, in: *ed. cit.,* II, p. 432.

3   Immanuel Kant, *Kritik der reinen Vernunft,* A 598/B 626.

4   Immanuel Kant, *Der einzig mögliche Beweisgrund zu einer Demonstration des Daseins Gottes,* 1. Abt., 1. Betrach., 2, in: *Kant's gesammelte Schriften* (hrsg. von der Preussischen, bzw. von der Deutschen Akademie der Wissenschaften zu Berlin), Berlin, Walter de Gruyter, 1902 ss., II, p. 74.

que el concepto, mi concepto no expresaría el objeto entero ni sería, por consiguiente, el concepto adecuado de él»[5].

Es asimismo evidente que esta concepción implica necesariamente la tesis de que la existencia no puede ser conocida *a priori,* sino que hace falta «salir» del concepto y acudir a la experiencia; o, dicho de otra manera, que las proposiciones existenciales no pueden enunciar nunca verdades analíticas. «Sea lo que contenga nuestro concepto de un objeto, y sea cual sea el modo en que lo contenga» —señala el filósofo— «tenemos que salir de él para atribuir la existencia a su objeto. En los objetos de los sentidos ello sucede mediante la conexión, según leyes empíricas, con alguna de mis percepciones. En lo que se refiere a los objetos del pensar puro, no hay medio ninguno de conocer su existencia, porque tendría que ser conocida completamente *a priori;* pero nuestra conciencia de toda existencia (sea inmediata en razón de la percepción, sea por inferencias que enlacen algo con la percepción) pertenece por entero a la unidad de la experiencia, y si bien no podemos afirmar que una existencia fuera de ese campo sea absolutamente imposible, ello constituye, sin embargo, un supuesto que no podemos justificar por ningún medio»[6].

El mismo Kant ha aplicado claramente esta consecuencia al caso de Dios: «Si concibo un ser en tanto que la realidad suprema (sin defecto alguno), queda todavía la cuestión de si existe o no. Pues, aun cuando

5   Immanuel Kant, *Kritik der reinen Vernunft,* A 599/B 627. — Es quizá poco conocido que, según parece, Kant tomó la comparación de los cien táleros reales y los cien táleros posibles como base para su crítica de la prueba ontológica del opúsculo de Johann Bering *Prüfung der Beweise für das Dasein Gottes, aus den Begriffen eines höchst vollkommenen und notwendigen Wesen,* publicado en Gießen, bey Krieger dem ältern, en 1780, un año antes de la aparición de la *Crítica de la razón pura.* No obstante, Kant hace un uso original del ejemplo de los táleros, de tal manera que la consecuencia lógica que busca establecer mediante él no es exactamente la misma que la que deduce Bering. Sobre este asunto puede verse: Rogelio Rovira, «Bering and Kant on Hundred Actual and Possible Thalers», *Kantian Review* 26/2 (2021), pp. 209-234.

6   *Op. cit.,* A 601/B 629.

a mi concepto nada le falta respecto del posible contenido real de una cosa en general, falta, no obstante, algo en su relación con todo mi estado de pensamiento, a saber: que el conocimiento de ese objeto sea también posible a posteriori»[7]. Y tampoco cabe aquí oponer que en Dios se piensa la existencia necesaria y que, por ello, podría conocerse a priori que existe, porque, según Kant, aunque esa existencia necesaria sea pensable, constituye, sin embargo, «el verdadero abismo para la razón humana»[8].

Es fácil advertir que esta misma objeción contra la prueba ontológica se deduce también de la concepción positiva de la existencia mantenida por Frege y Russell. En efecto, a tenor de la tesis de estos pensadores, recordada en el capítulo precedente, la verdad de la proposición «Dios existe» no puede ser conocida inmediatamente, porque la existencia, frente a lo que han de dar por supuesto los partidarios del argumento ontológico, no es ni una propiedad de una cosa ni una característica del concepto de una cosa. La proposición «Dios existe» tendría que significar que la existencia es una propiedad del concepto «Dios» o, lo que es lo mismo, que «algún ente es Dios». Pero esto, como es claro, requiere una demostración: la verdad de la proposición «Dios existe» no puede, pues, ser conocida inmediatamente, a partir de sus términos.

El filósofo analítico contemporáneo Peter Thomas Geach, abundando en estas razones, ha señalado que «no hay nada cuya esencia sea que hay tal cosa, pues no hay tal clase de cosas como cosas que hay». Por tanto, del conocimiento de la esencia de Dios no cabe inferir su existencia. Esta inferencia, en efecto, equivaldría al absurdo de responder a la cuestión «¿Qué es Dios?» con la frase «Dios existe», según pone gráficamente de relieve el propio Geach mediante este diálogo imaginario:

---

7   Op. cit., A 600/B 628.
8   Op. cit., A 613/B 641.

«*Teísta*: Dios existe.

»Ateo: Eso dice *usted;* pero ¿qué clase de ser es ese Dios suyo?

»*Teísta:* ¡Pero si acabo de decírselo! Dios *existe: ¡eso* es lo que Dios es!»[9].

Y, según parece, tampoco cabría replicar en este punto que el concepto de Dios es el del ser absolutamente necesario y que, por tanto, en este único caso, desde el conocimiento de la esencia divina —que consiste justamente en que es imposible que no la haya— podría conocerse inmediatamente que Dios existe. Pues otro filósofo contemporáneo, J. N. Findlay, ha intentado llevar hasta el extremo la tesis de que el concepto de «existencia necesaria» no tiene significado alguno fundando sobre ella una prueba de la *no existencia* de Dios. Según este autor, el concepto de Dios que únicamente puede satisfacer las exigencias de la actitud religiosa es, efectivamente, el concepto de «un ser absolutamente ineludible (*in every way inescapable*), un ser que de ninguna manera podemos concebir sin la existencia y sin la posesión de ciertas excelencias», un ser, en fin, «en el que la esencia y la existencia pierden su separabilidad»[10]. Ahora bien, según el punto de vista moderno —como lo llama Findlay— sobre la naturaleza de la necesidad de las proposiciones, esta necesidad «refleja meramente nuestro uso de las palabras, las convenciones arbitrarias de nuestro lenguaje»[11]. Y esto quiere decir, acaso, que la existencia no puede ser una propiedad necesaria de ningún objeto, ya que toda proposición existencial es con-

---

9   Peter Thomas Geach, *Aquinas,* in: G.E.M. Anscombe and P.T. Geach, *Three Philosophers: Aristotle, Aquinas, Frege,* Oxford, Basil Blackwell, 1973, p. 89.— Cf. Aristóteles, *Analytica posteriora,* lib. II, cap. 7, 92 b 13-14.

10 J.N. Findlay, «Can God's Existence Be Disproved?», in: Alvin Plantinga (ed.), *The Ontological Argument. From St. Anselm to Contemporary Philosophers,* London, MacMillan, 1968, pp. 120 y 117 resp. [El artículo apareció originariamente en *Mind* 57 (1948), pp. 176-183. Se reproduce también en: A. Flew and A. MacIntyre (eds.), *New Essays in Philosophical Theology,* London, SCM Press, 1955, pp. 47-75, junto con las críticas de G. E. Hughes y de A.C.A. Rainer y las respuestas del propio Findlay].

11 *Op. cit.,* pág. 119.

tingente[12]. Por tanto, de aquí se sigue «no sólo que no hay Dios, sino también que la existencia divina carece de sentido o es imposible»[13].

«Fue, en verdad,» —escribe Findlay— «un mal día para Anselmo cuando se le ocurrió su famosa prueba. Pues ese día no sólo dejó al descubierto algo que es de la esencia de un objeto religioso adecuado, sino también algo que contiene su no existencia necesaria»[14].

* * *

En las dificultades entrañadas en el concepto de «existencia necesaria» se funda también una original objeción contra la prueba ontológica propuesta por John Locke, que en cierto modo recuerda la «refutación» de la existencia de Dios propuesta por Findlay. Como se sabe, en su obra principal, Locke había rechazado el argumento contentándose con señalar que «nuestra idea de un ser sumamente perfecto no es la única prueba de Dios»[15]. Pero en un escrito posterior, de 1696, titulado *Deus. Examen de la prueba cartesiana de Dios a partir de la existencia necesaria*, el filósofo inglés acometió una crítica completa contra la formulación cartesiana del argumento[16]. Entre las objeciones aducidas, destaca la que Locke presenta como demoledora de la entera empresa filosófica cartesiana, pues, según ella, el argumento ontológico no sólo no demostraría la existencia de Dios, sino que, con iguales títulos, podría ser también una prueba a favor del ateísmo.

«Al disponerme a examinar» —escribe Locke sobre el argumento de Descartes en el escrito mencionado— «su prueba de la existencia de

---

12   Así interpreta, en efecto, Norman Malcolm la tesis de Findlay en su artículo «Anselm's Ontological Arguments», recogido en la citada antología de Plantinga, p. 152.

13   J.N. Findlay, *op. cit.*, pp. 118-119.

14   *Op. cit.*, p. 120.

15   John Locke, *An Essay Concerning Human Understanding* (ed. by P. H. Nidditch), Book IV, Chapter X, § 7, Oxford, Clarendon Press, 1975, p. 621.

16   Vid. Rogelio Rovira, «Locke ante el argumento ontológico. Textos y comentario», *Diálogo Filosófico* 28 (1994), pp. 51-69.

Dios, encontré que según ella el primer ser eterno y causa de todas las cosas podría ser tanto la materia desprovista de conocimiento cuanto un espíritu inmaterial inteligente»[17].

La objeción de Locke puede exponerse sencillamente de este modo. Por Dios es menester entender el Ser primero eterno e inmaterial. Partir de la idea de existencia necesaria que unimos a la idea de Dios para demostrar la existencia de dicho ser, sólo podría conducirnos a admitir —si es que el paso de lo lógico a lo real estuviese justificado, cosa que, como trata de mostrar Locke en ese mismo escrito, no lo está en absoluto— que existe un ser eterno: un ser necesario es, en efecto, un ser que necesariamente debe haber existido siempre. Pero de la sola idea de existencia necesaria no cabe probar en manera alguna el carácter inmaterial del referido ser eterno, que muy bien podría concebirse, por tanto, como material. Ahora bien, aceptar la existencia de un ser eterno y material no es otra cosa que ateísmo[18]. Luego si el argumento ontológico es válido, es entonces, por idénticas razones, tanto una prueba de la existencia de Dios cuanto una prueba de la inexistencia de dicho ser. «Lo que establece la diferencia» —escribe Locke— «entre el teísta y ateo es esto: que el teísta dice que este Ser eterno que tiene existencia

---

17   John Locke, «Deus. Descartes's Proof of a God, from the Idea of Necessary Existence, Examined» (1696), in: Peter King (ed.), *The Life and Letters of John Locke, with Extracts from his Journals and Common-Place Books*, London, G. Bell, 1884, 4th ed., p. 314.

18   Es conocido, aunque acaso Locke no lo tuvo en cuenta, que el filósofo medieval David de Dinant, duramente criticado por Alberto Magno y Tomás de Aquino, sostuvo que Dios es la materia prima. Alberto Magno, en su *Metaphysica* (editio Borgnet, 1890), lib. I, tract. 4, cap. 7, p. 72 b, atribuye a Jenófanes la tesis según la cual Dios es todo y se hace corpóreo y sensible y señala que «David de Dinand admitió algo de esto, tanto cuanto llegó a conocer, pero no lo entendió perfecta y profundamente (*sed perfecte et profunde non intellexit*)». Por su parte, Tomás de Aquino escribe en su *Summa theologiae*, I, q. 3, a. 8, examinando los errores en que se ha incurrido al responder a la cuestión de «si Dios entra en composición con otros seres»: «Pero el tercer error fue el de David de Dinand, quien, muy estúpidamente (*stultissime*), afirmó que Dios es la materia prima». (Debo esta observación a un muy atento revisor anónimo del manuscrito de este libro).

necesaria es un espíritu cognoscente; el ateo, que es ciega materia sin pensamiento; para la resolución de tal cuestión, el unir la idea de existencia necesaria al primer Ser o sustancia eterna, no soluciona nada»[19].

§ 2. LA PECULIARIDAD DEL SER ABSOLUTAMENTE NECESARIO

Frente a esta nueva objeción, tal como originariamente la formularon Hume y Kant, los defensores del argumento ontológico no pueden dejar de reconocer que, en verdad, no es posible conocer la existencia de un objeto sin «salir» del mero concepto del objeto en cuestión, sea como fuere este concepto. Y aún más: que, en el caso de todos los seres finitos y contingentes, la existencia no forma parte de la esencia, sino que, por así decir, les adviene desde fuera, y que, por tanto, para conocer que existen, es menester recurrir a algo distinto de la esencia, que nos informe de ello.

Pero lo que los partidarios del argumento ontológico no pueden nunca admitir —y este parece ser el supuesto infundado de la objeción anterior— es que esta separabilidad de la esencia y la existencia ocurra también en el caso de Dios. Como se ha estudiado en la primera parte de este libro, tanto Anselmo como Buenaventura y Descartes, al proponer sus razonamientos, mostraron que equiparar la esencia de Dios a cualquier otra esencia implica sostener que a Dios le corresponde la existencia de manera contingente, con lo que se cae en el absurdo de tener que afirmar que Dios no es Dios. Antes bien, la peculiaridad de la esencia de Dios reside precisamente en que la existencia forma parte de ella, de tal modo que la esencia de Dios es su existir. Por tanto, en este único caso, la existencia se ha de poder conocer inmediatamente a partir del conocimiento de la esencia, ya que Dios es el ser necesario, el ser que existe por su esencia.

---

19 *Op. cit.*, p. 315.

Es sin duda Espinosa, en la época moderna, uno de los filósofos que más resueltamente han insistido en este asunto. En la proposición XI de la primera parte de su *Ethica ordine geometrico demonstrata* propone este filósofo, en efecto, tres pruebas *a priori* de que Dios existe necesariamente, que son otras tantas versiones del argumento ontológico fundadas en la peculiaridad del ser necesario. La citada proposición afirma: «Dios, o sea, una sustancia que consta de infinitos atributos, cada uno de los cuales expresa una esencia eterna e infinita, existe necesariamente»[20]. Como fundamento de las pruebas que se aducen a continuación, es preciso recordar la peculiar concepción espinosiana de Dios.

Es sabido que la primera parte de la *Ethica,* titulada «De Deo», comienza con esta definición: «Por *causa de sí* entiendo aquello cuya esencia implica la existencia, o lo que es lo mismo, aquello cuya naturaleza sólo puede concebirse como existente»[21]. Esta noción de *causa sui* sólo puede aplicarse cabalmente a la sustancia, que es, al decir de Espinosa, «aquello que es en sí y se concibe por sí, esto es, aquello cuyo concepto, para formarse, no precisa del concepto de otra cosa»[22]. Pero esta misma definición señala a las claras que sólo puede haber una única sustancia, que ha de ser absolutamente infinita. Y esta única sustancia infinita que es causa de sí no puede ser más que Dios: «Por *Dios* entiendo» —escribe Espinosa— «un ser absolutamente infinito, esto es, una sustancia que consta de infinitos atributos, cada uno de los cuales expresa una esencia eterna e infinita»[23].

La primera demostración que propone Espinosa de que Dios existe necesariamente es una reducción al absurdo, que se sirve, como principios auxiliares, de lo enunciado por la proposición VII y por el

20 Baruch de Espinosa, *Ethica ordine geometrico demonstrata,* Pars I, Prop. XI, in: *Spinoza Opera* (ed. C. Gebhardt), Heidelberg, Carl Winters, 1924, II, p. 52.

21 *Op. cit.,* Pars I, Def. I, in: *ed. cit.,* II, p. 45.

22 *Op. cit.,* Pars I, Def. III, in: *ed. cit.,* II, p. 45.

23 *Op. cit.,* Pars I, Def. VI, in: *ed. cit.,* II, p. 45.

axioma VII de la primera parte de la *Ethica*[24]. La citada proposición VII determina expresamente a la sustancia como *causa sui*, basándose en que la esencia de lo que no puede ser causado por otra cosa, que es la propia de la sustancia, no puede existir de un modo contingente: «A la naturaleza de una sustancia» —declara la proposición— «pertenece el existir». El referido axioma VII establece: «La esencia de todo lo que puede concebirse como no existente no implica la existencia». Y así razona Espinosa: Si Dios no existe, entonces (por el axioma VII) la esencia de Dios no implicará la existencia. Pero esto es absurdo (por la proposición VII). Luego Dios existe necesariamente.

La segunda prueba se apoya en el principio de razón y puede exponerse de este modo[25]. Cada cosa tiene una causa o razón (*causa seu ratio*) tanto de su existencia como de su no existencia, y esta razón o está en la esencia de la cosa o está fuera de ella. Si Dios no existe, entonces ha de haber una razón de su no existencia. Pero esta razón no puede hallarse ni en la esencia divina ni fuera de ella: no está en su esencia, porque, si lo estuviera, la esencia de Dios definida como *causa sui* supondría una contradicción; tampoco está fuera, porque una sustancia de otra naturaleza que la divina no tendría nada en común con Dios y, por ello, no podría ni poner ni quitar su existencia. Por tanto, como no hay ninguna razón de que Dios no exista y como existe necesariamente aquello de lo que no se da razón que impida que exista, hay que concluir que Dios existe necesariamente.

El tercer razonamiento, en fin, tiene como fundamento dos afirmaciones evidentes: poder no existir es impotencia (*posse non existere impotentia est*) y poder existir es potencia (*posse existere potentia est*). El argumento sigue este tenor[26]. Cuanta más realidad compete a la esencia de una cosa, tantas más fuerzas tiene para existir por sí. Dios, o sea,

LA FUGA DEL NO SER

---

24 Cf. *op. cit.*, Pars I, Prop. XI, Dem.; Pars I, Prop. VII; Pars I, Axiom. VII, in: *ed. cit.*, II, pp. 52, 49 y 47.

25 Cf. *op. cit.*, Pars I, Prop. XI, Aliter 1, in: *ed. cit.*, II, pp. 52-53.

26 Cf. *op. cit.*, Pars I, Prop. XI, Aliter 2 et Schol., in: *ed. cit.*, II, pp. 53-54.

un ser absolutamente infinito, tiene por sí una potencia absolutamente infinita de existir. Luego Dios existe necesaria y absolutamente.

Esta última versión espinosiana del argumento ontológico revela un nuevo aspecto de la esencia de Dios como ser necesario: la esencia de Dios es la potencia de existir, y esta potencia, siempre actual, no es sino la esencia activa (*essentia actuosa*) de Dios. «La potencia de Dios» —declara Espinosa— «es su misma esencia (*Dei potentia est ipsa ipsius essentia*)»[27]. De ahí que este filósofo, comparando la esencia de Dios como potencia absolutamente infinita de existir con la esencia de los entes finitos, crea que esta tercera prueba puede hacerse más inteligible si se la expone a *posteriori*. El argumento, que no interesa consignar por entero en esta ocasión, se apoya en esta razón[28]: si sólo existen entes finitos, entonces hay entes finitos más potentes que el ser absolutamente infinito, pues, en ese caso, los entes finitos tienen la potencia de existir y el ser absolutamente infinito tiene la potencia de no existir; pero esto es absurdo.

Esta misma evidencia parecen haberla tenido también, a su manera, Leibniz y Hegel. Leibniz, en efecto, no sólo da explícitamente su asentimiento a la segunda prueba ofrecida por Espinosa, la que se basa en el principio de razón, sino que declara que la existencia forma parte de la esencia de Dios de tal forma, que es preciso sostener esta importante proposición modal: «Si el ser necesario no existe, no hay ningún ser posible»[29]. Y Hegel, por su parte, defiende en su *Enciclopedia de las ciencias filosóficas* que «constituiría la máxima inadvertencia opinar que,

---

27 *Op. cit.*, Pars I, Prop. XXXIV; cf. Pars II, Prop. III, Schol., in: *ed. cit.*, II, pp. 76 y 87 resp.— Vid. Joseph Moreau, «L'argument ontologique chez Spinoza», *Les Études Philosophiques* 3 (1972), pp. 379-383. Puede también consultarse: Filippo Mignini, «Per una storia dell'argomento ontologico in Spinoza. La "prove" del "Tractatus de intellectus emendatione"», *Archivio di Filosofia* 58 (1990), pp. 203-221.

28 Cf. Baruch de Espinosa, *op. cit.*, Pars I, Prop. XI, schol., in: *ed. cit.*, II, p. 54.

29 G.W. Leibniz, *Ohne Überschrift, enthaltend ein Schreiben Leibnizens in Betreff des Beweises für die Existenz Gottes vom Benedictiner Lamy*, in: *Die philosophischen Schriften von G.W.L.* (hrsg. von C.I. Gerhardt), Hildesheim, Georg Olms, 1960-1961, IV, p. 406. Cf. G.W. Leibniz, *Communicata ex litteris D. Schulleri*, in: *ed. cit.*, I, p. 138.

en nuestra conciencia, la existencia está unida con la representación de las cosas finitas del mismo modo que con la representación de Dios; se olvidaría que las cosas finitas son mutables y perecederas, esto es, que la existencia está unida con ellas sólo transitoriamente, que esta unión no es eterna, sino separable»[30].

En definitiva, lo propio de la esencia de Dios consiste, a tenor de los propugnadores del argumento ontológico, en que si la existencia «cae» fuera de esa esencia, la esencia misma de Dios se derrumba. Y si se reconoce esto, entonces es preciso admitir que la existencia de Dios se conoce inmediatamente desde lo que Dios es.

* * *

Frente a la objeción de Locke contra el argumento ontológico basada en que el concepto de «existencia necesaria» se puede referir tanto a la existencia de la materia inanimada cuanto a la de un ser cognoscente inmaterial, el propio Descartes, de haberla conocido, podría haber respondido lo siguiente. El supuesto en el que se basa Locke para sostener que el argumento ontológico probaría tanto la verdad del teísmo como la de ateísmo es absolutamente inaceptable. Tal supuesto es, en efecto, la pretendida equivalencia de la idea de «ser necesario» con la de «ser eterno», entendido como ser sin comienzo ni fin temporales. Pero por «ser necesario» es menester entender un ser de tal perfección que tiene en sí mismo la razón de su existencia, una esencia tan perfecta que no puede darse sin su existir. «Y así entenderemos» —según hemos visto que responde Descartes a ciertas objeciones— «que la existencia necesaria está contenida en la idea de un ser supremamente perfecto, no en virtud de ficción alguna del entendimiento, sino porque el existir

---

30 G.W.F. Hegel, *Encyklopädie der philosophischen Wissenschaften im Grundrisse* (1830), Erster Teil, Dritte Abteilung, § 193, in: *Werke in zwanzig Bänden*. Auf der Grundlage der Werke von 1832-1845 neu ediert. Redaktion: Eva Moldenhauer und Karl Markus Michel. Frankfurt am Main, Suhrkamp, 1969-1971, vol. VIII, p. 349.

pertenece a la verdadera e inmutable naturaleza de un ser tal»[31]. Concebida de este modo la «existencia necesaria», difícilmente podría haber pensado Locke que la prueba cartesiana puede servir como argumento a favor de la existencia de un ser material desprovisto de conocimiento.

* * *

En los tiempos recientes ha habido varios ensayos de defender la validez del argumento ontológico, no tanto desde la peculiaridad de la *esencia* de Dios, cuanto, más bien, desde las implicaciones lógico-modales del *concepto* de Dios como ser absolutamente necesario. Estos intentos se presentan, por lo común, como una refutación explícita de la tesis de Findlay, antes expuesta, según la cual el concepto de Dios como ser necesario supone ineludiblemente la imposibilidad de la existencia de Dios. Consideremos, pues, alguna de estas nuevas defensas de la prueba ontológica.

Tanto Norman Malcolm como Charles Hartshorne han puesto claramente de relieve que Anselmo de Canterbury (seguido después en este punto por Descartes, cabría añadir) ha propuesto dos formulaciones distintas del argumento ontológico: la primera, basada en la afirmación de que la existencia es, en general, un predicado real o una perfección; la otra, fundada en la aseveración de que la existencia que, en el caso único de Dios, se considera como un predicado real o una perfección no es la existencia en general, sino la existencia necesaria. Son, en verdad, las formulaciones que corresponden a los capítulos segundo y tercero, respectivamente, del *Proslogion*. Y tanto uno como otro pensador coinciden en rechazar por errónea la primera formulación y aceptar la segunda como válida[32].

_____

31   René Descartes, *Meditationes de prima philosophia*, «Responsio authoris ad primas objectiones», in: *Oeuvres de Descartes* (publiées par Charles Adam et Paul Tannery), Paris, J. Vrin, 1964-1972, VII, p. 119.

32   Cf. Norman Malcolm, «Anselm's Ontological Arguments», in: Alvin Plantinga (ed.), *op. cit.*, pp. 136-159. [El artículo apareció originariamente en *Philosophical Review* 69

Norman Malcolm interpreta la descripción anselmiana de Dios como el ser mayor que el cual no cabe pensar otro como la caracterización de un ser «independiente» e «ilimitado»: esto es, como un ser que no depende de otro para existir y cuya existencia no puede ser impedida por otro ni puede sobrevenirle por azar. La primera formulación de la prueba ontológica que propone Anselmo se apoya, al decir de Malcolm, en el principio de que algo es mayor si existe que si no existe («*a thing is greater if it exists than if it is does not exist*»). Este principio, sin embargo, forma parte de la doctrina según la cual la existencia es una perfección, que, como se ha dicho en el capítulo anterior de este libro, Malcolm considera errónea y sujeta a la célebre crítica de Kant. Por el contrario, el llamado «segundo argumento ontológico» se apoya en un principio que Malcolm juzga verdadero: algo es mayor si existe necesariamente que si existe no necesariamente («*a thing is greater if it necessarily exists than if it does not necessarily exists*»)[33]. La prueba ontológica de la existencia de Dios fundada en este principio es, pues, enteramente válida. Malcolm la formula abreviadamente en unos términos que recuerdan la versión mendelssohniana del argumento basada en la afirmación de que la no existencia del ser supremamente perfecto es absolutamente imposible[34]:

«Si Dios, un ser mayor que el cual no cabe pensar otro, no existe, tampoco puede *venir* a la existencia. Pues si ello ocurriese, o habría de tener una causa para venir a la existencia o habría venido fortuitamente a la existencia, y en cualquiera de los casos sería un ser limitado, lo que, según nuestro concepto, no es. Ahora bien, puesto que no puede venir a la existencia, si no existe, su existencia es imposible. Si existe, no puede

---

(1960), pp 41-62]. Charles Hartshorne, *Anselm's Discovery. A Re-examination of the Ontological Argument fo God's Existence,* Lasalle (Ill.), Open Court, 1965.

33   Norman Malcolm, *op. cit.*, p. 142.

34   Cf. Moses Mendelssohn, *Abhandlung über die Evidenz in metaphysischen Wissenschaften* (hrsg v. Fritz Bambergen und Leo Strauss), in: M.M., *Gesammelte Schriften* (Jubiläumsausgabe), Berlin 1929 ss.; Stuttgart-Bad Cannstatt, Friedrich Frommann Verlag (Günther Holzboog), 1971 ss., II, pp. 300-301. Vid. Cap. III, § 4 del presente libro.

haber venido a la existencia (por las razones aducidas), ni puede dejar de existir, pues nada podría producir que deje de existir ni podría acontecer fortuitamente que dejara de existir. Así, pues, si Dios existe, su existencia es necesaria. Por tanto, la existencia de Dios es o imposible o necesaria. Sólo puede ser imposible si el concepto de este ser es contradictorio o, de algún modo, lógicamente absurdo. Aceptando que no lo sea, se sigue que Dios existe necesariamente»[35].

Para asegurar su defensa del argumento ontológico, Malcolm se enfrenta a la tesis de Findlay de que el concepto del ser necesario —único objeto adecuado de veneración— incluye necesariamente la no existencia. Como se recuerda, Findlay basaba esta objeción en la afirmación de los lógicos modernos según la cual las verdades lógicamente necesarias sólo reflejan nuestro uso de las palabras, y de ahí infería que todas las proposiciones existenciales son contingentes. Malcolm cree que, aun admitiendo el mencionado punto de vista de la lógica, el error de la inferencia de Findlay estriba en suponer que las convenciones lingüísticas son siempre arbitrarias. Frente a este supuesto, Malcolm se acoge a la teoría wittgensteiniana de los juegos de lenguaje (*Sprachspiele*) y sostiene que el concepto del ser necesario «se juega» verdaderamente en ciertos sistemas religiosos de pensamiento y que, por tanto, no toda proposición existencial es contingente. «La réplica correcta» —escribe Malcolm ante la postura de Findlay— «es que el parecer de que la necesidad lógica refleja meramente el uso de las palabras no puede tener en modo alguno la consecuencia de que toda proposición existencial es contingente. Este parecer nos exige que *examinemos* el uso de las palabras y que no fabriquemos *a priori* tesis sobre ese uso. En el Salmo 90 se dice: "Antes que naciesen los montes o fuera engendrado el orbe de la tierra, desde siempre y por siempre tú eres Dios". Aquí se expresa la idea de la existencia necesaria y de la eternidad de Dios, idea que es esencial a las religiones judía y cristiana. En estos complejos sistemas de pensamiento, en estos "juegos de lenguaje", Dios tiene el rango de

---

35   Norman Malcolm, *op. cit.*, p. 146.

un ser necesario. ¿Quién puede dudar de ello? En este caso debemos decir con Wittgenstein: "Este juego de lenguaje se juega". Creo que podemos considerar correctamente que la existencia de estos sistemas religiosos de pensamiento en los que Dios figura como un ser necesario es una contraprueba del dogma, afirmado por Hume y ótros, de que ninguna proposición existencial puede ser necesaria»[36].

Charles Hartshorne es quizás el pensador que de un modo más minucioso, y también más vehemente, ha insistido en el hecho de que Anselmo de Canterbury ofrece dos formulaciones distintas del argumento ontológico. Al igual que Malcolm, Hartshorne considera que el razonamiento que se contiene en el capítulo segundo del *Proslogion* se funda en lo que llama «el *falso* principio anselmiano», que enuncia así: «existir es mejor que no existir (*to exist is better than not to exist*)»[37]. A la prueba ontológica construida sobre este principio parece oponerle Hartshorne fundamentalmente dos objeciones, que cabe incluir muy bien entre las ya estudiadas en este libro. Una de ellas es que esta primera formulación del argumento ontológico comete o bien el error lógico del tránsito de un género a otro, o bien el de la petición de principio. Hartshorne lo expone gráficamente de este modo: «Naturalmente, ni que decir tiene que, de alguna forma, es "mejor existir que no existir" (a menos que Schopenhauer tenga razón desde el punto de vista metafísico); pero definir el ser "mejor posible", y afirmar con ello su existencia es, a lo que parece, hacer que el optimismo sea verdadero por definición, lo que no es un procedimiento muy impresionante. "*Si* Dios es Dios, Él, siendo el mejor, tiene al menos que existir". Pero si Dios no existe, entonces "Él" ni es Dios ni ninguna otra cosa, pues no hay ningún "Él"»[38]. El otro reproche es que el razonamiento en cuestión incurre en el fallo de considerar la existencia como un predicado. Escribe, en efecto, este autor: «¿Es "existir", en general, parte de la descripción de una cosa, uno de sus "predicados", o es algo

36 *Op. cit.*, pp. 152-153.
37 Charles Hartshorne, *op. cit.*, Part One, 19, p. 88.
38 *Ibid.*

enteramente diferente de un predicado? Si es un predicado, entonces las descripciones hipotéticas son incompletas. "Hay un hombre en esta isla". "¿Qué clase de hombre, un hombre existente o uno no existente?". No, no pensamos ordinariamente que las cosas existentes constituyen una clase especial. Cualquier clase de cosa coherentemente pensada podría existir posiblemente, no importa qué más sea verdadero de ella. Sin embargo, según presenta primero Anselmo su argumento, parece que considera que las cosas existentes son una clase de cosa diferente y superior: de ahí que lo que es sin superior pensable tenga que existir»[39].

A diferencia de este primer argumento, la prueba ontológica que se expone en el capítulo tercero del *Proslogion,* que es independiente de la anterior, se basa, al decir de Hartshorne, en el principio que llama «el *verdadero* principio anselmiano». Lo enuncia en estos términos: «existir sin la opción pensable a no existir es mejor que existir con tal opción (*to exist without conceivable alternative of not existing is better than to exist with such alternative*)»[40]. El argumento ontológico edificado sobre este fundamento resulta, a juicio de Hartshorne, enteramente válido, porque la existencia que, en el solo caso del algo mayor que lo cual no cabe pensar otro, se considera como un predicado no es la existencia sin más, sino una forma única y superior de existencia: la existencia sin la opción pensable a no existir. Y como Hartshorne hace equivaler la «impensabilidad de la no existencia» («*inconceivability of nonexistence*») a la existencia necesaria, caracteriza el argumento ontológico, en esta versión, como prueba *modal* de la existencia de Dios[41].

En su libro *El descubrimiento de Anselmo,* expone Hartshorne esta formulación del argumento modal, que es fundamentalmente una glosa del razonamiento del capítulo tercero del *Proslogion* y que recuerda asimismo la mencionada versión mendelssohniana del argumento fundada en la imposibilidad de la no existencia de Dios: «Si Dios pudiera posiblemente dejar de existir, Dios tiene que ser algo que, "aun si existie-

---

39 *Op. cit.,* Part One, 6, p. 33.
40 *Op. cit.,* Part One, 19, p. 88.
41 Cf. *op. cit.,* Part One, 7, p. 33 y 19, p. 93.

ra", sería menor que "aquello mayor que lo cual nada se puede pensar";
pues podemos (se afirma) pensar algo tal que no pueda pensarse que
no existe, y ser así es mejor que ser tal que sea pensable la no existencia
de la cosa; de ahí que aquello superior a lo cual nada ha de ser pensable
tiene que pensarse como tal que su existencia es impensable. El que
dice que piensa esto pero cree que no existe o que puede no existir, se
contradice a sí mismo; pues dice que piensa como posible aquello de lo
que también dice que nadie puede pensar como posible»[42].

En una obra anterior a la citada, *La lógica de la perfección,* presenta
Hartshorne diez formulaciones de la prueba ontológica atenidas a las leyes
de la lógica modal. He aquí la formalización más acabada que propone:

«"q"	por "(∃x)Px" Hay un ser perfecto, o la perfección existe.
"N"	por "es necesario (lógicamente verdadero) que"
"~"	por "no es verdad que".
"v"	por "o".
"p→q"	por "p implica estrictamente q" o "N~(p&~q)".
(1) q→Nq	"Principio de Anselmo": la perfección no puede existir contingentemente.
(2) Nq v ~Nq	Principio de tercero excluido.
(3) ~Nq→N ~Nq	Forma del postulado de Becker: el estado modal es siempre necesario.
(4) Nq v N ~Nq	Inferencia de (2), (3).
(5) N ~Nq→N ~q	Inferencia de (1): la falsedad necesaria del consecuente implica la del antecedente (Forma modal del *modus tollens*).
(6) Nq v N ~q	Inferencia de (4), (5).
(7) ~N ~q	Postulado intuitivo (o conclusión de otros argumentos teístas); la perfección no es imposible.
(8) Nq	Inferencia de (6), (7).
(9) Nq→q	Axioma modal.
(10) q	Inferencia de (8), (9)»[43].

---

42   *Op. cit.,* Part One, 7, p. 34.
43   Charles Hartshorne, *The Logic of Perfection and Other Essays in Neoclassical Meta-physics,* Lasalle (Ill.), Open Court, 1962, chap. 2, pp. 50-51.

También el pensador norteamericano se enfrenta con la prueba de la no existencia de Dios propuesta por Findlay, y su discusión le da motivo para poner de manifiesto el fundamento metafísico sobre el que apoya su defensa del argumento modal de la existencia de Dios. Hartshorne considera que Findlay ha hecho «la más importante contribución desde Kant a la controversia anselmiana, desde su lado escéptico»[44]. Y, en verdad, el razonamiento de Findlay se le presenta a Hartshorne como la contrapartida del argumento de Malcolm a favor de la necesidad de la existencia de Dios. Escribe: «Anselmo declaró que Dios no podría existir contingentemente, de lo cual, por axiomas modales, se sigue que Él no podría contingentemente dejar de existir. ¿Qué, entonces? Obviamente, o bien Él podría existir y existe necesariamente, o bien Él necesariamente deja de existir, esto es, su existencia es lógicamente imposible. Anselmo, defendido recientemente por Malcolm, rechaza la imposibilidad e infiere la existencia necesaria; Findlay rechaza la posibilidad lógica de la existencia necesaria e infiere la imposibilidad de que Dios existiera en absoluto»[45].

La importancia que concede Hartshorne a ese razonamiento escéptico se entiende suficientemente a la luz de la distinción que establece este pensador entre «existencia» y «actualidad», distinción que ya fue expuesta en el capítulo octavo de este libro al dar cuenta del modo en que el llamado «teísmo neoclásico» explica la caracterización de Dios como el ser mayor que el cual no cabe pensar otro. Como se recuerda, la existencia, para Hartshorne, es sólo *que* una esencia está concretada; la actualidad, en cambio, es el *cómo* o la forma particular en que la esencia está concretada. Si a esta distinción se añade el axioma de la no deducibilidad o de la contingencia de la existencia, que afirma que la existencia concreta, que es siempre contingente, no se puede deducir de la existencia abstracta, el razonamiento de Findlay tiene la virtud, al

44   Charles Hartshorne, *Anselm's Discovery. A Re-examination of the Ontological Argument for God's Existence*, in: ed. *cit.*, Part Two, 17, p. 255
45   *Op. cit.*, Part Two, 17, p. 258.

decir de Hartshorne, de poner de relieve una importante paradoja[46]. Esta paradoja se puede acaso exponer libremente de esta forma. Por una parte, si la existencia de Dios se deduce necesariamente de la definición de la esencia divina en tanto que la de un ser necesario, entonces la existencia de Dios es tan abstracta como lo es su definición. Por otra parte, sin embargo, si la existencia de Dios es concreta, entonces tiene que ser contingente. Pero en ambos casos se afirma forzosamente que Dios no existe: en el primero, porque su existencia, aun cuando necesaria, no está actualizada; en el segundo, porque la única actualización que puede tener la existencia es contingente, lo que contradice el concepto del ser necesario. Por tanto, la existencia de Dios, tanto si se considera de un modo abstracto como de un modo concreto, es imposible.

Hartshorne, no obstante, cree tener la clave de la solución de esta paradoja precisamente en esa misma distinción suya de existencia y actualidad. Ciertamente, según la concepción de este autor, ya referida, si bien la actualidad de una esencia es siempre contingente, esto no vale igualmente para la existencia, que puede ser necesaria. De esta forma, el teísmo neoclásico, que, como sabemos, no tiene reparo en atribuir a Dios tanto propiedades esenciales como accidentales, puede distinguir realmente en Dios la existencia abstracta de la actualidad concreta y admitir por ello que Dios es, a la vez, necesario y contingente. He aquí, en efecto, la solución que propone Hartshorne de la llamada paradoja de Findlay o «paradoja de lo abstracto y lo concreto»: «La respuesta, que no se puede encontrar en Anselmo ni en ninguno de sus críticos más conocidos, es como sigue: existir es siempre, y este es el significado universal, estar *actualizado de alguna manera* (*somehow actualized*) en una realidad apropiada concreta (y contingente); pero hay que considerar que en los casos ordinarios de existencia no sólo es contingente la realidad concreta particular, sino que también es contingente que haya *una* realidad concreta que encarne el predicado. En el caso divino, sin embargo, el predicado ha de pensarse como *inevitablemente* actualiza-

---

46   Cf. *op. cit.*, Part One, 8, pp. 36-41; Part Two, 17, pp. 255-261.

do de alguna manera, esto es, en alguna realidad apropiada concreta. De este modo, la contingencia tiene dos formas: o bien (1) tanto *que* y *cómo* el predicado está actualizado o concretado son accidentales; o bien (2) sólo el *cómo* es accidental, mientras que el *que* es necesario. Existencia en general y siempre significa: *actualizado de alguna manera* en una forma concreta contingente, no siendo nunca necesario precisamente *qué* forma, o *cómo* actualizado. Existencia en la forma superior o divina, por consiguiente, significa que la esencia abstracta (merecer adoración o la imposibilidad de un ser superior) está actualizada de alguna manera en una forma adecuada concreta y contingente; pero en este caso sólo es contingente el *cómo* de la actualización, la realidad concreta particular, no el que haya *alguna* actualización apropiada»[47].

Con independencia del juicio que pueda merecer esta solución del teísmo neoclásico, es digna de notarse la valoración que el propio Findlay ha hecho de su prueba de la no existencia de Dios ante las consideraciones de Hartshorne. En efecto, quince años después de la publicación de su ensayo, Findlay lo recogió en su libro *Lenguaje, verdad y valor,* en cuyo prólogo declara: «Creo todavía que [el artículo] hace ver un punto válido: que si es *posible,* en algún sentido lógico y no meramente epistemológico, que no haya Dios, entonces la existencia de Dios no es meramente dudosa, sino *imposible,* puesto que nada *capaz* de no existir podría ser un Dios en absoluto. [...] El profesor Hartshorne me ha convencido, sin embargo, de que mi argumento permite una pronta inversión, y que se puede argüir muy bien que si la existencia de Dios es de algún modo *posible,* entonces es también *cierto* y *necesario* que Dios existe, posición que daría algún consuelo a la sombra de Anselmo. La noción de Dios, como la noción de la clase de todas las clases que no son miembros de sí mismas, tiene evidentemente propiedades lógicas

---

47 *Op. cit.,* Part One, 8, pp. 38-39.

únicas, y yo no creo ahora que mi artículo *resuelva* de modo definitivo cómo tendríamos que enfrentarnos con tal unicidad»[48].

* * *

No cabe pasar en este punto de la defensa de la prueba ontológica sin reseñar siquiera los recientes estudios sobre el argumento realizados a partir de las enseñanzas de la lógica de los mundos posibles. El esencialismo renovado por Saul Kripke y el análisis de los enunciados modales que hace este autor sobre la base del concepto de «mundo posible» han dado origen, en efecto, a nuevas y sugestivas consideraciones de la prueba anselmiana. Nos detendremos brevemente en las debidas a Alvin Plantinga, que son acaso las que más interesa conocer en esta ocasión.

Plantinga se ha ocupado del argumento ontológico en varias de sus publicaciones. En una primera obra, dedicada al estudio de la justificación racional de la creencia en Dios, ha mantenido dos tesis principales al respecto[49]. La primera tesis es que ninguno de los intentos de refutar de un modo general el argumento ontológico y sus variantes ha logrado su propósito. A los ojos de Plantinga, en efecto, las célebres críticas de Kant basadas en la peculiaridad de la existencia, y aun otros reparos análogos de diversos pensadores contemporáneos, no aciertan a establecer un sentido tal del término «predicado» que haga patente que la existencia no es un predicado y que el argumento ontológico requiere necesariamente que lo sea. Por lo demás, los razonamientos aducidos tanto por Kant como por algunos autores actuales a favor de que ninguna proposición existencial es necesaria parecen apoyarse en

---

48 J.N. Findlay, *Language, Mind and Value*, London, Allen and Unwin, 1963; el pasaje en cuestión se reproduce en la citada antología de Plantinga, pp. 121-122. También lo cita Hartshorne en su *Anselm's Discovery*, pp. 307-308.

49 Cf. Alvin Plantinga, *God and Other Minds. A Study of the Rational Justification of Belief in God*, Ithaca and London, Cornell University Press, 1967, Part I, chap. 2, pp. 26-63 y chap. 3, pp. 64-94.

premisas discutibles y en absoluto evidentes. No obstante, la segunda tesis sostenida por Plantinga en su examen inicial del argumento ontológico sirve de contrapeso a esta primera, pues consiste en que, a su juicio, tampoco las versiones que se han ofrecido hasta el momento de la prueba, incluida la formulación modal de Norman Malcolm, resultan satisfactorias.

Las nuevas meditaciones de Plantinga sobre el argumento ontológico, expuestas en su libro *La naturaleza de la necesidad* —y también en *Dios, libertad y mal*[50]—, le conducen a un resultado en extremo interesante. Pues Plantinga cree haber encontrado finalmente una formulación válida del argumento ontológico, una «versión modal victoriosa», según sus propias palabras. Consideremos, por tanto, los razonamientos de este pensador.

En un primer momento, Plantinga, siguiendo ciertas indicaciones de C. D. Broad, había interpretado la tesis anselmiana que dice «existir en la realidad es mayor que existir en el solo entendimiento», en el sentido de una comparación entre dos objetos *diferentes,* uno de ellos existente y el otro no. Según esto, si un objeto A tiene todas las propiedades que tiene el objeto B y A existe y B no, entonces A es mayor que B. Sin embargo, las consideraciones de David Lewis sobre el argumento anselmiano convencieron luego a Plantinga de que de este modo no se describe adecuadamente el pensamiento de Anselmo y que, en realidad, hay que entender la tesis en cuestión como referida a un único objeto. Por consiguiente, la afirmación anselmiana ha de significar que el objeto *x,* supuesto que no exista actualmente, sería mayor si existiera. Y como en este caso se compara la «grandeza» de un ser en diferentes estados de cosas, la tesis de Anselmo equivale a

---

50   Cf. Alvin Plantinga, *The Nature of Necessity,* Oxford, Clarendon Press, 1974; *God, Freedom and Evil,* New York, Harper, 1974.

decir que el ente *x* es mayor en aquellos mundos posibles en los que existe que en los que no existe[51].

No obstante, Plantinga considera insatisfactoria la reconstrucción del argumento ontológico con semejante premisa. A mayor abundamiento, la prueba así erigida supone admitir la tesis metafísica de que hay objetos posibles pero no existentes, y Plantinga ha dedicado todo el capítulo octavo de *La naturaleza de la necesidad* a rechazar la admisión de objetos meramente posibles[52].

Hay, sin embargo, según defiende este pensador, una manera de formular el argumento ontológico que no precisa admitir, ni aun discutir siquiera, la tesis de que hay objetos posibles que no existen actualmente. Esta interpretación se apoya en la consideración de las propiedades de los entes y los varios mundos en los que están o no están ejemplificados, y le fue sugerida a Plantinga, según confesión propia, por la meditación de cierta tesis central de J. N. Findlay. Como sabemos, Findlay sostiene que Dios, o sea, un objeto adecuado de veneración, tiene que poseer sus varias excelencias de un modo necesario y no meramente contingente. Esta afirmación la interpreta Plantinga en el sentido de que la grandeza de un ente en un mundo determinado no depende únicamente de sus cualidades y atributos en ese mundo, sino que también hay que tener en cuenta cómo es el ente en cuestión en *otros* mundos: quienes veneran a Dios no lo conciben como un ser al que le acontece tener una excelencia superior en este mundo, pero en algún otro mundo carece de poder o es ignorante o tiene un dudoso carácter moral. Una cosa es, pues, la excelencia y otra la grandeza: la excelencia de un ente en un mundo dado depende exclusivamente de sus propiedades en dicho mundo; en cambio, su grandeza en el mundo en cuestión no sólo depende de su excelencia en ese mundo, sino también de su excelencia en

---

51 Cf. Alvin Plantinga, *The Nature of Necessity,* ed. cit., chap. X, 2, pp. 200-201. Vid. C.D. Broad, «Arguments for the Existence of God», in: *Religion, Philosophy and Psychical Research. Selected Essays,* New York, Harcourt, Brace & Co, Inc., 1953, pp. 175-201, esp. pp. 177-183; David Lewis, «Anselm and Actuality», *Nous* 4 (1970), pp. 175-188.

52 Cf. Alvin Plantinga, *op. cit.,* chap. X, 3, pp. 202-205; chap. VIII, pp. 149-163.

otros mundos. De este modo, la fórmula anselmiana «algo mayor que lo cual no cabe pensar otro» puede resumirse en estas dos palabras: «grandeza insuperable» («*unsurpassable greatness*), o sea, la excelencia máxima en todo mundo posible («*maximal excellence in every possible world*»). Y esta excelencia máxima contiene necesariamente, al decir de Plantinga, los atributos de la omnipotencia, de la omnisciencia y de la perfección moral[53].

Todavía enseña Plantinga que algunas propiedades se ejemplifican en algunos mundos, pero no en todos y que otras, en cambio, se ejemplifican en todos los mundos: a estas últimas las llama «propiedades universales». Si se pone en relación esta definición con el llamado principio modal S 5, que dice que lo que es necesario o imposible no varía de mundo en mundo, cabe definir una propiedad universal como aquella que o se ejemplifica en todos los mundos o no se ejemplifica en ninguno. Por tanto, es claro que, si la «grandeza insuperable» está ejemplificada en algún mundo, entonces lo está en todos; es decir, que la «grandeza insuperable» es una propiedad universal[54].

Sobre la base de estas consideraciones, propone Plantinga su nueva y, a su juicio, victoriosa versión modal de la prueba ontológica. Cabe presentarla así, siguiendo la más simple de las dos fórmulas que ofrece:

1. Hay un mundo posible en el que está ejemplificada la grandeza insuperable.

2. La proposición *una cosa tiene grandeza insuperable si y sólo si tiene máxima excelencia en todo mundo posible* es necesariamente verdadera.

3. La proposición *lo que tiene máxima excelencia es omnipotente, omnisciente y moralmente perfecto* es necesariamente verdadera.

---

53   Cf. *Op. cit.,* chap. X, 7, pp. 213-214 y 216.
54   *Ibid.,* p. 216.

4. La posesión de la grandeza insuperable está ejemplificada en todo mundo y también, por tanto, en este.

5. Por tanto, existe actualmente un ser que es omnipotente, omnisciente y moralmente perfecto y existe y tiene estas propiedades en todo mundo.

Como se ve, las premisas (2) y (3) desarrollan analíticamente el contenido de «grandeza insuperable». La premisa (4), que supone la definición del concepto de «propiedad universal» con ayuda del principio modal S 5, se sigue de las premisas (1) y (2), y, a su vez, de ella y de la premisa (3) se concluye (5). De la premisa (1), que es sin duda la premisa principal, Plantinga dice, sin mayor prueba, que es verdadera y que por ello el argumento ontológico es válido: «La única cuestión de interés es, me parece, si su premisa principal —que realmente la grandeza insuperable puede estar ejemplificada, que hay una esencia que implica una grandeza insuperable— es *verdadera*. Creo que esta premisa es realmente verdadera. Por consiguiente, creo que esta versión del argumento ontológico es sólida»[55].

§ 3. El problema de la división del ser en finito e infinito

Considerada en su núcleo, la referida discusión sobre la validez del argumento ontológico presenta este nuevo asunto a la meditación filosófica: ¿en algún caso mentar una esencia supone mentar también una existencia? Según se ha visto, los críticos de la prueba responden negativamente a esta pregunta: como el existir no forma parte de la esencia de ningún ser, el conocimiento de la existencia nunca puede

---

55 *Ibid.*, pp. 216-217.— Para una exposición y una crítica de las sucesivas posiciones de Plantinga ante el argumento ontológico, vid. James E. Tomberlin, «Plantinga and the Ontological Argument», in: J. E. Tomberlin and P. van Inwagen (eds.), *Alvin Plantinga*, Dordrecht, D. Reidel, 1985, pp. 257-270.

venir dado por el conocimiento de lo que un ente sea. Los defensores del argumento, en cambio, sostienen que la peculiaridad del ser divino consiste precisamente en que la existencia no puede «caer» fuera, por así decir, de la esencia de este ser. Y en esa singularidad habrían de fundarse también, en último término, las particulares implicaciones lógico-modales que se descubren en el concepto mismo del ser mayor que el cual no cabe pensar otro.

Bien se advierte que el esclarecimiento último de esta cuestión exige llevar a cabo, ante todo, una tarea previa: considerar las diversas esencias que se mientan —las de los seres cuyo mayor cabe que sea pensado y la del ser mayor que el cual no cabe pensar otro— y analizar qué relación han de guardar con su respectiva existencia. Pero esto es tanto como ocuparse del fundamental problema metafísico de la división del ser en finito e infinito, es decir, del problema de cuál sea la distinción propiamente radical entre los seres cuyo mayor cabe que sea pensado y el ser mayor que el cual no cabe pensar otro. Atinadamente reconoció, en efecto, Francisco Suárez que «la primera división del ente es aquella que lo divide en finito e infinito» (*prima divisio entis est illa in finitum et infinitum*)[56].

A este intrincadísimo problema cabe dar, en principio, tres respuestas principales[57]. Estudiémoslas, primero, en sus rasgos esenciales, y examinemos luego, a su diversa luz, la pretensión del argumento ontológico y el alcance de las diversas formulaciones estudiadas.

La primera respuesta consiste en sostener lo siguiente: *desde el punto de vista de lo actual o real, en los seres cuyo mayor cabe pensar la existencia se distingue realmente de la esencia en tanto que tal; pero, en el ser mayor que el cual no cabe pensar otro, la existencia es*

---

56 Francisco Suárez, *Disputationes metaphysicae*, Disp. IV, sect. VII, 1. Cf. Disp. XXVIII.

57 En el libro de Étienne Gilson, *L'être et l'essence*, Paris, J. Vrin, 1972, 2me ed. rev. et augm., se halla una exposición y discusión, cuyo interés no cabe exagerar, de las diversas soluciones que se han propuesto a este problema en el curso del pensamiento occidental.

una con su esencia. Es mérito de Tomás de Aquino el haber defendido
expresamente esta posición, verdadero fundamento de su metafísica.

Como justificación de la primera parte de esta respuesta, el
Aquinate aduce, entre otros, este argumento[58]. Supóngase un ente
cuya esencia se identifica con su ser, de tal manera que es el mismo ser
subsistente. Este ser es por fuerza único. Es, en verdad, imposible que
haya diversos seres de esta índole, porque sólo podrían distinguirse por
su ser, que es justamente en lo que todos habrían de coincidir. Ahora
bien, un ser que es necesariamente único es el ser mayor que el cual no
cabe pensar otro. De aquí se sigue, *per contrarium,* que los seres cuyo
mayor cabe pensar, que son, por así decir, «multiplicables» en muchos
individuos, sólo pueden distinguirse entre sí por algo que no es el ser; y
esto no es sino aquello que cada uno es: la esencia. Por tanto, es imposible que en los seres cuyo mayor cabe pensar la existencia sea una con
la esencia: la esencia y aquello por lo cual la esencia es se distinguen
realmente en los seres finitos, no, ciertamente, como se distinguen dos
cosas reales, pero sí como se distinguen dos realidades diversas —la
potencia y el acto— de una misma cosa que juntas inseparablemente
la componen.

Como prueba acaso principal de la segunda parte de la afirmación
enunciada propone Tomás de Aquino este razonamiento[59]. Supóngase
un ente cuyo ser se distinga realmente de su esencia. Este ser ha de ser
causado. Ciertamente, las cosas que de suyo son diversas no pueden
conjuntarse sino por algo que las unifica. En el caso presente, sólo cabe
pensar que la causa de la existencia de este ser se halle o bien entre los
principios de su esencia, o bien en algo exterior a su esencia. No se puede

---

58   Cf. Tomás de Aquino, *De ente et essentia,* cap. 5 (vid. Eudaldo Forment, *Filosofía del*
     ser. Introducción, comentario, texto y traducción del «De ente et essentia» de santo
     Tomás, Barcelona, Promociones y Publicaciones Universitarias, 1988, pp. 108-109);
     Quaestiones disputatae de veritate, q. 27, a. 1 ad 8; *Summa contra gentiles,* 1, caps.
     25-26, 2, cap. 52; *Summa theologiae,* 1, q. 3, a. 5.
59   Cf. Tomás de Aquino, *Summa contra gentiles,* 1, cap. 22; *Summa theologiae,* 1, q. 3,
     a. 4.

hallar entre los principios de la esencia, porque esto supondría que un ente puede ser causa de sí mismo, y esto es absurdo, ya que dicho ente tendría que existir antes de existir. Así, pues, este ser tiene su existencia causada por otro. Ahora bien, un ser que debe su existencia a otro es necesariamente un ser cuyo mayor se puede pensar. De ahí se sigue, *per contrarium,* que al ser mayor que el cual no cabe pensar otro no se le pueden aplicar las anteriores razones. Por tanto, es imposible que en el ser mayor que el cual no cabe pensar otro la esencia sea distinta de su ser: en el ser infinito la esencia y aquello por lo que la esencia es son realmente uno.

Según esta posición, la infinitud del ser mayor que el cual no cabe pensar otro consiste en que su existir es subsistente por sí mismo, no recibido en otro, lo cual lo distingue radicalmente de la finitud o limitación propia de todo otro ser[60].

Por su parte, la segunda solución anunciada del problema de la división del ser en finito e infinito defiende esta doble tesis: *desde el punto de vista de lo posible, en los seres cuyo mayor cabe pensar la esencia no implica la existencia real; pero, en el ser mayor que el cual no cabe pensar otro, la esencia implica la existencia real. Sin embargo, desde el punto de vista de lo actual o real, en ningún ser se distinguen la esencia y la existencia.* Descartes es, en verdad, un célebre partidario de esta posición.

El filósofo francés enuncia de este modo la primera tesis en cuestión, en un pasaje, ya citado en el capítulo V de este libro, en el que Descartes responde a ciertas objeciones tardías que le presentó Arnauld bajo el pseudónimo de «Hyperaspistes»: «Cuando dije que Dios es *su ser (suum esse)* empleé un modo de hablar muy usual entre los teólogos, por el que se entiende que pertenece a la esencia de Dios el existir, lo que no puede decirse igualmente del triángulo, porque toda

---

60   Cf. Tomás de Aquino, *Summa theologiae,* 1, q. 7, a. 1, ad 3.

su esencia se entiende correctamente aunque se suponga que no existe ninguno en la realidad»[61].

La segunda tesis referida la expone Descartes como una evidencia innegable: «Así, cuando pienso en la esencia del triángulo y en la existencia de este triángulo, estos dos pensamientos, en cuanto son pensamientos, también tomados objetivamente, difieren modalmente, tomando estrictamente el nombre de modo; pero no ocurre lo mismo con el triángulo que existe fuera del pensamiento, en el cual me parece manifiesto que la esencia y la existencia no se distinguen de ninguna manera»[62].

Atendiendo a estas razones, es manifiesto que la infinitud del ser mayor que el cual no cabe pensar otro, y, por tanto, su radical distinción de los otros seres, se funda en la esencia de dicho ser, que es la suma de todas las perfecciones, la esencia con la máxima «realidad objetiva», en términos cartesianos[63].

Finalmente, la tercera respuesta mencionada a la cuestión de la división del ser en finito e infinito declara: *desde el punto de vista de lo posible, en ningún ser se distingue la esencia de la existencia; sin embargo, desde el punto de vista de lo real, en todo ser la existencia se distingue de la esencia.* Kant es uno de los pensadores que, de una manera clarísima, defiende esta tesis, ya en su escrito precrítico *El único fundamento posible de una demostración de la existencia de Dios.*

En esa obra, la expresa distinción entre el plano de lo posible y el de lo real o, en la terminología de Kant, entre lo que está puesto y el modo en que lo está, le sirve al filósofo para analizar las relaciones entre la esencia o mera posibilidad de una cosa y la existencia de dicha cosa. Kant plantea, en efecto, esta cuestión: «¿Puedo decir que en la existencia hay más que en la mera posibilidad?». La respuesta, que vale

61 René Descartes, *Responsio ad Hyperaspistem*, août 1641, in: *Oeuvres de Descartes* (publiées par Charles Adam et Paul Tannery), Paris, J. Vrin, 1964-1972, III, p. 433.
62 René Descartes, *Lettre à ****, 1645 ou 1646, in: *ed. cit.*, IV, p. 350.
63 Cf. René Descartes, *Meditationes de prima philosophia*, «Meditatio tertia», in: *ed. cit.*, VII, p. 32.

la pena citar por extenso, sigue este tenor: «Para responder a esta pregunta, sólo hago notar, ante todo, que hay que distinguir entre lo que está puesto y cómo está puesto. Por lo que respecta a lo primero, en una cosa real no hay puesto más que en una cosa meramente posible, pues todas las determinaciones y predicados de la cosa real pueden encontrarse también en su mera posibilidad. Pero, en lo que concierne a lo segundo, ciertamente mediante la realidad se pone algo más. Pues, si me pregunto cómo está puesto todo esto en la mera posibilidad, me doy cuenta de que tiene lugar sólo relativamente a la cosa misma; por ejemplo, si hay un triángulo, entonces hay tres lados, un espacio cerrado, tres ángulos, etc.; o mejor: las relaciones de estas determinaciones están puestas meramente de un modo relativo a un algo tal como un triángulo; pero si el triángulo existe, todo esto está puesto absolutamente, esto es, la cosa misma junta estas relaciones; por consiguiente, está puesto algo más. De ahí que, para resumir todo en una idea tan sutil que pueda evitar la confusión, digo: en un existente no hay puesto nada más que en un mero posible (pues en este caso se trata de sus predicados), pero mediante algo existente se pone más que mediante algo meramente posible, pues aquél se refiere también a la posición absoluta de la cosa misma. En efecto, en la mera posibilidad no es la cosa misma la que está puesta, sino las simples relaciones de algo con algo según el principio de contradicción, y es claro que la existencia no es propiamente ningún predicado de una cosa»[64].

Esta postura coincide con la anterior en señalar que la infinitud del ser mayor que el cual no cabe pensar otro, que lo hace distinto radicalmente de los otros seres, estriba en la peculiaridad única de la esencia de este ser: Dios es, según Kant, «el fundamento supremo de toda realidad posible»[65].

---

64 Immanuel Kant, *Der einzig mögliche Beweisgrund zu einer Demonstration des Daseins Gottes,* 1. Abt., 1. Betrach., 3, in: *ed. cit.,* II, p. 75.
65 *Op. cit.,* 1. Abt., 3. Betrach., 6, in: *ed. cit.,* II, p. 85.

Es fácil percatarse de que este análisis kantiano de las relaciones de la esencia y la existencia constituye el trasfondo del rechazo del argumento ontológico que toma pie en la afirmación del carácter no conceptualizable de la existencia. En esta medida, esta misma solución del problema de la división del ser en finito e infinito hay que atribuírsela no sólo a Kant, sino también a los pensadores que proponen una crítica de la prueba ontológica similar a la suya. Ciertamente, si es verdad que en todo ser real la existencia se distingue de la esencia, entonces, a partir del conocimiento de la esencia de un ente, sea este el que sea, sólo cabe inferir dos cosas respecto de su existencia: o bien que es imposible conocer que hay un ser que existe necesariamente, por su esencia, como sostienen, además de Kant, Hume y aun Frege y Russell; o bien que es imposible que haya un ser que exista necesariamente, por su esencia, como defiende atrevidamente Findlay.

La concepción cartesiana de las relaciones de la esencia y la existencia no sólo funda, como es obvio, la formulación del argumento ontológico presentada por el autor del *Discurso del método*. Es también, en primer término, el fundamento de las versiones de la prueba propuestas por Espinosa. El pensador racionalista defiende, en efecto, por una parte, que «en Dios, la esencia no se distingue de la existencia, ya que aquella no se puede concebir sin esta; pero en las otras cosas, la esencia se distingue de la existencia, porque se puede concebir sin esta»[66]. La razón aducida en favor de esta tesis muestra a las claras que se trata de una identidad y una distinción en el plano de lo pensable, esto es, de lo posible. Por otra parte, Espinosa concibe la existencia como «la misma esencia de las cosas fuera de Dios y considerada en sí misma»[67], sosteniendo con ello paladinamente que, en el terreno de lo real, la esencia y la existencia de los entes no se pueden distinguir. De ahí que, si estas razones son verdaderas, entonces es válido el razonamiento de Descartes y Espinosa: desde el conocimiento de la esencia de un ser

---

66   Baruch de Espinosa, *Cogitata metaphysica*, Pars I, cap. 2, in: *ed. cit.*, I, p. 238.
67   *Ibid.*

que contiene la máxima realidad, que posee en sí mismo la razón de su existir y que tiene una potencia infinita de existir, se concluye que este ser existe necesariamente.

Consideradas desde la perspectiva de las diversas soluciones al problema fundamental que nos ocupa, las versiones modales del argumento ontológico debidas a Malcolm y a Hartshorne se presentan como ensayos de admitir la tesis kantiana de que la existencia no es un predicado real y, sin embargo, sacar verdadera, a la vez, la pretensión cartesiana de que la esencia de Dios implica necesariamente la existencia. Sabemos, en efecto, que tanto Malcolm como Hartshorne rechazan explícitamente la formulación de la prueba ontológica que se funda en el principio: «algo es mayor si existe que si no existe» o «existir es mejor que no existir», porque la existencia no es una perfección. Por tanto, estos autores no tendrían reparo en admitir, con Kant, que, desde el punto de vista de lo real, la existencia de todo ente es distinta de su esencia. No obstante, sabemos también que ambos pensadores, al proponer su respectiva versión modal del argumento ontológico, no pueden por menos de coincidir con Descartes en que, desde el punto de vista de lo posible, hay un único ser cuya esencia implica la existencia real. Malcolm sostiene, como se recuerda, que la idea de un ser necesario «se juega» verdaderamente en ciertos sistemas de pensamiento y que el análisis de esta noción nos pone ante la irrepetible disyuntiva de afirmar que la existencia de este ser o es intrínsecamente imposible o es absolutamente necesaria. Hartshorne, por su lado, defiende, según se ha visto, que la peculiaridad del ser divino consiste en que su esencia no puede concebirse sino existiendo necesariamente, por más que haya que pensar que su actualidad es siempre contingente.

También la «versión modal victoriosa» del argumento ontológico propuesta por Plantinga se asemeja, mirada a este viso, a los intentos de Malcolm y Hartshorne. Plantinga, en efecto, no hace uso tampoco en su argumento de la tesis de que la existencia es una perfección. Pero, no obstante, la premisa principal de su argumento, a saber: que hay un mundo posible en el que está ejemplificada la grandeza insuperable, supone admitir en definitiva la tesis de que, desde el punto de vista de lo posible, hay un ser cuya esencia implica la existencia real.

No parece en modo alguno desatinado considerar que es la concepción tomista de las relaciones de la esencia y la existencia la que está en la base de las formulaciones del argumento ontológico debidas a Anselmo y a Buenaventura. Es verdad que, desde el punto de vista histórico, ninguno de estos pensadores llegó a dar forma expresa a esa doctrina. Sin embargo, según se ha estudiado anteriormente, el propio Tomás de Aquino, al analizar el argumento anselmiano, pone a la luz precisamente este fundamento de la prueba: la esencia de Dios es su mismo existir, mientras que en los otros entes se distingue realmente lo que son de aquello por lo que son[68]. Por tanto, si conociéramos adecuadamente la esencia de Dios —interpreta Tomás de Aquino el pensamiento de Anselmo—, sería imposible no conocer su existencia, puesto que son una misma cosa. Y ya sabemos que si el Aquinate no sigue al obispo de Canterbury en su afirmación de la existencia de Dios a partir del conocimiento de su esencia, se debe únicamente a que no cree que el hombre posea un conocimiento apropiado de lo que Dios es. A mayor abundamiento, Buenaventura, según se estudió, funda explícitamente su versión de la prueba ontológica en el dato innegable de que la esencia de Dios no se distingue de su ser en la realidad.

¿Tienen igual valor, respecto de esta diversa fundamentación, todas estas versiones del argumento ontológico? ¿Les afecta del mismo modo la crítica que se basa en el carácter no conceptualizable de la existencia? Parece claro, por lo que toca a la primera pregunta, que la exclusiva identidad real de la esencia y la existencia en Dios representa un fundamento del argumento ontológico más firme que el hecho de que no cabe pensar la esencia de Dios sin pensar su existencia. Y es asimismo

---

68   Esta distinción, crucial en Tomás de Aquino, tiene un claro precedente en la establecida por Boecio, en su *De hebdomadibus*, lect.1, al afirmar que «diversum est esse et id quod est». (Debo esta observación a un muy atento revisor anónimo del manuscrito de este libro).

manifiesto, en lo que concierne a la segunda pregunta, que el reproche antes considerado parece dirigirse más particularmente contra las formulaciones de la prueba basadas en el último hecho que se menciona.

Para comprender las razones de estas respuestas, es preciso contemplar las respectivas posiciones de Descartes y Kant sobre las relaciones de la esencia y la existencia desde la atalaya que proporciona la distinción tomista de los dos sentidos de la existencia, estudiada al final del capítulo precedente. A esa luz aparece nítidamente que tanto Descartes como Kant sólo toman en cuenta el sentido del ser como hecho —y no como acto, que es sobre el que versa propiamente la posición de Tomás de Aquino en este asunto— y que, en consecuencia, no plantean el problema de la división del ser en finito e infinito en su última radicalidad.

En efecto, bien mirada, la afirmación cartesiana de que, desde el punto de vista de lo posible, la esencia se distingue de la existencia en todos los seres, excepto en Dios, no significa sino que, para pensar lo que un ente es, no es preciso pensar el hecho de que existe, salvo en el caso único de Dios. El propio Tomás de Aquino, apoyándose en la autoridad de Avicena, defiende también esta tesis en varios lugares de sus obras juveniles: «Toda esencia o quididad puede ser concebida sin esto: que se conciba algo de su ser; puedo, en efecto, concebir qué es el hombre o el fénix, y, sin embargo, ignorar si tiene ser en la realidad. Por consiguiente, es evidente que el ser es algo distinto de la esencia o quididad; a no ser que sea alguna cosa cuya quididad sea su mismo ser»[69]. Por otra parte, el parecer cartesiano de que, desde el punto de vista de lo real, la esencia no se distingue de la existencia en ningún ente no habría de querer decir otra cosa sino que la esencia existente es idéntica al ente que tiene esa esencia o, si se quiere, al hecho de que el ente en cuestión existe: el triángulo existente no se distingue en modo alguno, en verdad, del triángulo real, o sea, del hecho de que

---

[69] Tomás de Aquino, *De ente et essentia,* cap. 5. — Vid. la opinión de Peter Thomas Geach, en su estudio *Aquinas,* citado anteriormente (nota 9), p. 88, respecto del cambio experimentado por Tomás de Aquino en su comprensión del ser.

el triángulo existe. Tampoco el Aquinate tendría reparo en admitir esta tesis de la identidad real de esencia (*essentia*) y ente (*ens*), pues la defendió explícitamente en su *Comentario a la Metafísica de Aristóteles*, aduciendo esta razón: «Nunca se engendra un hombre (*homo*) sin que se genere un hombre existente (*ens homo*); y nunca se corrompe un hombre sin que se corrompa un hombre existente. Ahora bien, lo que se genera y se corrompe a la vez son una misma cosa»[70].

Desde esta misma perspectiva, la declaración de Kant según la cual, en el ámbito de lo posible, en ningún ser se distingue la esencia de la existencia, no puede sino significar que el plano de la mera posibilidad excluye definitivamente el hecho de existir: en la esfera de lo que está puesto, en la cual no puede entrar el cómo está puesto, la existencia de un ente vale tanto como su esencia. Por idéntica razón, la afirmación complementaria del filósofo de Königsberg de que, en el ámbito de lo real, en todo ser se distingue la existencia de la esencia no señala a otra cosa sino a que el hecho de existir sólo puede darse en el plano de la realidad: en la esfera de cómo está puesto, la existencia es algo nuevo que no cabe hallar en la esfera de lo que está puesto.

Tras estas explicaciones, se advierte que tanto Descartes como Kant no admiten más diferencia entre Dios y los otros entes que la que se establece en el plano de la mera esencia: la esencia divina es la esencia perfectísima. La existencia como tal, según estos pensadores, no determina diferencia alguna entre el ser mayor que el cual no cabe pensar otro y los seres cuyo mayor cabe que sea pensado. Para Descartes, porque la esencia y el hecho de ser no se distinguen realmente en ningún ente existente. Para Kant, porque el hecho de ser es siempre un *novum* respecto de la mera esencia de todo ente real. De ahí que las diferencias entre las posiciones de ambos filósofos al respecto —que condicionan su diversa actitud ante el argumento ontológico— remitan necesariamente, ante todo, a la discusión de un punto doctrinal previo, ya referido en el capítulo séptimo de este libro: el problema de

---

70   Tomás de Aquino, *In duodecim libros Metaphysicorum expositio*, lib. IV, lect. 2, n. 551.

los universales. Y esto mismo ha de aplicarse igualmente a los diversos ensayos de defender el argumento ontológico mediante la conciliación de las tesis de Descartes y Kant.

Sin embargo, las formulaciones del argumento debidas a Anselmo y Buenaventura coinciden en señalar una peculiaridad del ser de Dios no compartida en ningún grado ni medida por los otros seres: la perfección del ser divino estriba en que su esencia es la única que consiste realmente en existir. Dios es, según estos autores, el único ser cuya esencia es una con su acto de ser, y en él, por tanto, la existencia no es, en rigor, ningún *novum* respecto de su esencia. Lo primero parece haber sido desatendido por los que, siguiendo a Descartes, formulan el argumento ontológico basándose sólo en la imposibilidad de pensar la no existencia de Dios. Lo segundo no parece haberse tenido en cuenta por los críticos de la prueba que, siguiendo a Kant, afirman que la existencia nunca forma parte de la esencia de un ente.

Estas someras indicaciones ante un problema tan complicado bastan siquiera para poner de manifiesto que responder a la cuestión: ¿es la existencia de Dios una verdad de evidencia inmediata? supone contestar a esta otra: ¿cuáles son las relaciones de la esencia y la existencia en los diversos seres? No parece, en verdad, posible pronunciarse sobre la validez del argumento ontológico sin declarar en qué estriba propiamente la división del ser en finito e infinito.

EPÍLOGO

Capítulo XII

El verdadero sentido de la denominación del argumento ontológico

Este estudio del argumento ontológico y de sus implicaciones metafísicas no puede concluir sin la consideración de un asunto, simple en apariencia, cuya explicación permitirá, sin embargo, no sólo resumir los principales resultados obtenidos en la presente investigación, sino también completarla con algunas nuevas consideraciones de índole histórico-filosófica. Se trata de la cuestión del sentido en que ha de entenderse el adjetivo «ontológico» que califica a este argumento de la existencia de Dios.

Dos preguntas principales se plantean al respecto: ¿Tiene razón Kant al denominar «ontológico» al argumento anselmiano de la existencia de Dios renovado por Descartes? En caso de que la respuesta haya de ser negativa, ¿tiene sentido seguir denominando «ontológica» a esta peculiar prueba de la existencia de Dios? O, formulada la pregunta en los términos en que la han planteado algunos pensadores contemporáneos: ¿Es realmente «ontológico» el argumento ontológico? La respuesta a la primera cuestión dará ocasión para recordar los principales resultados expuestos en la primera parte de este libro, mientras que la respuesta a la segunda pregunta permitirá formular bajo un nuevo aspecto esas mismas conclusiones y compendiar también los logros obtenidos en la segunda parte de esta investigación.

§ 1. LA DENOMINACIÓN DEL ARGUMENTO ANSELMIANO Y CARTESIANO COMO «ONTOLÓGICO» Y LA TESIS DE KANT SOBRE LA IMPOSIBILIDAD DE LA PRUEBA A PRIORI DE LA EXISTENCIA DE DIOS

Como es sabido, fue Kant quien denominó «ontológico» al *unum argumentum* de Anselmo de Canterbury, que Leibniz describía como un «argumento de la existencia de Dios hace tiempo célebre entre los escolásticos y renovado por Descartes (*argumentum, dudum inter Scolasticos celebre, et a Cartesio renovatum, pro existentia Dei*)»[1]. Se ha señalado que, en la elección del adjetivo, Kant pudo haber estado influido por uno de los más famosos críticos antiwolffianos del argumento, Christian August Crusius. Es, en verdad, en la parte de su *Esbozo de las verdades necesarias de la razón*, de 1745, dedicada a la «Ontología», y no en la que trata de la «Teología natural teórica», donde Crusius propone la tesis que más tarde Kant consideró el fundamento último de la fallida pretensión de transitar de los conceptos a la existencia[2].

Sea de ello lo que fuere, Kant denomina «ontológico» a este argumento porque parece concebirlo como el caso arquetípico del proceder de la ontología —particularmente la de la llamada escuela de Leibniz y Wolff—, es decir, de la ciencia, según la define el filósofo, que trata de ofrecer conocimientos sintéticos *a priori* de las cosas a partir de meros

---

1   G.W. Leibniz, *Meditationes de cognitione, veritate et ideis*, in: *Die philosophischen Schriften von G.W.L.* (hrsg. von C.I. Gerhardt), Hildesheim, Georg Olms, 1960-1961, I, p. 424. Cf. Jean-Luc Marion, «Is the Ontological Argument Ontological? The Argument according to Anselm and its Metaphysical Interpretation according to Kant», *Journal of the History of Philosophy* 30/2 (1992), pp. 201-202.

2   Cf. Kevin J. Harrelson, *The Ontological Argument from Descartes to Hegel*, Amherst, New York, Humanity Books, 2009, p. 160.

conceptos[3]. Según lo concibe Kant, en efecto, el argumento de Anselmo y de Descartes pretende mostrar la existencia de Dios a partir del solo concepto del ser divino, sin recurrir a experiencia alguna[4]. Por tanto, el argumento anselmiano o cartesiano es el argumento «ontológico» *par excellence*, ya que representa el ideal o paradigma de las pretensiones de la ontología racionalista.

De modo consecuente, la crítica del argumento ontológico llevada a cabo por Kant en la *Crítica de la razón pura* persigue este propósito: mostrar que la proposición «Dios existe» no puede ser en modo alguno un juicio sintético *a priori*. No es un juicio sintético, porque es imposible probar la realidad objetiva tanto del concepto del ser absolutamente necesario como del concepto del ser realísimo: afirmar que el ser necesario tiene que existir o que el ser realísimo tiene la perfección de la existencia real no son sino meras tautologías o, si se quiere, meros juicios analíticos. No es tampoco «Dios existe» un juicio *a priori*, porque la existencia, que no es un predicado real, sólo puede ser conocida a través de la sensación, la cual está vedada, por definición, en el caso de Dios. El argumento ontológico es, pues, según el filósofo, tan inviable como conocimiento como lo es la ontología entera.

La estructura argumentativa de la sección de la *Crítica de la razón pura* en la que Kant expone su crítica de la prueba ontológica confirma claramente este único objetivo: las razones que allí se exponen tratan de demostrar la imposibilidad de que la proposición «Dios existe» sea un juicio sintético *a priori* verdadero. De este modo, los párrafos que conforman la sección «De la imposibilidad de una prueba ontológica de la existencia de Dios» pueden distribuirse como sigue[5]:

---

3   Cf. Immanuel Kant, *Kritik der reinen Vernunft*, A 247/B 303.

4   Cf. *op. cit.*, A 591/B 619.

5   Cf. *op. cit.*, A 592-602/B 620-630. La división del texto que se ofrece difiere de la que propone Giovanni B. Sala en su obra *Kant und die Frage nach Gott. Gottesbeweise und Gottesbeweiskritik in den Schriften Kants*, Berlin-New York, Walter de Gruyter, 1990, p. 278.

I. *La proposición «Dios existe» no es un juicio sintético, sino analítico.*

    1. Razones basadas en la imposibilidad de probar la realidad objetiva del concepto del *ens necessarium*.

        1.1 Inferir del concepto del *ens necessarium* su existencia es una μετάβασις εἴς ἄλλο γένος.

        (Párrafos 1-5)

        1.2 Sostener que existe un sujeto absolutamente necesario es una *petitio principii*.

        (Párrafo 6)

    2. Razones basadas en la imposibilidad de probar la realidad objetiva del concepto del *ens realissimum*.

        (Párrafos 7-8)

II. *La proposición «Dios existe» no puede ser ni un juicio (existencial) a priori ni a posteriori.*

    1. Razón basada en el carácter necesariamente sintético de todo juicio existencial: «ser» no es un predicado real, sino la posición de una cosa.

        (Párrafos 9-10).

    2. Razón basada en el carácter necesariamente *a posteriori* de todo juicio existencial y en la imposibilidad del conocimiento empírico de la existencia de Dios: hay que «salir del concepto» para conocer que algo existe.

        (Párrafos 11-12)

Conclusión: imposibilidad de un juicio sintético a priori sobre la existencia de Dios a partir de los conceptos del ens necessarium *y del* ens realissimum.

    (Párrafos 13-14).

Las consideraciones expuestas sobre todo en la primera parte del presente libro han mostrado que la interpretación kantiana del argumento ontológico no es acertada. El argumento ontológico, al menos en la intención de quienes lo propusieron, no pretende afirmar la existencia de Dios a partir del solo *concepto* de este ser, acaso arbitrariamente construido, sino a partir de un cierto conocimiento de la *esencia* de Dios como la del algo mayor que lo cual no cabe pensar otro. Anselmo de Canterbury mostró la evidencia inmediata de que Dios existe de forma indirecta: no se puede, por contradictorio, mentar la esencia del ser mayor que el cual no cabe pensar otro y mentarla a la vez como una esencia puramente mentada, que no existe con independencia de la mención. Buenaventura expuso esta misma evidencia de un modo condicional: si se mienta rectamente el ser mayor que el cual no cabe pensar otro, se mienta inevitablemente como un ser que existe con independencia de ser mentado; o aún: si se mienta el ser mayor que el cual no cabe pensar otro como algo solamente mentado, entonces no se mienta dicho ser. Descartes, en fin, declaró esta verdad de manera directa: cuando se mienta la cosa más perfecta que cabe concebir, se mienta evidentemente que la cosa en cuestión es algo que existe con independencia de la mención.

* * *

Habida cuenta del predicamento que ha alcanzado la crítica de Kant del argumento ontológico, que muchos tienen hoy incluso por definitiva, conviene añadir a lo expuesto algunas consideraciones. Porque a la crítica de Kant de la prueba ontológica cabe todavía oponerse de dos modos principales. El primero consiste en mostrar las inconsecuencias lógicas en que incurre Kant en su refutación de la prueba. Tal es el camino que, de modo ejemplar, llevó a cabo, diríase que callada y modestamente, Moses Mendelssohn en la última de las lecciones que componen su *Horas matinales*[6]. Mendelssohn, en efecto, tuvo la perspicacia de reconocer las tres formas posibles que puede adoptar (y que de hecho adopta en la *Crítica de la razón pura*) la principal objeción de Kant contra el argumento ontológico, a saber, la objeción de la ilegitimidad del tránsito de lo posible, de lo conceptual, a lo existente, a lo real. Las expuso en lo que cabría llamar «un orden de discusión progresiva», que en último término se revela, sin embargo, como sistemático. Ciertamente, la ilegitimidad del paso lógico de la posibilidad a

---

6   Moses Mendelssohn, *Morgenstunden, oder Vorlesungen über das Daseyn Gottes* (hrsg v. Leo Strauss), in: M.M., *Gesammelte Schriften* (Jubiläumsausgabe), Berlin 1929 ss.; Stuttgart-Bad Cannstatt, Friedrich Frommann Verlag (Günther Holzboog), 1971 ss., III/2, pp. 147-157.

la existencia puede demostrarse en principio: 1) desde el punto de vista de su *terminus a quo*, es decir, el concepto del ser supremo; 2) desde el punto de vista de su *terminus ad quem*, es decir, la existencia misma; y 3) desde el punto de vista de la naturaleza de esta inferencia o tránsito lógico como tal. Los cuidadosos análisis de Mendelssohn muestran que las mismas razones aducidas por Kant en apoyo de que el argumento ontológico comete el error lógico de la μετάβασις εἰς ἄλλο γένος pueden considerarse, en términos puramente lógicos, como incurriendo ellas mismas en las correspondientes falacias de la *ignoratio elenchi* o de la *petitio principii*[7]. Es digno de notarse, en efecto, que, mientras Kant considera que el argumento que llama «ontológico» representa el caso paradigmático del modo de argumentar propio de la ontología, Mendelssohn —que nunca da ese calificativo a su argumento— considera que en toda la esfera del humano conocimiento «no hay ningún ejemplo de esta especie de inferencia»[8].

El segundo camino viene exigido por este primero, y lo complementa. El camino elegido por Mendelssohn muestra, en efecto, que la crítica de la prueba anselmiana y su defensa se apoyan en supuestos contrarios. Por eso, para los críticos, el argumento comete un tránsito ilegítimo de lo pensado a lo real, mientras que, para los partidarios, ese reproche supone desconocer el argumento o admitir de antemano lo que se quiere demostrar. De ahí que el segundo camino para oponerse a la crítica de Kant de la prueba ontológica estriba en advertir algo evidente y trivial que, sin embargo, a menudo se pasa por alto[9]. Se trata de que

---

7   Del estudio de la refutación mendelssohniana de la crítica de Kant al argumento ontológico me he ocupado en otro lugar, al que remito: Rogelio Rovira, «Mendelssohn's Refutation of Kant's Critique of the Ontological Proof», *Kant-Studien* 108/3 (2017), pp. 401-426.

8   Moses Mendelssohn, *Morgenstunden, oder Vorlesungen über das Daseyn Gottes* (hrsg v. Leo Strauss), in: M.M., *Gesammelte Schriften* (Jubiläumsausgabe), Berlin 1929 ss.; Stuttgart-Bad Cannstatt, Friedrich Frommann Verlag (Günther Holzboog), 1971 ss., III/2, p. 148.

9   Cf. para lo que sigue: Rogelio Rovira, «Nochmals zu Mendelssohn, Kant und dem ontologischen Gottesbeweis. Antwort an Stefan Lang», *Deutsche Zeitschrift für Phi-*

Kant tendría que demostrar la imposibilidad del argumento ontológico sólo a la luz de la lógica formal y no también a la luz de la parte analítica de la lógica trascendental, verdadero fundamento del idealismo trascendental propugnado por el filósofo. Más precisamente, la crítica de Kant al argumento ontológico tendría que basarse en las leyes de la lógica general y en aquellas verdades que no dependen necesariamente de la aceptación del idealismo crítico. De lo contrario, Kant no mostraría en realidad la *imposibilidad* (intrínseca) de la prueba ontológica de la existencia Dios, sino sólo su *incompatibilidad* con las verdades descubiertas por el idealismo trascendental. En este caso, entonces, el objetivo de la crítica de Kant de la teología racional especulativa ya no sería comparable al objetivo de su crítica de la psicología racional y de la cosmología racional, en las que, como se sabe, el filósofo cree haber descubierto paralogismos y antinomias respectivamente. La refutación del argumento ontológico, paradigma del proceder de la ontología dogmática, según el pensador de Königsberg, no podría entonces recomendarse como prueba indirecta de las verdades que constituyen el idealismo formal, precisamente porque esta refutación presupondría el reconocimiento de estas verdades. Sólo una crítica de las inevitables dificultades internas del argumento ontológico permitiría al idealismo trascendental proponerse como «la clave para la solución (*der Schlüssel zu Auflösung*)»[10] de la ilusión trascendental que tal prueba implicaría.

¿Consigue realmente Kant refutar la prueba ontológica basándose únicamente en las leyes de la lógica del entendimiento común y en aquellas verdades que no dependen necesariamente de la aceptación del idealismo trascendental?

Tres razones principales ponen en duda que Kant haya conseguido este propósito y que haya logrado, por tanto, mostrar la imposibilidad intrínseca del argumento ontológico. La primera de ellas puede exponerse así. Cabe reconocer que la doble distinción de los juicios que

---

losophie 71/2 (2023), pp. 198-200.
10   Cf. Immanuel Kant, *Kritik der reinen Vernunft*, A 490/B 518.

Kant establece —al dividirlos en juicios *a priori* y juicios *a posteriori*, por una parte, y en juicios analíticos y juicios sintéticos, por otra— es una verdad que no está necesariamente conectada, en principio, con la aceptación del idealismo trascendental. No obstante, es discutible que la distinción de los juicios en analíticos y sintéticos tenga cabida en la investigación de la naturaleza de los juicios existenciales en general y del juicio «Dios existe» en particular. En su crítica de la prueba ontológica, Kant afirma que «una persona razonable debe confesar que toda proposición existencial es sintética»[11]. Como es sabido, Kant explica que los juicios sintéticos «añaden al concepto del sujeto un predicado que no estaba en absoluto pensado en ese concepto»[12]. También es sabido que, según Kant, la existencia no es un predicado real, «es decir, un concepto de algo que pueda añadirse al concepto de una cosa»[13]. Y también es conocido el modo en que Kant resuelve la aparente contradicción que enuncian las dos frases citadas: los predicados de existencia o realidad, así como los de posibilidad y necesidad, «no son objetivamente sintéticos», porque «no aumentan en lo más mínimo al concepto del cual se enuncian, añadiendo algo a la representación del objeto»[14]. Sigue diciendo Kant: «Pero puesto que, sin embargo, son siempre sintéticos, lo son sólo subjetivamente, es decir, añaden al concepto de una cosa (real), de la que, por lo demás, no dicen nada, la potencia cognoscitiva en la que se origina y en la que tiene su sede»[15]. Pero la introducción de esta nueva acepción de «sintético», de lo «subjetivamente sintético», ¿no equivale a reconocer que la distinción entre los juicios que no añaden un predicado al sujeto y los que sí lo hacen no puede utilizarse en el examen de los juicios existenciales? Por no mencionar que el descubrimiento de las categorías de la modalidad (posibilidad, existencia y necesidad) y de los correspondientes «postulados del pensar empírico

---

11   *Op. cit.*, A 598/B 626.
12   *Op. cit.*, A 7/B 11.
13   *Op. cit.*, A 598/B 626.
14   *Op. cit.*, A 233/B 286.
15   *Op. cit.*, A 233-234/B 286.

en general» constituye uno de los hallazgos fundamentales de la parte analítica de la lógica trascendental.

También es dudoso que las razones que Kant aduce en favor de que todo juicio existencial es necesariamente a posteriori sean realmente independientes del idealismo trascendental. Más bien parecen basarse estas razones en la concepción que se formó Kant de la llamada unidad sintética de la «experiencia posible». Si este fuera el caso, sería una mera petitio principii la objeción según la cual una prueba a priori de la existencia de Dios es imposible porque hay que «salir del concepto» de Dios —como de cualquier otro concepto— para conocer su existencia. Para el filósofo dogmático, en efecto, la necesidad de admitir esta doctrina de Kant sobre los límites de la experiencia aparecería no como una consecuencia de la imposibilidad de probar a priori la existencia de Dios, sino como una verdad que debe ser reconocida previamente al examen del valor demostrativo de semejante prueba de la existencia Dios.

Resulta también, en fin, problemática la cuestión que Kant plantea respecto del caso del concepto del ser absolutamente necesario. La cuestión, tal como se desprende de las declaraciones del filósofo, no es tanto si surge una contradicción cuando se suprime la existencia del ser necesario, sino, sobre todo, si el concepto del ens necessarium es inteligible en absoluto. No en vano afirma Kant que la «necesidad incondicionada (unbedingte Notwendigkeit)» representa «el verdadero abismo para la razón humana (der wahre Abgrund für die menschliche Vernunft)»[16]. Ahora bien, mientras que la posibilidad lógica del concepto se basa en el principio de contradicción, según Kant, la comprensibilidad de su objeto, es decir, la posibilidad real de la cosa, depende de los principios de la experiencia posible, de modo que incluso un concepto no contradictorio «puede ser, sin embargo, un concepto vacío, si no se demuestra en particular la realidad objetiva de la síntesis por la que se produce el concepto»[17]. Pero, ¿no enuncia esta tesis simplemente

---

16   Cf. Immanuel Kant, Kritik der reinen Vernunft, A 613/B 641.
17   Op. cit., A 596/B 624 Anm.

ROGELIO ROVIRA

de otra manera el resultado principal de la analítica trascendental? Al final de la analítica de los principios Kant llega, en efecto, a la siguiente conclusión: «Por consiguiente, todos los conceptos, y con ellos todos los principios, por mucho que sean posibles *a priori*, se refieren a intuiciones empíricas, es decir, a *data* para una experiencia posible. Sin esto no tienen ninguna validez objetiva, sino que son sólo un mero juego, sea de la imaginación sea del entendimiento, con las respectivas representaciones»[18]. Si este fuera el caso, la objeción de Kant no ofrecería al filósofo dogmático ninguna razón para abandonar su punto de vista y reconocer la necesidad de la diferenciación crítica de «todos los objetos en general en *fenómenos* y *noúmenos*». La objeción de Kant presupondría precisamente la verdad de esta distinción. Kant habría mostrado así que el argumento ontológico no prueba nada si el idealismo trascendental es verdadero. Pero no habría señalado un defecto interno del argumento que lo invalidara como prueba.

§ 2. ¿ES REALMENTE «ONTOLÓGICO» EL ARGUMENTO ONTOLÓGICO?

Si las razones aducidas en la primera parte de este libro son correctas, Kant no ha acertado en su descripción de la verdadera naturaleza del argumento ontológico. Además de los reproches que quepa presentar contra la crítica kantiana de la prueba, como los que se acaban de exponer en el parágrafo anterior, es preciso reconocer que el punto de partida del argumento, al menos en la intención de los que lo propusieron, no es el mero *concepto* de Dios, como afirma el filósofo de Königsberg, sino el conocimiento de la *esencia* divina tal como es accesible al entendimiento humano. Si, pues, no es posible interpretar el argumento ontológico como el argumento característico de la ontología de la escuela de Wolff, de la ciencia que pretende obtener conocimientos sintéticos *a priori* de las cosas a partir de meros conceptos, ¿cabe, sin

18   *Op. cit.*, A 239/B 299.

embargo, seguir utilizando el mismo adjetivo que eligió el filósofo de Königsberg para designarlo? ¿Es realmente «ontológico» el llamado argumento ontológico?

Parece que la respuesta a esta cuestión tendría que ser negativa: si el adjetivo «ontológico», en el sentido en que Kant lo entendió o en un sentido inspirado en su interpretación, no describe adecuadamente la índole del argumento propuesto por Anselmo y renovado por Descartes, entonces resulta equívoco otorgarle ese apelativo. En los últimos años se han llevado a cabo dos ensayos principales encaminados a mostrar que el argumento anselmiano —aunque solo en la formulación del arzobispo de Canterbury y no en la de otros defensores de la prueba— no es realmente un argumento ontológico en el sentido en que Kant entendió el adjetivo. Es más, estos ensayos pretenden mostrar que, en el rigor de los términos, el argumento anselmiano es un argumento «no-ontológico». Examinémoslos brevemente.

La filósofa analítica G.E.M. Anscombe, en su ensayo «Por qué la prueba de Anselmo en el *Proslogion* no es un argumento ontológico»[19], sostiene que «un argumento a favor de la existencia de algo debe llamarse "ontológico" sólo si depende de que se tome la existencia como una perfección»[20]. En este particular sentido —acaso restrictivo en exceso—, «el segundo argumento de Descartes a favor de la existencia de Dios se llamó "ontológico" porque es de esta clase»[21]. Pero, según esta filósofa, no es este el caso del argumento anselmiano. La afirmación de Anselmo en el capítulo II del *Proslogion*: *Si enim vel in solo intellectu est, potest cogitari esse et in re quod maius est*, se ha solido traducir así: «Pues si

---

19 G.E.M. Anscombe, «Why Anselm's Proof in the *Proslogion* is Not an Ontological Argument», *The Thoreau Quarterly* 17 (1985), pp. 32-40. El ensayo tiene su origen en una conferencia en las XIX Reuniones Filosóficas de la Universidad de Navarra el 9 de marzo de 1982. La versión española: «Por qué la prueba de Anselmo en el *Proslogion* no es un argumento ontológico», se publicó en *Anuario filosófico* 25 (1982), pp. 9-18.

20 *Op. cit.*, p. 32.

21 *Ibid.*

existe en el solo entendimiento, se puede pensar que existe también en la realidad, lo que es mayor». Vertida así la premisa, el argumento del que ella forma parte sería, en verdad, «ontológico», pues la frase da a entender que lo que existe en la realidad «es mayor», i.e., «más perfecto» que lo que existe sólo como idea, o sea, en definitiva, que la existencia es una perfección. Pero Anscombe afirma que esta premisa ha sido tradicionalmente tergiversada, pues en realidad habría que traducirla de este modo: «Pues si existe en el solo entendimiento, se puede pensar que lo que es mayor existe también en la realidad». En ese caso, según Anscombe, el argumento anselmiano no sería un argumento ontológico, pues, interpretado convenientemente el sentido de la premisa así traducida a la luz de la respuesta de Anselmo a Gaunilón, no declararía en modo alguno que existir en la realidad es más perfecto que no existir o que existir sólo en el entendimiento[22].

A la traducción corregida de la frase propuesta por Anscombe se le han opuesto objeciones filológicas y de crítica textual que la desautorizan como fiel expresión del pensamiento anselmiano[23]. Pero, sobre todo, se ha señalado que Anselmo de Canterbury ha defendido expresamente la tesis de que la existencia es una perfección. De las consideraciones que expone en los capítulos XXXI y XXXVI del *Monologion*, así como en el capítulo III de *Proslogion*, se desprende claramente que, para el obispo de Canterbury, lo que existe en la realidad existe más verdaderamente (*verius*), es decir, es mayor (*maius*), o sea, más perfecto, que lo que sólo existe en nuestro entendimiento[24]. Si estos reproches son correctos, las originales reflexiones de Anscombe no parecen entonces constituir una razón decisiva para rechazar la interpretación tradicional del argumento anselmiano ni para separar drásticamente la formulación del obispo de

---

22   Cf. G.E.M. Anscombe, *op. cit.*, p. 37.

23   Cf. Jasper Hopkins, «Introduction» [«On the Interpretation and Translation of: *Si enim vel in solo intellectu est potest cogitari esse et in re quod maius est*»]", in: J.H., *A New, Interpretative Translation of St. Anselm's* Monologion *and* Proslogion, Minneapolis, The Arthur J. Banning Press, 1986, pp. 27-31.

24   Cf. *Op. cit.*, pp. 31-32.

Canterbury de la presentada por Descartes ni, en consecuencia, para calificar la prueba anselmiana como «no-ontológica»[25].

El fenomenólogo francés Jean-Luc Marion, en su ensayo «¿Es ontológico el argumento ontológico? El argumento según Anselmo y su interpretación metafísica según Kant»[26], sostiene que «el argumento ontológico sólo llega a ser realmente "ontológico" en la medida en que prueba la existencia (como las otras pruebas) bajo dos condiciones excepcionales (muy aparte de todas las demás pruebas): (i) partiendo de un concepto puro; (ii) partiendo del concepto puro de una esencia»[27]. En este sentido, según los análisis de Marion, en las formulaciones del argumento debidas a Descartes, a Malebranche y a Leibniz se cumplen, de un modo u otro, con mayor o menor perfección, los dos requisitos que permiten calificar de «ontológico» el razonamiento que ofrecen[28]. Pero no es este el caso en modo alguno de la formulación anselmiana del argumento, en la que el pensador francés advierte una doble ruptura respecto de la interpretación metafísica de la prueba.

La primera ruptura radica en que el argumento no demuestra la existencia de Dios por medio de un concepto de la esencia de Dios. «Este argumento» —escribe Marion— «nunca presupone semejante concepto, porque se basa precisamente en la imposibilidad de todo concepto adecuado de Dios. La raíz del argumento no es la dependencia del concepto, sino de un no-concepto, reconocido como tal»[29]. El fenomenólogo francés justifica su interpretación considerando tanto el punto de partida como el punto de llegada del argumento. Por una parte, «el argumento tiene explícitamente como punto de partida una

---

25 C. J. F. Williams ha criticado la interpretación del argumento anselmiano propuesta por Anscombe en su ensayo «Russelm» (*The Philosophical Quarterly* 43 [1993], pp. 496-499). La pensadora británica respondió a esta crítica en «Russelm or Anselm?» (*The Philosophical Quarterly* 43 [1993], pp. 500-504).

26 Jean-Luc Marion, *op. cit.*

27 *Op. cit.*, p. 203.

28 Cf. *op. cit.*, pp. 204-207.

29 *Op. cit.*, p. 208.

cuestión de fe, no de evidencia conceptual (*conceptual obviousness*): los dos lemas "fides quaerens intellectum" y "exemplum de ratione fidei" inauguran, respectivamente, el *Proslogion* y el *Monologion*»[30]. Por otra parte, «el punto final del argumento escapa también del concepto, porque su objetivo último es llegar al Dios que vive en una "lux inaccessibilis" (1 Tim, 6, 16)»[31].

La segunda ruptura advertida por Marion estriba en que, en la formulación de Anselmo, no se interpreta la esencia de Dios como el ser en cuanto tal, universal e incondicionado. Según Marion, en la fórmula *aliquid quo nihil maius cogitari possit*, Anselmo determina y justifica el *maius* como *melius*: «ser más grande significa ser mejor»[32]. De esta forma, escribe el pensador francés, «al sustituir al cabo el *melius* por el *maius*, el bien por la οὐσία, Anselmo extrae su argumento —adelantándose a Kant y por segunda vez— de toda interpretación metafísica, es decir, ontológica»[33]. «Esto significa» —aclara Marion— «que por encima y más allá del concepto de cualquier esencia, el bien definido como ἐπέκεινα τῆς οὐσίας en el sentido de Platón (*República* 509 b) ofrece el criterio para el "id quo majus cogitari nequit". El bien aparece como el rasgo dominante de cualquier definición radical de Dios, porque excede a la esencia por el mismo salto por el que se deshace del concepto»[34].

El argumento anselmiano —tal es la tesis fundamental del ensayo de Marion— merece, pues, llamarse «el argumento *no-ontológico* de Anselmo»[35], pues la prueba se construye «sin apelar a la "ontología" tal como la define la metafísica, es decir, fuera del horizonte del Ser»[36].

---

30 *Op. cit.*, p. 207.
31 *Op. cit.*, p. 208.
32 *Op. cit.*, p. 214.
33 *Op. cit.*, p. 216.
34 *Op. cit.*, p. 214.
35 Cf. *op. cit.*, pp. 209 y 218.
36 *Op. cit.*, p. 202.

Por sugestiva y audaz que resulte esta interpretación del argumento anselmiano, no parece, sin embargo, que su autor haya conseguido probar de manera suficiente lo que pretende.

En primer lugar, Marion no ha mostrado lo que exige la ruptura con la primera condición de la interpretación metafísica del argumento, a saber, que el argumento anselmiano *no parta de un concepto* de la esencia divina. Antes bien, el pensador francés ha sostenido expresamente que el argumento *parte de lo que llama un «no-concepto»* de la esencia de Dios. Por «concepto» —por concepto «adecuado», como también lo llama— entiende Marion, según sus propias palabras, el concepto cuyo objeto «se puede concebir dentro de límites fijos»[37]. En consecuencia, aunque el filósofo no lo declare así expresamente, un «no-concepto» —un concepto inadecuado, diríamos— no puede ser sino el concepto cuyo objeto no se puede concebir dentro de límites fijos o, dicho positivamente, el concepto de lo que se concibe como lo que va más allá de todo límite. Sólo teniendo en cuenta este sentido de «no-concepto», el propio Marion puede declarar que «los aspectos más fundamentales de Dios están por completo fuera del alcance de conceptos finitos». Pero afirmar que el argumento de Anselmo no parte de un «concepto finito» o «adecuado» de la esencia de Dios, no prueba que no parta de ningún concepto de la esencia divina: parte, en verdad, del concepto «inadecuado» (equívocamente llamado «no-concepto»), que, según reconoce el propio Marion, cancela toda posibilidad de concebir «el máximo de lo pensable»[38]. Por lo demás, el argumento no podría siquiera ofrecer la inteligencia de un contenido de fe, ni llegar tampoco a la admisión de la existencia de un ser que habita en una luz inaccesible, si no se apoyara en la «evidencia conceptual» de que el *id quo nihil maius cogitari nequit* suprime la posibilidad de formarse algún concepto finito o adecuado del límite máximo de lo adecuadamente pensable.

---

37   *Op. cit.*, p. 208.
38   *Op. cit.*, p. 210.

En segundo lugar, tampoco prueba realmente Marion lo que exige la ruptura con la segunda condición de la interpretación metafísica del argumento, a saber, que el argumento no conciba la esencia del ser divino como la esencia del ser puro e irrestricto. Afirmar que Anselmo interpreta la esencia del *aliquid quo nihil maius cogitari possit* como la esencia del *summum bonum* —como efectivamente hace en el entero curso del *Proslogion*— no autoriza a sostener que, en el argumento que ofrece en favor de la existencia de ese algo mayor y mejor, se sustituya el *bonum* por la οὐσία a la manera platónica, situándose así más allá de ser. Por el contrario, en la tradición aristotélica, seguida por muchos pensadores medievales, el *bonum* se concibe como una de las llamadas «propiedades trascendentales» del ser, de cuyo estudio se ocupa precisamente la ciencia del ente en cuanto ente[39].

El propio Jean-Luc Marion concluye su ensayo señalando que «la mayor dificultad que encuentra nuestra afirmación de que hay una interpretación no ontológica del argumento de Anselmo y una muy obvia discrepancia entre su argumento y su posterior interpretación metafísica se halla en la posibilidad (o imposibilidad) de argumentar más allá o fuera del campo de la metafísica». Y deja sin responder esta pregunta: «¿Tiene sentido admitir argumentos concluyentes y racionales sin admitir, sin embargo, la primacía del ser, esto es, de la metafísica, y, en consecuencia, de la lógica?»[40].

La pregunta de Marion invita inesperadamente a tratar de no prescindir del calificativo «ontológico» como designación de la versión del argumento debida a Anselmo de Canterbury y aun de las formulaciones propuestas por los pensadores que luego hicieron suyo a su modo el descubrimiento anselmiano. Y esta invitación inesperada encuentra a su vez un fundamento para seguirla en los principales resultados presentados en este libro. Comprobémoslo también brevemente.

*   *   *

---

39 Aristóteles, *Metaphysica*, IV, 1, 1003 a.
40 Jean-Luc Marion, *op. cit.*, p. 218.

Nada fuerza, en verdad, a entender el vocablo «ontología» en el sentido restringido en que Kant la concibió: como la ciencia cultivada por los filósofos racionalistas de la escuela de Wolff. Nada impide tampoco tratar de entender el adjetivo «ontológico» como designación del argumento anselmiano y cartesiano en un sentido que no implique recusar de antemano la concepción de la existencia como perfección y que sitúe decididamente a la prueba en el horizonte de una metafísica que no sea necesariamente incapaz de pensar la llamada «diferencia ontológica». Frente a esta concepción de la ontología se vio Kant obligado a sostener su célebre tesis de que la existencia no es un predicado real que pueda deducirse del concepto de una cosa. Y es acaso esta concepción de la ontología la que acaso más pertinentemente merece el reproche heideggeriano de la incapacidad de pensar la diferencia ontológica.

Las investigaciones expuestas en el presente libro enseñan que la peculiaridad del llamado argumento ontológico consiste en ser un razonamiento que muestra que la sola mención de Dios, del ser en sentido pleno, fuerza a elaborar una *ontología* de Dios. En este sentido, el argumento merece plenamente el calificativo de *ontológico*. Ciertamente, el descubrimiento de Anselmo de Canterbury, retomado luego por Buenaventura, Descartes y tantos otros, obliga a discernir si la sola mención de Dios —obtenido su conocimiento por la fe o de una fuente puramente racional— basta para afirmar que este ser existe. Pues, en verdad, no parece posible mentar al ser divino y mentarlo como no existente. Como dice Buenaventura con giro feliz, el ser que es el pleno ser sólo se ofrece al entendimiento poniendo totalmente en fuga al no ser.

Los problemas *ontológicos* de los que necesariamente habría de ocuparse esta *ontología* de Dios suscitada por el descubrimiento anselmiano han sido consignados en la segunda parte de este libro, al hilo de la discusión de las principales objeciones contra el argumento ontológico. Ciertamente, la pregunta: ¿basta la sola mención de Dios para entender que Dios existe? o, formulada de otro modo, ¿pone verdaderamente la mención del ser purísimo en fuga al no ser?, despliega varias posibilidades intelectuales que no pueden dejar de examinarse.

Si no se duda de que es imposible mentar el ser mayor que el cual no cabe pensar otro y no mentarlo como existente, surge una dificultad. Se trata de saber en este caso si la mención y la existencia no están en terrenos tan diversos que no es nunca posible transitar de una a otra o si, más bien, en el solo y exclusivo caso de Dios la mención de este ser, por razón de lo mentado, no puede ser una mera mención, o sea, la mención de algo no existente o sólo posible, sino que ha de ser la mención de algo real y necesariamente existente por sí mismo. La solución de este dilema supone plantear, en el fondo, y como tarea previa, el llamado *problema de los universales*.

En cambio, si se duda de que quepa mentar propiamente el ser mayor que el cual no cabe pensar otro, la indecisión puede deberse a dos dificultades básicas. La primera estriba en saber si la mención del ser mayor que el cual no cabe pensar otro carece de sentido, por contradictoria, o si, antes bien, es la mención más plenamente significativa de que somos capaces. Este conflicto no puede solventarse si no se plantea, en último término, el *problema de la predicación del ser*. La segunda dificultad aludida consiste en saber si la esencia mentada del ser mayor que el cual no cabe pensar otro nos es absolutamente incognoscible o si, más bien, tenemos de ella cierto conocimiento que, aunque limitado y deficiente, nos basta para saber que existe. La elección entre los extremos de esta disyunción conduce a plantear en su raíz misma el *problema del origen del conocimiento de las esencias*.

Si se duda, en fin, de que quepa mentar propiamente la existencia del ser mayor que el cual no cabe pensar otro, esta incertidumbre puede tener su origen en otras dos dificultades primordiales. La primera se funda en saber si la existencia se puede mentar en el mismo sentido en que se mienta la esencia. La solución de esta perplejidad lleva a ocuparse, en último término, del *problema de los sentidos del ser*. La segunda dificultad, por su parte, radica en saber si, en algún caso, mentar una esencia supone mentar también una existencia. Esta incógnita sólo puede resolverse cuando se plantea el *problema de la distinción del ser finito y el ser infinito*.

El argumento de la existencia de Dios propuesto por vez primera por Anselmo es, pues, un venero de problemas ontológicos, y por ello, si no limitamos el nombre de «ontología» a la ontología racionalista, única que fue objeto de la crítica de Kant, al argumento le cuadra perfectamente el calificativo de «ontológico» que le dio el filósofo de Königsberg.

NOTA BIBLIOGRÁFICA

FUENTES DE LAS FORMULACIONES DEL ARGUMENTO ONTOLÓGICO Y DE SUS PRINCIPALES OBJECIONES

Anselmo de Canterbury, in: *S. Anselmi Cantuariensis Archiepiscopi Opera Omnia* (ed. Franciscus Salesius Schmitt), Edinburghi, Apud Thomam Nelson et Filios, 1946, vol. I:

—, *Proslogion*, caps II-IV.

—, *Quid ad haec respondeat editor ipsius libelli.*

Gaunilón de Marmoutiers, *Quid ad haec respondeat quidam pro insipiente,* apud: *S. Anselmi Cantuariensis Archiepiscopi Opera Omnia* (ed. Franciscus Salesius Schmitt), Edinburghi, Apud Thomam Nelson et Filios, 1946, vol. I.

Buenaventura, *Commentarii in quattuor libros Sententiarum Petri Lombardi,* I, d. 8; d. 22.

—, *Quaestiones disputatae de Mysterio Trinitatis,* q. 1, a. 1; q. 3, a. 2.

—, *Itinerarium mentis in Deum*, cap. V.

—, *Collationes in Hexaëmeron*, coll. 5.

Tomás de Aquino, *In quattuor libros Sententiarum*, 1, dist. 3, q. 1, a. 2, 4 et ad 4.

—, *In librum Boethii De Trinitate expositio*, Prooem, q. 1, a, 3, 6 et ad 6.

—, *Quaestiones disputatae de veritate*, q. 10, a. 12, 2 et ad 2.

—, *Summa contra gentiles*, 1, cap. 10-11.

—, *Summa theologiae*, 1, q. 2, a. 1, 2 et ad 2.

Juan Duns Escoto, *Ordinatio*, 1, dist. 3, pars 1.

—, *Tractatus de primo principio*.

René Descartes, *Oeuvres de Descartes* (publiées par Charles Adam et Paul Tannery), Paris, J. Vrin, 1964-1972:

—, *Discours de la méthode*, IV, in: *ed. cit.*, vol. VI.

—, *Meditationes de prima philosophia:* «Meditatio tertia»; «Meditatio quinta»; «Responsio authoris ad primas objectiones»; «Responsio ad secundas objectiones»; «Responsio authoris ad quintas objectiones», in: *ed. cit.*, vol. VII.

—, *Responsio ad Hyperaspistem*, août 1641, in: *ed. cit.*, vol. III.

—, *Lettre au Père Mersenne*, juillet 1641, in: *ed. cit.*, vol. III.

—, *Lettre à Clerselier sur les cinquièmes objections*, in: *ed. cit.*, vol. IX.

Caterus (Johan de Kater), «Primae objectiones», apud: René Descartes, *Meditationes de prima philosophia*, in: *Oeuvres de Descartes* (publiées par Charles Adam et Paul Tannery), Paris, J. Vrin, 1964-1972, vol. VII.

Marin Mersenne, «Secundae objectiones», apud: René Descartes, *Meditationes de prima philosophia*, in: *Oeuvres de Descartes* (publiées par Charles Adam et Paul Tannery), Paris, J. Vrin, 1964-1972, vol. VII

Pierre Gassendi, «Objectiones quintae», apud: René Descartes, *Meditationes de prima philosophia*, in: *Oeuvres de Descartes* (publiées par Charles Adam et Paul Tannery), Paris, J. Vrin, 1964-1972, vol. VII.

Baruch de Espinosa, *Ethica ordine geometrico demonstrata*, Pars I, Prop. XI, in: *Spinoza Opera* (ed. C. Gebhardt), Heidelberg, Carl Winters, 1924, vol. II.

John Locke, *An Essay Concerning Human Understanding* (ed. by P. H. Nidditch), Book IV, Chapter X, § 7, Oxford, Clarendon Press, 1975.

—, «Deus. Descartes's Proof of a God, from the Idea of Necessary Existence, Examined» (1696), in: Peter King (ed.), *The Life and Letters of John Locke, with Extracts from his Journals and Common-Place Books*, London, G. Bell, 1884, 4th ed., pp. 313-316.

Gottfried Wilhelm Leibniz, *Brief für Henning Huthman,* Januar 1678, in: G.W.L., *Sämtliche Schriften und Briefe* (hrsg. von der Preussischen Akademie der Wissenschaften), Darmstadt, Otto Reichl, 1923 ss., 2. Reihe, 1. Band.

—, *De veritatibus, de mente, de Deo, de universo* (1676), in: *ed. cit.*, 6. Reihe, 3. Band.

—, *Nouveaux essais sur l'entendement humain* (1710), in: *ed. cit.*, 6. Reihe, 6. Band.

—, *Communicata ex litteris D. Schulleri,* in: *Die philosophischen Schriften von G.W.L.* (Hrsg. von C.I. Gerhardt), Hildesheim, Georg Olms, 1960-1961, vol. I, p.

—, *Ohne Überschrift, enthaltend ein Schreiben Leibnizens in Betreff des Beweises für die Existenz Gottes vom Benedictiner Lamy,* in: *ed. cit.*, vol. IV.

—, *Monadologie*, §§ 40-41, in: *ed. cit.*, vol. VI.

—, *Quod Ens perfectissimum existit,* in: *ed. cit.*, VII.

Christian August Crusius, *Entwurf der nothwendigen Vernunft-Wahrheiten, wiefern sie den zufälligen entgegengesetzt werden* (1745), Leipzig, in Johann Friedrich Gleditschens Buchhandlung, 1766, § 23.

Moses Mendelssohn, *Abhandlung über die Evidenz in metaphysischen Wissenschaften* (hrsg v. Fritz Bambergen und Leo Strauss), in: M. M., *Gesammelte Schriften (Jubiläumsausgabe)*, Berlin 1929 ss.; Stuttgart-Bad Cannstatt, Friedrich Frommann Verlag (Günther Holzboog), 1971 ss., vol II.

—, «Das Dasein Gottes a priori erwiesen» (hrsg. v. Bruno Strauss and Alexander Altmann), in: *ed. cit*, vol. XII/2.

—, *Morgenstunden, oder Vorlesungen über das Daseyn Gottes* (hrsg v. Leo Strauss), XVII, in: *ed. cit.*,vol. III/2.

Johann Bering, *Prüfung der Beweise für das Dasein Gottes, aus den Begriffen eines höchst vollkommenen und notwendigen Wesen*, Gießen, bey Krieger dem ältern, 1780.

David Hume, *A Treatise of Human Nature*, Book I, Part II, Section VI y Book I, Part III, Section VII, in: *The Philosophical Works of David Hume* (ed. T.H. Green and T.H. Grose), Aalen, Scientia Verlag, 1964 (Reprint of the new edition London 1886), vol. I.

—, *An Enquiry Concerning Human Understanding*, Section XII, Part III, in: *ed. cit.*, vol. II.

—, *Dialogues Concerning Natural Religion*, Part IX, in: *ed. cit.*, vol. II, p. 432.

Immanuel Kant, *Principiorum primorum cognitionis metaphysicae nova dilucidatio*, in: *Kant's gesammelte Schriften* (hrsg. von der Preussischen, bzw. von der Deutschen Akademie der Wissenschaften), Berlin, Walter de Gruyter, 1902 ss., vol. I.

—, *Reflexion 3706*, in: *ed. cit.*, vol. XVII.

—, *Der einzig mögliche Beweisgrund zu einer Demonstration des Daseins Gottes,* in: *ed. cit.*, vol. II.

G.W.F. Hegel, *Werke in zwanzig Bänden*. Auf der Grundlage der Werke von 1832-1845 neu ediert. Redaktion: Eva Moldenhauer und Karl Markus Michel. Frankfurt am Main, Suhrkamp, 1969-1971 («Theoriewerkausgabe»).

—, *Wissenschaft der Logik I*, in: *ed. cit.*, vol. V.

—, *Encyklopädie der philosophischen Wissenschaften im Grundrisse* (1830), in: *ed. cit.*, vol. VIII.

—, *Vorlesungen über die Beweise vom Dasein Gottes*, in: *ed. cit.*, vol. XVII.

—, *Vorlesungen über die Geschichte der Philosophie*, in: *ed. cit.*, vols. XIX-XX.

Franz Brentano, *Vom Dasein Gottes*, 1. Teil, 1. Voruntersuchung, II, Hamburg, Felix Meiner, 1968.

ESTUDIOS SOBRE EL ARGUMENTO ONTOLÓGICO

De la abundantísima bibliografía sobre el argumento ontológico, el siguiente elenco, además de recoger los libros y trabajos sobre este asunto citados en la presente investigación, incluye también algunos otros no citados que o bien resultan de interés general o bien tratan por extenso cuestiones particulares mencionadas en este libro. Con un asterisco (*) se señalan las antologías y las obras colectivas.

Alston, William P., «The Ontological Argument Revisited», *Philosophical Review* 69 (1960), pp. 452-474. [Reimpreso en la antología de A. Plantinga, pp. 86-110].

Altmann, Alexander, «Moses Mendelssohn's Proofs for the Existence of God», *Mendelssohn-Studien* 2 (1975), pp. 9-29.

Anscombe, G.E.M., «Why Anselm's Proof in the *Proslogion* is Not an Ontological Argument», *The Thoreau Quarterly* 17 (1985), pp. 32-40. (Versión española: «Por qué la prueba de Anselmo en el *Proslogion* no es un argumento ontológico», *Anuario filosófico* 25 [1982], pp. 9-18).

—, «Russelm or Anselm?», *The Philosophical Quarterly* 43 (1993), pp. 500-504.

Barnes, Jonathan, *The Ontological Argument,* London, MacMillan, 1972.

Barth, Karl, *Fides quaerens intellectum. Anselms Beweis der Existenz Gottes im Zusammenhang seines theologischen Programms.* Hrsg. von E. Jünger und I. U. Dalferth. Zürich, Theologischer Verlag, 1986, 2. Aufl. (1931, 1. Aufl.).

Bassler, Wolfgang, «Die Kritik des Thomas von Aquin am ontologischen Gottesbeweis», *Franziskanische Studien* 55 (1973), pp. 97-190; 56 (1974), pp. 1-26.

Bausola, Adriano, «A proposito del perfezionamento leibniziano dell'argomento ontologico: il carteggio Leibniz-Eckhard», *Rivista di Filosofia Neo-Scolastica* 53 (1961), pp. 281-297.

—, «Die Möglichkeit des vollkommensten Wesens und der ontologische Gottesbeweis. Die Position von Leibniz», *Studia Leibnitiana* 13 (1981), pp. 1-24.

Bonansea, B.M., «The Ontological Argument: Proponents and Opponents», *Studies in Philosophy and the History of Philosophy* 6 (1973), pp. 135-192.

Brecher, Robert, *Anselm's Argument. The Logic of Divine Existence,* Aldershot, Gower, 1985.

Brechtken, Josef, «Das „Unum Argumentum" des Anselm von Canterbury. Seine Idee und Geschichte und seine Bedeutung für die Gottesfrage von heute», *Freiburger Zeitschrift für Philosophie und Theologie* 22 (1975), pp. 171-203.

Broad, C.D., «Arguments for the Existence of God», in: *Religion, Philosophy and Psychical Research. Selected Essays,* New York, Harcourt,

Brace & Co, Inc., 1953, pp. 175-201 (Publicado originalmente en *Journal of Theological Studies* 40 (1939) pp. 16-30 y 156-167).

Campbell, Richard, *From Belief to Understanding. A Study of Anselm's Proslogion Argument on the Existence of God*, Canberra, Australian National University, 1976.

—, *Rethinking Anselm's Arguments: A Vindication of His Proof of the Existence of God*, Leiden-Boston, Brill, 2018.

Ceñal, Ramón, «El argumento ontológico de la existencia de Dios en la Escolástica de los siglos XVII y XVIII», in: *Homenaje a Xavier Zubiri*, Madrid, Editorial Moneda y Crédito, 1970, vol. I, pp. 245-325.

Cerezo Galán, Pedro, «La onto-teo-logía y el argumento ontológico. (Exégesis de la crítica tomista)», *Revista de Filosofía* 25 (1966), pp. 413-458.

Cosgrove, Matthew R., «Thomas Aquinas on Anselm's Argument», *The Review of Metaphysics* 27 (1974), pp. 513-530.

Cramer, Konrad, «Descartes, interprète de l'objection de saint Thomas contre la preuve ontologique de l'existence de Dieu dans les Premières Réponses», in: Jean-Marie Beyssade et Jean-Luc Marion (eds.), *Descartes. Objecter et répondre*, Paris, Presses Universitaires de France, 1994, pp. 271-291.

—, «Descartes als Interpret des Einwandes des Hl. Thomas gegen den ontologischen Gottesbeweis», in: Andreas Kemmerling und Hans-P. Schütt (Hrsg.), *Descartes nachgedacht*, Frankfurt am Main, Vittorio Klostermann, 1996, pp. 123-169.

Cruz Hernández, Miguel, «Introducción al estudio del "argumento ontológico"», *Revista de Filosofía* 11 (1952), pp. 3-36.

Cumming, Andrew C., *The Ontological Proof in Anselm and Hegel: One Proof, Different Versions?* Lewiston, NY, Edwin Mellen, 2013.

Daniels, P. A., *Quellenbeiträge und Untersuchungen zur Geschichte der Gottesbeweise im XIII Jahrhundert, mit besonderer Berücksichtigung des Arguments im* Proslogion *des hl. Anselm*, Münster, Aschendorffschen Verlagsbuchhandlung, 1909 (Beiträge zur Geschichte der Philosophie des Mittelalters, VIII, 1-2).

Davies, S. T., «Anselm and Gaunilo on the "Lost Island"», *Southern Journal of Philosophy* 13 (1975), pp. 435-448.

Doney, Willis, «La réponse de Descartes à Caterus», in: Jean-Marie Beyssade et Jean-Luc Marion (eds.), *Descartes. Objecter et répondre*, Paris, Presses Universitaires de France, 1994, pp. 247-270.

Dougherty, M. V., «The Importance of Cartesian Triangles: A New Look at the Ontological Argument», *The International Journal of Philosophical Studies* 10/1 (2002) pp. 35-62.

Doyle, John P., «Saint Bonaventure and the Ontological Argument», *The Modern Schoolman* 52 (1974), pp. 27-48.

Duque, Félix, «Sentido del argumento ontológico en Descartes y Leibniz», *Pensamiento* 42 (1986), pp. 159-180.

Duncan, Roger, «Analogy and the Ontological Argument», *The New Scholasticism* 54 (1980), pp. 25-33.

Dutton, Blake D., «The Ontological Argument: Aquinas's Objection and Descartes' Reply», *American Catholic Philosophical Quarterly* 67/4 (1993), pp. 431-450.

Enders, Markus, «Der ontologische Gottesbeweis als die „unmittelbare Darstellung der Selbstbestimmung Gottes" als des absoluten Begriffs „zum Sein": Rekonstruktion und Kritik von Georg Wilhelm Friedrich Hegels Rehabilitierung des ontologischen Gottesbeweises», in: Christoph Böhr und Hanna-Barbara Gerl-Falkovitz (Hrsg.), *Gott denken. Zur Philosophie von Religion. Richard Schaeffler zu Ehren*, Wiesbaden, Springer VS, 2018, pp. 71-102.

Esquisabel, Oscar M. y Gaiada, María Griselda, «La reformulación leibniziana del argumento ontológico. De la certeza a la probabilidad», *O que nos faz pensar* 28/44 (2019), pp. 218-238.

Findlay, J. N., «Can God's Existence be Disproved?», *Mind* 57 (1948), pp. 176-183. [Reimpreso en la antología de A. Plantinga, pp. 176-183, y en: A. Flew and A. MacIntyre (eds.), *New Essays in Philosophical Theology*, London, SCM Press, 1955, pp. 47-56, junto con las críticas de G.E. Hughes, pp. 56-67, y de A.C.A. Rainer, pp. 67-71 y las respuestas del propio Findlay, pp. 71-75].

Forgie, J. William, «Gassendi and Kant on Existence», *Journal of the History of Philosophy* 45/4 (2007), pp. 511-523.

—, «How is the Question "Is Existence a Predicate?" Relevant to the Ontological Argument?», *International Journal for Philosophy of Religion* 64/3 (2008), pp. 117-133.

Garay, Ignacio, *El argumento ontológico en el racionalismo alemán. Leibniz, Wolff, Baumgarten, Crusius y el Kant precrítico*, Pamplona, Eunsa, 2019.

Gilson, Étienne, «Sens et nature de l'argument de Saint Anselme», *Archives d'histoire doctrinale et littéraire du moyen âge* 9 (1934), pp. 5-51. [Reeditado en: E.G., *Études médievales*, Paris, J. Vrin, 1986, pp. 53-99].

Goldschmidt, Tyron, *Ontological Arguments*, Cambridge-New York, Cambridge University Press, 2020.

González, Ángel Luis, «La fascinación del argumento ontológico. Nota sobre un libro reciente», *Revista de Filosofía* 3ª. época, VI (1993), pp. 201-206.

Gotterbarn, Donald, «Leibniz's Completion of Descartes Proof», *Studia Leibnitiana* 8 (1976), pp. 105-112.

Guéroult, Martial, *Nouvelles réflexions sur la preuve ontologique de Descartes*, Paris, J. Vrin, 1955.

Guitton, Jean, «Note sur l'argument ontologique et sur la critique que Kant en a faite», *Les Études Philosophiques* 11 (1937), pp. 23-29.

Harrelson, Kevin J., *The Ontological Argument from Descartes to Hegel*, Amherst, New York, Humanity Books, 2009.

Hartshorne, Charles, *Anselm's Discovery. A Re-examination of the Ontological Argument for God's Existence*, Lasalle (Ill.), Open Court, 1965.

—, *The Logic of Perfection and Other Essays in Neoclassical Metaphysics*, Lasalle (Ill.), Open Court, 1965.

Henrich, Dieter, *Der Ontologische Gottesbeweis. Sein Problem und seine Geschichte in der Neuzeit*, Tübingen, J.C.B. Mohr (Paul Siebeck), 1967, 2. Aufl.

Herrlin, Olle, «The Ontological Proof in Thomistic and Kantian Interpretation», *Uppsala Universitests Årsskrit-Acta Universitatis Upsaliensis* 9 (1950), pp. 1-116.

*Hick, John and McGill, Arthur C. (eds.), *The Many-Faced Argument. Recent Studies on the Ontological Argument for the Existence of God,* London, MacMillan, 1968.

Hintikka, Jaakko, «On the Logic of the Ontological Argument: Some Elementary Remarks», in: J.H., *Models for Modalities. Selected Essays.* Dordrecht, D. Reidel, 1969, pp. 45-54.

Hopkins, Jasper, «Introduction» [«On the Interpretation and Translation of: *Si enim vel in solo intellectu est potest cogitari esse et in re quod maius est*»]", in: J.H., *A New, Interpretative Translation of St. Anselm's* Monologion *and* Proslogion, Minneapolis, The Arthur J. Banning Press, 1986, pp. 26-33 y 312-314.

Kenny, Anthony, «Descartes' Ontological Argument», in: Joseph Margolis (ed.), *Fact and Existence,* Oxford, Basil Blackwell, 1969, pp. 18-62.

—, «Anselm on the Conceivability of God», *Archivio di Filosofia* 58 (1990), pp. 71-79.

Koyré, Alexandre, *Essai sur l'idee de Dieu et les preuves de son existence chez Descartes,* Paris, Éditions Ernest Leroux, 1922.

—, *L'Idée de Dieu dans la Philosophie de St. Anselme,* Paris, Éditions Ernst Leroux, 1923.

Labbé, Yves, «*Cogito* et *cogitatum* dans l'unique preuve de Dieu. Saint Anselme et Descartes», *Revue des Sciences Philosophiques et Théologiques* 73 (1989), pp. 345-368.

—, «Sur l'unité de l'unique preuve de Dieu. Ontologie et théologie», *Revue Thomiste* 90 (1990), pp. 194-229.

—, «Foi et intelligence dans l'«unique argument». Un plan pour "Proslogion II-IV"», *Revue philosophique de Louvain* 88 (1990), pp. 345-368.

*Labrousse, Roger P., *La razón y la fe. Fides quaerens intellectum*, La Plata-Buenos Aires-Tucumán, Editorial Yerba Buena, 1945.

Lang, Stefan, «Mendelssohn und Kant über den ontologischen Gottes-beweis», *Deutsche Zeitschrift für Philosophie* 69/5 (2021), pp. 720-741.

*L'argomento ontologico, (número monográfico, que recoge las actas del coloquio «Castelli», celebrado en Roma del 3 al 6 de enero de 1990), *Archivio di Filosofia* 58 (1990).

Leftow, Brian, «The Ontological Argument», in William J. Wainwright (ed.), *The Oxford Handbook of Philosophy of Religion*, New York, Oxford University Press, 2005, pp. 80-115.

—, *Anselm's Argument: Divine Necessity*, Oxford, Oxford University Press, 2022.

Lewis, David, «Anselm and Actuality», *Nous* 4 (1970), pp. 175-188.

Malcolm, Norman, «Anselm's Ontological Arguments», *The Philosophical Review* 69 (1960), pp. 41-62. [Reimpreso en la antología de J. Hick and A.C. MacGill, pp. 301-320, y en la de A. Plantinga, pp. 136-159, con críticas de A. Plantinga, pp. 160-171, y de P. Henle, pp. 171-180].

Marías, Julián, «San Anselmo y el insensato» (1935), in: J.M., *San Anselmo y el insensato y otros estudios de filosofía,* Madrid, Revista de Occidente, 1944, pp. 5-32.

Marion, Jean-Luc, «Is the Ontological Argument Ontological? The Argument according to Anselm and its Metaphysical Interpretation according to Kant», *Journal of the History of Philosophy* 30/2 (1992), pp. 201-218.

Martínez Liébana, Ismael, *El argumento ontológico de la existencia de Dios en sus textos*, Madrid, Guillermo Escolar editor, 2023.

McNulty, Jake, «Hegel's Ontological Argument: A Reconstruction», *Hegel Bulletin* 44/2 (2023), pp. 275-296.

Meixner, Uwe, «Der ontologische Gottesbeweis in der Perspektive der analytischen Philosophie», *Theologie und Philosophie* 67 (1992), pp. 246-262.

ROGELIO ROVIRA

Mignini, Filippo, «Per una storia dell'argomento ontologico in Spinoza. La "prove" del "Tractatus de intellectus emendatione"», *Archivio di Filosofia* 58 (1990), pp. 203-221.

Miller, Robert G., «The Ontological Argument in St. Anselm and Descartes», *The Modern Schoolman* 32 (1955), pp. 341-349 y 33 (1955), pp. 31-38.

Moreau, Joseph, «Dieu dans la philosophie classique», *Giornale di Metafisica* 13 (1958), pp. 285-295.

—, *Pour ou contre l'insensé? Essai sur la preuve anselmienne,* Paris, J.Vrin, 1967.

—, «L'argument ontologique chez Spinoza», *Les Études Philosophiques* 3 (1972), pp. 379-383.

Moore, Georg Edward, «Is Existence a Predicate?» (1936), en: G.E.M., *Philosophical Papers*, London, George Allen & Unwin, 1959, pp. 115-126.

Morscher, Edgar, «Der ontologische Gottesbeweis», in: Rolf W. Puster (Hrsg.), *Klassische Argumentationen der Philosophie*, Münster, Brill-mentis, 2013, pp. 91-112.

Naulin, Paul, «Réflexions sur la portée de la preuve ontologique chez Anselme de Cantorbery», *Revue de Métaphysique et de Morale* 74 (1969), pp. 1-20.

Oppy, Graham, *Ontological Arguments and Belief in God*, Cambridge, Cambridge University Press, 1995.

*— (ed.), *Ontological Arguments*, Cambridge, Cambridge University Press, 2018.

Paolinelli, Marco, «San Tommaso e Ch. Wolff sull'argomento ontologico», *Rivista di Filosofia Neo-Scolastica* 66 (1974), pp. 897-945.

Payot, Roger, «L'argument ontologique et le fondement de la métaphysique», *Archives de Philosophie* 39 (1976), pp. 227-268, 427-444 y 629-645.

Plantinga, Alvin, *God and Other Minds. A Study of the Rational Justification of Belief in God,* Ithaca and London, Cornell University Press, 1967.

*—(ed.), *The Ontological Argument. From St. Anselm to Contemporary Philosophers,* London, MacMillan, 1968.

—, *The Nature of Necessity,* Oxford, Clarendon Press, 1974.

Röd, Wolfgang, *Der Gott der reinen Vernunft. Ontologischer Gottesbeweis und rationalistische Philosophie,* München Beck, 2009.

Rogers, Katherin A., *Perfect Being Theology,* Edinburgh, Edinburgh University Press, 2019.

Rohls, Jan, *Theologie und Metaphysik. Der ontologische Gottesbeweis und seine Kritiker,* Gütersloh, Gütersloher Verlagshaus Gerd Mohn, 1987.

Rovira, Rogelio, «Locke ante el argumento ontológico. Textos y comentario», *Diálogo Filosófico* 28 (1994), pp. 51-69.

—, «Metafísica sobre base fenomenológica. Nota sobre las recientes investigaciones de Josef Seifert en torno al ser, la esencia y el argumento ontológico de la existencia de Dios», *Revista de Filosofía,* X (1997), pp. 217-226.

—, «Is Kant's Classification of Speculative Proofs for the Existence of God Correct?», *Aletheia. An International Yearbook of Philosophy* VII (1995-2001), pp. 419-452. (Versión española: «"No hay más que tres modos de probar, por razón especulativa, la existencia de Dios". Crítica de la clasificación kantiana de las pruebas teístas», en Carlos A. Casanova (ed.), *El amor a la verdad: toda verdad y en todas las cosas. Ensayos en honor del profesor Josef Seifert, a sus 65 años de edad. The Love of Truth: Every Truth and in Every Thing: Essays in Honor of Professor Josef Seifert on his 65th Birthday.* Santiago de Chile, Ediciones de la Pontificia Universidad Católica de Chile-International Academy of Philosophy at the PUC-Instituto de Filosofía de la PUC, 2009, pp. 157-180).

—, «Mendelssohn's Refutation of Kant's Critique of the Ontological Proof», *Kant-Studien* 108/3 (2017), pp. 401-426.

—, «Perfection and Imperfection of Josef Seifert's Theory of Pure Perfections», *The Journal of East-West Thought* 7 (2017), pp. 53-71.

—, «La crítica kantiana de la prueba ontológica entre la *Nova dilucidatio* y el *Beweisgrund*: traducción y comentario de la Reflexión 3706», in: Enrique Alarcón, Agustín Echavarría, Miguel García-Valdecasas y Rubén Pereda (eds.), *Opere et veritate. Homenaje al profesor Ángel Luis González*, Pamplona, Eunsa, 2018, pp. 665-677.

—, «Bering and Kant on Hundred Actual and Possible Thalers», *Kantian Review* 26/2 (2021), pp. 209-234.

—, «Does the ontological proof of God's existence really contain all the probative force of the cosmological argument? The early criticisms of Kant's thesis by Flatt, Abel and Eberhard», *Kant-Studien* 113/2 (2022), pp. 269-298

—, «Nochmals zu Mendelssohn, Kant und dem ontologischen Gottesbeweis. Antwort an Stefan Lang», *Deutsche Zeitschrift für Philosophie* 71/2 (2023), pp. 194-200.

Sala, Giovanni B., *Kant und die Frage nach Gott. Gottesbeweise und Gottesbeweiskritik in den Schriften Kants*, Berlin-New York, Walter de Gruyter, 1990.

Saranyana, José Ignacio, «La recepción del argumento anselmiano en la Escolástica del siglo XIII (1220-1270)», in: Anton Ziegenaus, Franz Courth, Philipp Schäfer (eds.), *Veritate Catholicae. Festschrift für Leo Scheffezyk zum 65. Geburtstag*, Aschaffenburg, Pattloch Verlag, 1985, pp. 612-627.

Seifert, Josef, «Kant und Brentano gegen Anselm und Descartes. Reflexionen über das ontologische Argument», *Theologia* 56 (1985), pp. 878-905. [Traducción española por Rogelio Rovira: «Kant y Brentano contra Anselmo y Descartes. Reflexiones sobre el argumento ontológico», *Thémata* 2 (1985), pp. 129-147].

—, «*Si Deus est Deus, Deus est:* Reflections on St. Bonaventure's Interpretation of St. Anselm's Ontological Argument», *Franciscan Studies* 52 (1992), pp. 215-231.

—, «Schelers Denken des absoluten Ursprungs. Zum Verhältnis von Schelers Metaphysik und Religionsphilosophie zum ontologischen Gottesbeweis», in: Ch. Bermes, W. Henckmann, H. Leonardy

(Hrsg.), *Denken des Ursprungs - Ursprung des Denkens. Schelers Philosophie und ihre Anfänge in Jena*, Würzburg, Königshausen & Neumann, 1998 (*Kritisches Jahrbuch für Philosophie* 3 [1988]), pp. 34-53.

—, *Gott als Gottesbeweis. Eine phänomenologische Neubegründung des ontologischen Arguments*, Heidelberg, Universtitätsverlag C. Winter, 1996, 2000, 2. Aufl.

—, «Über das notwendige Dasein Gottes. Eine kritische Antwort auf Franz Brentanos Kritik des ontologischen Gottesbeweises», in: Ion Tănăsescu (ed.), *Franz Brentano's Metaphysics and Psychology. Upon the Sesquicentennial of Franz Brentano Dissertation*, Bucharest, Zeta Books, 2012, pp. 180-224.

—, «A Reply to Rovira: Can the "Imperfection" of My Philosophy of Pure Perfections Be Overcome?», *The Journal of East-West Thought* 7 (2017), pp. 73-80.

Sokolowski, Robert, *The God of Faith and Reason. Foundations of Christian Theology*, Washington D. C., The Catholic University of America Press, 1995.

Stolz, Anselm, «Zur Theologie Anselms im *Proslogion*», *Catholica* 2 (1933), pp. 1-24.

Timossi, Roberto Giovanni, *Prove logiche dell'esistenza di Dio da Anselmo d'Aosta a Kurt Gödel. Storia critica dell'argomento ontologico*, Milano, Marietti, 2005.

Tomberlin, James E., «Plantinga and the Ontological Argument», in: J.E. Tomberlin and P. van Inwagen (eds.), *Alvin Plantinga*, Dordrecht, D. Reidel, 1985, pp. 257-270.

Vanni-Rovighi, Sofia, «C'è un secondo argomento ontologico?», in: H. K. Kohlenberger–B. Geyer–A. Hufnagel (Hrsg.), *Sola ratione. Anselm-Studien für P. Franciscus Salesius Schmitt OSB zum 75. Geburtstag am 20. Dez. 1969*, Stuttgart-Bad Cannstatt, Friedrich Frommann Verlag (Günther Holzboog), 1970, pp. 79-86.

Vuillemin, Jules, *Le Dieu d'Anselme et les apparences de la raison*, Paris, Aubier Montaigne, 1971.

ROGELIO ROVIRA

Warnach, Viktor, «Zum Argument im Proslogion Anselms von Canterbury», in: J. Ratzinger und H. Fries (Hrsg.), *Einsicht und Glaube. G. Söhngen zum 70. Geburtstag,* Freiburg, Herder, 1962, pp. 337-357.

Wiitala, Michael Oliver, «Anselm's Ontological Argument and Aristotle's *Elegktikōs Apodeixai*», *Proceedings of the American Catholic Philosophical Association* 86 (2013), pp. 129-140.

Williams, C. J. F., «Russelm», *The Philosophical Quarterly* 43 (1993), pp. 496-499.

EDICIONES UNIVERSIDAD SAN DÁMASO

Catálogo completo en *http://www.sandamaso.es/tienda/*
Pedidos a SOLUZIONO   T. 91 447 35 66
info@soluziono.com   www.soluziono.com

PRESENCIA Y DIÁLOGO

76 Luis Sánchez Navarro – Napoleón Ferrández Zaragoza (eds.), *Biblia y discipulado. Raíces, plenitud, frutos* (2024) 221 pp. [12 €]

75 Gabriel Richi Alberti (ed.), *Conversión y reconciliación. VII Jornadas de Actualización teológico-pastoral para Sacerdotes* (2024) 158 pp. ISBN: 978-84-17561-97-0 [8 €]

74 Víctor Manuel Tirado San Juan (ed.), *Ampliación de la razón. Acercamiento histórico y sistemático* (2024) 432 pp. ISBN: 978-84-17561-96-3 [22 €]

73 Juan Carlos Carvajal Blanco – Rafael Delgado Escolar (eds.), El Ritual de la Iniciación Cristiana de Adultos. *Claves de acceso* (Evangelización y catequesis 2; PPC – UESD 2024) 174 pp. ISBN: 978-84-288-4170-2 [15,50 €]

72 Juan de Dios Larrú (ed.), *Vulnerabilidad, enfermedad y muerte. Reflexiones a la luz de la carta* Samaritanus bonus. *VI Jornadas de Actualización teológico-pastoral para Sacerdotes* (2023) 111 pp. ISBN: 978-84-17561-84-0 [8 €]

71 José Antúnez Cid (ed.), *El mal. Jornada de filosofía 2021* (2023) 292 pp. ISBN: 978-84-17561-64-2 [14 €]

70 Pilar Fernández Beites, *El dinamismo de la vida moral. Desde un realismo no naturalista* (2022) 304 pp. ISBN: 978-84-17561-58-1 [14 €]

69 Alfonso García Nuño (ed.), *El tema de nuestro tiempo. Jornada de filosofía 2022* (2022) 182 pp. ISBN: 978-84-17561-61-1 [10 €]

68 JUAN CARLOS CARVAJAL BLANCO – RAFAEL DELGADO ESCOLAR (eds.), Directorio para la Catequesis. *Acogida y perspectivas* (Evangelización y catequesis 1; PPC – UESD 2022) 216 pp. ISBN: 978-84-288-3963-1 [15,50 €]

67 GABRIEL RICHI ALBERTI (ed.), *Ministros de Cristo en el cambio de época. V Jornadas de Actualización teológico-pastoral para Sacerdotes* (2022) 142 pp. ISBN: 978-84-17561-50-5 [8 €]

66 JUAN DE DIOS LARRÚ (ed.), *Generatividad y esperanza* (2022) 169 pp. ISBN: 978-84-17561-43-7 [10 €]

65 ROSARIO NEUMAN LORENZINI (ed.), *Cuatro alocuciones sobre el cuerpo. Entre el cuerpo expandido y el mundo de la vida* (2021) 118 pp. ISBN: 978-84-17561-38-3 [6 €]

64 GABRIEL RICHI ALBERTI (ed.), *Era digital y anuncio del Evangelio. IV Jornadas de Actualización Pastoral para Sacerdotes* (2021) 155 pp. ISBN: 978-84-17561-33-8 [8 €]

63 JACINTO CHOZA, *Historia del mal* (2021) 252 pp. ISBN: 978-84-17561-31-4 [12 €]

62 JUAN MANUEL BURGOS (ed.), *Personalismo y metafísica. ¿Es el personalismo una filosofía primera?* (2021) 143 pp. ISBN: 978-84-17561-19-2 [disponible form. electr.]

61 ALEJANDRO TRAPERO (ed.), *Lo estético* (2020) 230 pp. ISBN: 978-84-17561-20-8 [12 €]

60 RAÚL SACRISTÁN LÓPEZ, *Movidos por el amor. Estudio del dinamismo afectivo* (2020) 230 pp. ISBN: 978-84-17561-17-8 [10 €]

59 GABRIEL RICHI ALBERTI (ed.), *Madrid 2020: evangelizar la gran ciudad. III Jornadas de Actualización Pastoral para Sacerdotes* (2020) 250 pp. ISBN: 978-84-17561-11-6 [12 €]

58 JUAN CARLOS CARVAJAL BLANCO (ed.), *La religiosidad popular, ámbito evangelizador. II Jornadas de Actualización Pastoral para Sacerdotes* (2019) 156 pp. ISBN: 978-84-17561-06-2 [10 €]

57 VÍCTOR M. TIRADO (ed.), *El alcance del pensamiento de Francisco Suárez. Una mirada en el cuarto centenario de su muerte. Jornada de Filosofía 2016* (2019) 170 pp. ISBN: 978-84-16639-85-4 [disponible form. electr.]

56 JOSÉ ANTÚNEZ CID (trad.), *Estado, democracia y cuestión religiosa* (2018) [traducción del manuscrito de VITTORIO POSSENTI] 169 pp. ISBN: 978-84-16639-91-5 [12 €]

55 JUAN DE DIOS LARRÚ (ed.), *El misterio de la acción conyugal. Perspectivas abiertas a 50 años de* Humanae Vitae (2018) 140 pp. ISBN: 978-84-16639-90-8 [disponible form. electr.]

54 GERARDO DEL POZO ABEJÓN – JUAN CARLOS CARVAJAL BLANCO (eds.), *Parroquia misionera* (2018) 222 pp. ISBN: 978-84-16639-84-7 [10 €]

53 JOSÉ MARÍA MAGAZ – JUAN MIGUEL PRIM GOICOECHEA (eds.), *F. Ximénez de Cisneros. Reforma, conversión y evangelización* (2018) 326 pp. ISBN: 978-84-16639-73-1 [14 €]

52 MERCEDES HURTADO DEL SOLO, *La belleza del canto al servicio de la fe en Joseph Ratzinger/Benedicto XVI* (2018) 231 pp. ISBN: 978-84-16639-66-3 [disponible form. electr.]

51 VÍCTOR MANUEL TIRADO SAN JUAN (ed.), *La persona. Jornada de Filosofía 2015* (2018) 190 pp. ISBN: 978-84-16639-69-4 [10 €]

50 JOSÉ MARÍA MAGAZ FERNÁNDEZ (ed.), *Mártires, la victoria sobre los ídolos* (2017) 230 pp. ISBN: 978-84-16639-60-1 [12 €]

49 NICOLÁS ÁLVAREZ DE LAS ASTURIAS (ed.), *Avilistas del siglo XX* (2017) 226 pp. ISBN: 978-84-16639-48-9 [12 €]

48 JUAN DE DIOS LARRÚ (ed.), *El camino de la misericordia* (2016) 152 pp. ISBN: 978-84-16639-38-0 [12 €]

47 NICOLÁS ÁLVAREZ DE LAS ASTURIAS (ed.), *El IV concilio de Letrán en perspectiva histórico-teológica* (2016) 288 pp. ISBN: 978-84-16639-17-5 [12 €]

46 PHILIBERT SECRETAN, *Reforma protestante y filosofía. Tres lecciones y un epílogo* (2015) 85 pp. ISBN: 978-84-15027-83-6 [6 €]

45 JOSÉ ANTÚNEZ CID (ed.), *La representación. Jornada de filosofía* (2015) 302 pp. ISBN: 978-84-15027-87-4 [12 €]

44 GERARDO DEL POZO ABEJÓN – IGNACIO SERRADA SOTIL (eds.), *Fe cristiana y ateísmo en el siglo XXI* (2015) 207 pp. ISBN: 978-84-15027-82-9 [12 €]

43 JORDI GIRAU REVERTER, *¿Cristiano filósofo o filósofo cristiano? La filosofía a la luz del Magisterio de la Iglesia* (2015) 374 pp. ISBN: 978-84-15027-71-3 [disponible form. electr.]

42 JUAN CARLOS CARVAJAL BLANCO (ed.), *La misión que nace de la alegría del encuentro. En el surco de* Evangelii gaudium (2015) 237 pp. ISBN: 978-84-15027-72-0 [12 €]

41 GABRIEL RICHI (ed.), *Juan XXIII y Juan Pablo II. Testigos para nuestro tiempo* (2015) 224 pp. ISBN: 978-84-15027-66-9 [12 €]

40 MANUEL ORIOL (ed.), *El asentimiento religioso. Razón y fe en J.H. Newman* (2015) 210 pp. ISBN: 978-84-15027-65-2 [12 €]

39 JOSÉ MARÍA MAGAZ (ed.), *Los riesgos de la fe en la sociedad española* (2014) 201 pp. ISBN: 978-84-15027-62-1 [12 €]

38   Jordi Girau Reverter (ed.), *Jornada de filosofía 2012. La Sabiduría* (2014) 149 pp. ISBN: 978-84-15027-48-5 [12 €]

37   Juan Carlos Carvajal Blanco (ed.), *Emplazados para una Nueva Evangelización* (2013) 292 pp. ISBN: 978-84-15027-40-9 [12 €]

36   Nicolás Álvarez de las Asturias (ed.), *"San Juan de Ávila, doctor de la Iglesia* (2013) 131 pp. ISBN: 978-84-15027-39-3 [8 €]

35   Andrés García Serrano – Luis Sánchez Navarro, *"Dichosos los que escuchan la Palabra". Exégesis bíblica y lectio divina* (2012) 137 pp. ISBN: 978-84-15027-29-4 [8 €]

34   Manuel Aroztegi Esnaola, *La causa formal del matrimonio según San Buenaventura (IV Sent d 26)* (2012) 244 pp. ISBN: 978-84-15027-26-3 [12 €]

33   Roberto López Montero, *Tertuliano y las manos de Dios* (2012) 110 pp. ISBN: 978-84-15027-23-2 [disponible form. electr.]

32   Luis Sánchez Navarro (ed.), *Escudriñar las Escrituras. Verbum Domini y la interpretación bíblica* (2012) 115 pp. ISBN: 978-84-15027-18-8 [7 €]

31   José Mª Magaz – Nicolás Álvarez de las Asturias (eds.), *La Reforma Gregoriana en España* (2011) 211 pp. ISBN: 978-84-15027-15-7 [12 €]

30   Agustín Giménez González – Luis Sánchez Navarro (eds.), *Canon, Biblia, Iglesia. El canon de la Escritura y la exégesis bíblica* (2010) 251 pp. ISBN: 978-84-15027-04-1 [12 €]

29   José María Magaz (ed.), *Los partidos confesionales españoles* (2010) 175 pp. ISBN: 978-84-96318-99-1 [10 €]

28   HH. Oblatas de Cristo Sacerdote, *Sacerdocio de Cristo y santidad sacerdotal* (2010) 96 pp. ISBN: 978-84-96318-97-7 [6 €]

27   Javier Prades – Eduardo Toraño (eds.), *La razón de la esperanza* (2010) 236 pp. ISBN: 978-84-96318-93-9 [12 €]

26   Carmen Álvarez Alonso, *Teología del cuerpo y Eucaristía* (2010) 178 pp. ISBN: 978-84-96318-88-5 [disponible form. electr.]

25   María Lacalle – Andrés Martínez (eds.), *La familia. Recursos y conflictos en la sociedad contemporánea* (2009) 212 pp. ISBN: 978-84-96318-85-4 [10 €]

24   José María Magaz (ed.), *La Iglesia en los orígenes de la España contemporánea* (2009) 287 pp. ISBN: 978-84-96318-80-9 [15 €]

23   Alfonso Pérez de Laborda (ed.), *El dios de Aristóteles.* νόησις νοήσεως (2009) 409 pp. ISBN: 978-84-96318-75-5 [20 €]

22   Manuel del Campo Guilarte (ed.), *La pedagogía de la fe. Al servicio del itinerario de iniciación cristiana* (2009) 341 pp. ISBN: 978-84-96318-76-2 [20 €]

21 EDUARDO TORAÑO – JAVIER PRADES (eds.), *Dios es amor. Extensión Universitaria* (2009) 185 pp. ISBN: 978-84-96318-70-0 [10 €]

20 IGNACIO CARBAJOSA – LUIS SÁNCHEZ NAVARRO (eds.), *Palabra Encarnada. La Palabra de Dios en la Iglesia* (2008) 137 pp. ISBN: 978-84-96318-68-7 [8 €]

19 JOSÉ MARÍA MAGAZ (ed.), *Los obispos españoles ante los conflictos políticos del siglo XX* (2008) 293 pp. ISBN: 978-84-96318-59-5 [15 €]

18 ANDRÉS MARTÍNEZ ESTEBAN (ed.), *El Seminario de Madrid. A propósito de un Centenario* (2008) 272 pp. ISBN: 978-84-96318-53-3 [15 €]

17 JOSÉ MARÍA MAGAZ (ed.), *El Cantar de los Cantares y el arte. Jornada de Arte Sacro* (2007) 102 pp. ISBN: 978-84-96318-47-2 [6 €]

16 IGNACIO CARBAJOSA – LUIS SÁNCHEZ NAVARRO (eds.), *Entrar en lo antiguo* (2007) 173 pp. ISBN: 978-84-96318-45-8 [10 €]

15 JAVIER PRADES – EDUARDO TORAÑO (eds.), *Educar en la verdad* (2007) 188 pp. ISBN: 978-84-96318-42-7 [8 €]

14 ALFONSO PÉREZ DE LABORDA (ed.), *Jornada sobre la analogía* (2006) 263 pp. ISBN: 978-84-96318-28-1 [14 €]

13 ALFONSO PÉREZ DE LABORDA (ed.), *Naturaleza* (2006) 216 pp. ISBN: 978-84-96318-29-8 [11 €]

12 MANUEL DEL CAMPO GUILARTE (ed.), *La comunicación de la fe* (2006) 281 pp. ISBN: 978-84-96318-25-0 [disponible form. electr.]

11 JAVIER PRADES (ed.), *En busca del padre. Extensión Universitaria* (2006) 183 pp. ISBN: 978-84-96318-24-3 [8 €]

10 JUAN JOSÉ PÉREZ-SOBA DIEZ DEL CORRAL, *El corazón de la familia* (2006) 398 pp. ISBN: 978-84-96318-20-5 [20 €]

9 JOSÉ Mª MAGAZ FERNÁNDEZ (ed.), *Isabel la Católica hija de la Iglesia. Jornada sobre Isabel la Católica en el V Centenario de su muerte* (2006) 196 pp. ISBN: 978-84-96318-18-2 [disponible form. electr.]

8 JOSÉ Mª MAGAZ FERNÁNDEZ, *Autocrítica de la modernidad. La providencia en la historia según Donoso Cortés* (2004) 186 pp. ISBN: 978-84-96318-04-5 [8 €]

7 ANDRÉS-GALLEGO – OTERO NOVAS – PÉREZ-SOBA – VIDE, *La Nación y el Nacionalismo: contribuciones para un diálogo* (2004) 160 pp. ISBN: 978-84-96318-08-3 [8 €]

6 JAVIER PRADES (ed.), *La esperanza en un mundo globalizado* (2004) 192 pp. ISBN: 978-84-96318-09-0 [8 €]

5 MANUEL DEL CAMPO GUILARTE (ed.), El Catecismo de la Iglesia Católica. En el X aniversario de su promulgación (2004) 210 pp. ISBN: 978-84-96318-07-6 [9 €]

4   JAVIER PRADES (ed.), *La voz que yace bajo las voces* (2003) 242 pp. ISBN: 978-84-93270-57-5 [9 €]

3   JUAN JOSÉ PÉREZ-SOBA DIEZ DEL CORRAL (ed.), *"Para ser libres Cristo nos ha liberado" (Ga 5,1)* (2003) 240 pp. ISBN: 978-84-93270-58-2 [disponible form. electr.]

2   ALFONSO PÉREZ DE LABORDA (ed.), *Dios para pensar. El Escorial 2002* (2003) 242 pp. ISBN: 978-84-93270-55-1 [9 €]

1   JAVIER PRADES (ed.), *El misterio a través de las formas* (2002) 198 pp. ISBN: 978-84-96270-52-0 [disponible form. electr.]

STUDIA THEOLOGICA MATRITENSIA

32   RAÚL OROZCO RUANO (ed.), *Notas evangélicas para una cristología. Marie-Joseph Le Guillou* (Series Le Guillou 22; 2023) 106 pp. ISBN: 978-84-17561-80-2 [10 €]

31   GABRIEL RICHI ALBERTI (ed.), *Marie-Joseph Le Guillou. Textos sobre el ecumenismo (1948-1965)* (Series Le Guillou 19; 2022) 278 pp. ISBN: 978-84-17561-52-9 [20 €]

30   BAUDOUIN DE LA BIGNE (ed.), *Marie-Joseph Le Guillou et L'apostolicité de l'Église et la succession apostolique de la Commission Théologique Internationale* (Series Le Guillou 18; 2021) 507 pp. ISBN: 978-84-17561-41-3 [30 €]

29   GABRIEL RICHI ALBERTI (ed.), *Marie-Joseph Le Guillou y el Institut Supérieur d'Études Œcuméniques* (Series Le Guillou 17; 2021) 342 pp. ISBN: 978-84-17561-35-2 [25 €]

28   GABRIEL RICHI ALBERTI (ed.), *Marie-Joseph Le Guillou. Textos sobre la Iglesia* (Series Le Guillou 15; 2020) 448 pp. ISBN: 978-84-17561-10-9 [30 €]

27   GABRIEL RICHI ALBERTI (ed.), *Les noces de l'Agneau de Marie-Joseph Le Guillou* (Series Le Guillou 14; 2019) 346 pp. ISBN: 978-84-16639-93-9 [25 €]

26   JAIME LÓPEZ PEÑALBA (ed.), *Marie-Joseph Le Guillou. La charité, forme des vertus* (Series Le Guillou 12; 2018) 282 pp. ISBN: 978-84-16639-80-9 [20 €]

25   JESÚS IGLESIAS COBO (ed.), *El dosier "Intercélébration Pentecostale" de Marie-Joseph Le Guillou* (Series Le Guillou 11; 2018) 320 pp. ISBN: 978-84-16639-76-2 [25 €]

24   GABRIEL RICHI ALBERTI (ed.), *Marie-Joseph Le Guillou. Séjour en Grèce 1956-1957* (Series Le Guillou 10; 2018) 425 pp. ISBN: 978-84-16639-68-7 [30 €]

23   JAIME LÓPEZ PEÑALBA (ed.), *Marie-Joseph Le Guillou. La vie chrétienne dans l'Église et dans le monde* (Series Le Guillou 9; 2017) 836 pp. ISBN: 978-84-16639-57-1 [30 €]

EDICIONES UNIVERSIDAD SAN DÁMASO

STUDIA PHILOSOPHICA MATRITENSIA

8   Alfonso García Nuño, *Lo metafísico en Xavier Zubiri* (2023) 1366 pp. ISBN: 978-84-17561-59-8 [50 €]

7   Jean Héring, *Fenomenología y filosofía religiosa. Estudio sobre la teoría de la conciencia religiosa* (2019) 248 pp. ISBN: 978-84-16639-97-7 [20 €]

6   Santiago García Acuña, *La revelación como prolegómeno para una filosofía de la religión. Esbozo sobre la fenomenalidad incondicionada e irreductible de los fenómenos de revelación* (2018) 1266 pp. ISBN: 978-84-16639-72-4 [45 €]

5   Franz Brentano, *La psicología de Aristóteles, con especial atención a la doctrina del entendimiento agente* (2015) 334 pp. ISBN: 978-84-15027-81-2 [27 €]

4   Alfonso García Nuño, *El carácter salvífico de la cultura en Ortega y Gasset* (1907-1914) (2014) 243 pp. ISBN: 978-84-15027-55-3 [25 €]

3   David Torrijos Castrillejo, *San Alberto Magno. Introducción a la metafísica. Paráfrasis de san Alberto Magno al primer libro de la Metafísica de Aristóteles* (2013) 471 pp. ISBN: 978-84-15027-37-9 [30 €]

2   Víctor Tirado San Juan, *Teoría del arte y belleza en Platón y Aristóteles. La idea de la estética* (2013) 217 pp. ISBN: 978-84-15027-33-1 [disponible form. electr.]

1   Jan Wolenski – Pablo Domínguez, *Lógica y Filosofía* (2005) 274 pp. ISBN: 978-84-96318-14-4 [25 €]

EDICIONES UNIVERSIDAD SAN DÁMASO